社交礼仪手册

实用礼仪全精通

王　春◎编著

荀子云："不学礼无以立，人无礼则不生，事无礼则不成，国无礼则不宁。"

中国纺织出版社

内 容 提 要

礼仪是人际交往的艺术，是立身处世之本，也是一门待人接物的学问。在日常生活中，我们每天都要和各种各样的人打交道，懂礼仪、讲礼仪无疑会让你更受他人欣赏和欢迎。

本书从日常生活和社会实际出发，完整地阐释了礼仪在日常生活中的实用性和操作性，主要内容包括个人修养礼仪、人际交往礼仪、职场打拼礼仪、现代生活礼仪等。希望此中详尽的礼仪规范能让读者更好地立足职场、把握生活、掌控幸福！

图书在版编目（CIP）数据

实用礼仪全精通／王春编著.—北京：中国纺织
出版社，2013. 2（2024.4重印）
ISBN 978-7-5064-9386-4
Ⅰ.①实… Ⅱ.①王… Ⅲ.①礼仪—基本知识 Ⅳ.
①K891.26
中国版本图书馆CIP数据核字（2012）第267786号

策划编辑：厍 科 责任编辑：闫 星 责任印制：储志伟

中国纺织出版社出版发行
地址：北京东直门南大街6号 邮政编码：100027
邮购电话：010—64168110 传真：010—64168231
http://www.c-textilep.com
E-mail: faxing@c-textilep.com
北京兰星球彩色印刷有限公司印刷 各地新华书店经销
2013年2月第1版 2024年4月第2次印刷
开本：710×1000 1/16 印张：16.5
字数：203千字 定价：75.00元

前　言

　　古语云："不学礼，无以立。"一个人不学习礼仪，不学习如何为人处世，就无法在这个社会上立足。中国素有"礼仪之邦"的美誉，可见从古至今的中国人都把礼仪放在人际交往的首要位置。礼仪，是人与人之间矛盾化解的调和剂，是赢得人心、凝聚人心的灵丹，它虽不是万能的，却是生活中处处都需要的。

　　礼仪是人际交往的艺术，是立身处世之本，也是一门待人接物的学问。在日常生活中，我们每天都要和各种各样的人打交道，因此建立良好的人际关系是非常必要的，而建立良好关系的前提就是对人尊重、有礼。讲究礼仪，并不是简单的表面功课，而是发自内心地尊重周围的朋友、家人，使人们愿意与你交流、亲近。

　　学会为人处世的礼仪，能够使自己在社会生活中准确地定位，进而逐步树立正确的人生观。礼仪是一个人立足社会、展示良好的品质和积累人脉的重要资本。礼仪有一种能量，它可以让你变得成熟、优雅、有气质，让你在与人沟通的过程中更显亲切，让对方产生与你交往的需求。可见，学会礼待他人能够使你快速建立起良好而稳定的社交关系。

　　礼仪是一个人学识、修养和价值的外在表现。如果说独特的风格会吸引他人的目光，那么，充满魅力的机智、幽默的谈吐礼仪，则会使你成为社交场合的中心人物。优雅的谈吐，不凡的礼仪，常会使一个并不引人注意的人温柔地闯入人心。交谈讲究礼仪，可以让言语变得文明；举止讲究礼仪，可以让行为变得高雅；穿着讲究礼仪，可以让仪态变得大方！

本书从日常生活和社会实际出发，完整地阐释了礼仪在日常生活中的重要性，并力求做到理论性与实用性、系统性与针对性、学术性与趣味性相结合，主要内容包括个人修养礼仪、人际交往礼仪、职场打拼礼仪、现代生活礼仪等。希望此书中详尽的礼仪规范能让读者正确地把握待人接物的尺度、处理好人与人之间的关系，进而更好地立足职场、把握生活、掌控幸福！

编著者

2012年8月

目 录
CONTENTS

人际交往篇
礼仪是年轻人结交人脉的重要资本

职场打拼篇
礼仪是年轻人站稳脚跟的重要武器

现代生活篇
礼仪是开启年轻人幸福生活的金钥匙

个人修养篇

礼仪是表现自我素养的一扇门

第一章　不学礼，无以立

☞ 年轻人应该懂点礼仪

了解礼仪才能学好礼仪

礼仪是生活和社会发展中约定俗成的，用于表现自己的涵养、素质以及对他人的尊重。礼仪包括我们的穿着、交往、沟通、处世等内容。在社交场合，礼仪是年轻人最好的名片。对方能通过观察你的礼仪，看出你是不是值得信赖，或是否可以作为合作的伙伴。

生活中，无论是与朋友见面，与陌生人交谈，还是步入职场，宴请宾客，都需要礼仪为自己赢得好印象。礼仪是人们塑造良好形象的重要手段，举止讲究礼仪，可以变得高雅；穿着讲究礼仪，可以变得大方；行为讲究礼仪，可以变得美好……只有讲究礼仪，事情才会做得恰到好处。总之，一个人讲究礼仪，就可以变得充满魅力。

年轻人在社交过程中，你的礼仪就代表着你素质的高低。成功的社交会让你获取更多的信息及资源，对事业的成功有很大的帮助。礼仪是一个民族乃至一个国家文化修养的体现，是我们做人最基本的要求。1987年，美国学者亚历山大·德拉博士和奥康纳博士发表了关于社交中礼仪的白金

法则。对方要求我们什么，我们能在合法的前提下满足对方的要求，从对方所需要的角度出发，调整自己，才能使自己和他人生活得轻松。

年轻人在与他人相处时，要遵循一定的原则，才能让彼此都感觉舒适。

首先，以尊重为前提。在与人交往的过程中，尊重是礼仪的首要原则，也是最重要的原则。年轻人在社交场上总是希望赢得别人的尊重，那么，你就要先学会尊重别人，真诚地尊重每一人，只有这样，你才能和对方创造出和谐愉快的人际关系。即使对方和你有礼仪上的冲突，你也要表现出你的真诚和尊重，让他人有表现自己的机会，对对方表现出你真挚的热情，为对方留有余地，才是我们应当遵守的社交礼仪。

其次，以平等为基础。礼仪在社交场上是双方的行为，你对别人施礼，对方自然也会对你还礼。双方交往时的情感基础是建立在平等之上的，只有保持平等的交往关系，双方才能维持良好的人际关系。平等是我们在交往过程中杜绝低三下四、轻浮谄媚、自负粗鲁的保证，是我们彬彬有礼、热情大方、自尊坦诚的基础。掌握好社交中的礼仪分寸，就能让年轻人在社交场上给他人留下好印象。

再次，以自信为根本。在社交场合，年轻人最缺乏的就是一份自信。有充分的自信，才能让我们在施礼的过程中不卑不亢、落落大方，在遇到比自己强的人时也不会自惭形秽、自叹不如，反而会给自己更多的勇气去努力，去反击那些不平等的事情。

最后，以宽容为准则。人与人相处融洽的关键在于宽容。若你能宽容他人、体谅他人，对一些小事不斤斤计较，用宽容的心去包容对方，凡事从对方的角度考虑问题，那么，你得到的将是对方的信任。宽容是社交礼仪中一种较高的境界，是年轻人为人处世最应该记住的准则。

礼仪虽然是用来规范、约束我们生活行为的，但是，除了一些基本的礼节外，礼仪并没有条条框框的统一规范。年轻人需要注重自己内在气质的培养，通过内在修养的提高，来培养自己的礼仪素养。我们待人接物所应用到的礼仪，其实也是我们内在素质的体现，这两者是相辅相成的。一

个人若内在素质不高，即使装得很有礼仪，最终也会露出马脚。年轻人在社交的过程中，要通过自己的礼仪行为来表现自己良好的内在素质，以此来为自己赢得人脉。

古人云"礼者敬人也"，礼仪是人们待人接物的行为规范，更是人际交往的艺术。它是我们在社会生活中受历史传统、风俗习惯、宗教信仰、时代变迁等因素影响而形成的。人们尊重礼仪并遵守礼仪才能确保人际交往的正常进行。对一个人来说，礼仪是一个人的思想道德水平、文化修养、交际能力的外在表现；对一个社会来说，礼仪是一个国家文明程度、道德风尚和生活习惯的反映。

礼仪是人们生活和工作中必不可少的行为规范，是为了维护社会活动的稳定秩序及和谐交际而产生的。年轻人只有清楚了解礼仪的重要性，才能将礼仪运用得更好，也才能通过礼仪为自己的人生带来好运气。

悠远流长的古代礼仪

中国自古以来都以"礼"著称。礼仪作为中国传统文化的一个重要组成部分，对现代社会起到了深远的影响。礼仪所涉及的层面，几乎延伸到每一个角落。中国古代的"礼"和"仪"，实际上是两个不同的概念。"礼"是制度、规则和一种社会意识观念；"仪"是"礼"的具体表现形式，它是依据"礼"的规定和内容形成的一套系统而完整的程序。

礼仪是礼节、礼貌和仪式的统称，是一个人乃至一个民族、一个国家文化修养和道德修养的表现形式。

在中国的古代，人们受社会制度、贵贱等级的影响，形成了一种特殊的礼仪规范，它具有时代性和局限性。随着时间的推移，社会不断变革，礼仪也在悄悄地改变着。它适应了社会的变迁，满足了不同社会、不同阶

级的需求，但有一些礼仪是传承至今的，比如尊老敬贤、礼貌待人、仪尚适宜等。

尊老敬贤一直是中华民族的传统，这是因为从古至今的人际伦理关系均以氏族、家庭的血缘关系为纽带而形成。尊老，对于中国人来讲并不陌生，这是中国传统文化中的一大特色。古代的敬老并不是只停留在思想观念和说教上，也并不止于普通百姓的生活之中。从君主、士族到整个官绅阶层，都在身体力行，并且形成一套敬老的规矩和养老的礼制。上至君王贵族，下达庶人百姓，都要遵循一定的规矩，用各种方式表达对老者、长者的孝敬之意，以此作为衡量一个人是否有修养的重要标志。任何形态的社会，都需要尊敬老人，不仅因为老人阅历深，见闻广，经验多，劳动时间长，对社会贡献大，理应受到尊敬；同时，因为他们在体力和精神上较差，需要青年人的体贴、照顾和帮助。作为一个有礼貌的现代青年，对长者应该做到：路遇主动谦让，乘车主动让座，在商店、戏院等公共场所应尽量考虑为老人创造方便条件。

纵观中国古代历史，历来有作为的君主，大多非常重视尊贤、用贤，视贤为国家安危的决定因素。平时不敬贤，到了紧急关头，贤才就不会为国分忧。不是贤才不为国家着想，而是国家缓贤忘士，"而能经其国存者，未曾有也"。

礼貌待人是现代人都懂的一个道理。任何一个文明社会，任何一个文明民族，人们总是十分注重文明礼貌。因为礼貌是人类社会据以促进人际交往友好和谐的道德规范之一，是构建与他人和睦相处的桥梁。它标志着一个社会的文明程序，反映一个民族的精神面貌。中华民族历来非常重视遵循礼规，礼貌待人。其中许多耐人寻味的经验之淡，无论过去和现在，都给人以启迪。具体说来，主要有以下两点：一是，与人为善。与人相处为善当先。而这个"善"，应是出自内心的诚意，是诚于中而形于外，而不是巧言令色和徒具形式的繁文缛节。如果表面上恭敬热情而内心虚伪，或是仅仅内心尊敬而毫无表情，则都是不够的。表里一致才能从根本上消除人与人之间的隔阂、摩擦，进而互敬互爱，友好

相处。尊重他人，就要平等待人，不分贵贱等级，一视同仁。如果只对上层人士献其礼敬，以财势取人，以利益交人，其实是小人所为。与人交往中，幽默与善意的玩笑往往给人带来轻松愉快，但绝不可戏弄取乐。如果拿别人姓名为笑料，或给人起不雅的绰号，都是十分不敬的。

二是，礼尚往来。礼尚往来是礼貌待人的一条重要准则。就是说，接受别人的好意，必须报以同样的礼敬。这样，人际交往才能平等友好地在一种良性循环中持续下去。

仪尚适宜是指中华民族素来注重通过适合的形式表达人们内心丰富的情感。遇到重大节日和发生重要事件，多有约定俗成的规矩。如获得丰收，要欢歌庆贺；遭到灾祸，要祈求神灵保佑。久而久之，就形成许多节庆及礼仪形式，如春节、元宵、中秋、重阳等，几乎每个节日，都有特定的礼俗。在古代，婚、丧和节庆等活动是作为社会生活中的大事来对待的，其礼仪规定得格外详尽而周密，从服饰、器皿到规格、程序和举止的方位，都有具体的规定。我们要保持和发扬中华民族优秀的礼仪文明，最重要的一点就是贵在适宜。在当今的社会活动中，举行各种仪式仍然是不可缺少的。公司开张、儿女婚嫁、各种节庆活动都有不同的仪式。我们要把握好各种仪式的规模，就必须掌握好适度的原则，要使必要的规矩同现代文明相结合，相关的活动既隆重其事又不至于华而不实。我们尤其要反对那种借婚丧庆典之机，大操大办、铺张浪费的现象；反对那种认为仪式越隆重越好，越豪华越合乎礼规的做法。

年轻人只有清楚地了解了礼仪的历史，才能了解真正的礼仪。作为礼仪之邦，年轻人有责任也有义务将这些传统美德传承下去，懂得礼仪才能让我们的未来充满希望。

现代礼仪的内容

新时代的年轻人若想通过人际交往达到目的，就必须在人际交往中给

对方留下好的印象，这就要求我们要懂得与人相处之道，也就是社交中的礼仪。现代社交礼仪泛指人们在社会交往活动过程中形成的应共同遵守的行为规范和准则，具体表现为礼节、礼貌、仪式、仪表等。

礼节是人和人交往的礼仪规矩，是人们在社会交往过程中表示致意、问候、祝愿等形式。礼是发于人性之自然、合于人生之需的行为规范。为什么这么说呢？有无礼节是人与禽兽的差别所在（人性使然），也是人类社会祥和的基础。综观今日，讲礼、识礼者少，故社会秩序乱象常见，各种摩擦、冲突频繁发生，这使得人们相处不仅缺少安全感，甚至有举目皆敌的危机感。礼节的作用不容忽视，我们现代人怎么能不认真对待和学习呢？否则在社会上，免不了到处碰壁吃亏。

礼貌是指人与人之间和谐相处的意念和行为，是言谈举止对别人尊重与友好的体现。它是人们在长期共同生活和相互交往中逐渐形成，并且以风俗、习惯和传统等方式固定下来的。对一个人来说，礼貌是一个人的思想道德水平、文化修养、交际能力的外在表现。礼貌通常表现在用语上，例如我们常说的"您好"、"请"、"谢谢"、"对不起"等。人的潜意识中都渴求得到别人的尊敬和赞赏，于是便有了礼貌待人的行为，恰当的使用礼貌用语能调和及融洽人际关系。

仪式多指典礼的秩序形式，如升旗仪式等，在这里是指具有专门程序、规范化的活动。年轻人在参加社交活动时要根据不同的场合来改变自己的礼仪方式。只有遵从各个场合的规范，才能在社交场上如鱼得水。

仪表是指一个人的容貌，是一个人精神面貌的外观体现。不管长相多好，服饰多华贵，若满脸污垢，浑身异味，那必然破坏一个人的美感。因此，每个人都应该养成良好的卫生习惯，做到经常洗头又洗澡，讲究梳理，勤更衣。不要在人前"打扫个人卫生"，比如剔牙齿、掏鼻孔、挖耳屎、修指甲、搓泥垢等，这些行为都应该避开他人进行，否则，不仅不雅观，也不尊重他人。与人谈话时应保持一定距离，声音不要太大，不要对人口沫四溅。而服饰反映了一个人文化素养之高低，审

美情趣之雅俗。具体说来，它既要自然得体，协调大方，又要遵守某种约定俗成的规范或原则。服装不但要与自己的具体条件相适应，还必须时刻注意客观环境、场合对人的着装要求，即着装打扮要优先考虑时间、地点和目的三大要素，并努力在穿着打扮的各方面与时间、地点、目的保持协调一致。

礼仪在社交中是相互尊重的体现，是约束我们日常活动的行为准则。年轻人一定要正视礼仪的重要，通过对礼仪的学习，提高自身的社交能力。

现代礼仪的要素

现代社交活动中，礼仪已经成为人们衡量一个企业、衡量一个合作伙伴最重要的标尺。透过礼仪，我们可以看出一个人的诚信度、一个人的办事能力以及一个人的个人修养。现代礼仪是人们在社会交往中共同遵守的行为准则和规范，包括仪容礼仪、说话礼仪、寒暄礼仪、交往礼仪、电话礼仪、名片礼仪、职场礼仪、应酬礼仪、商务礼仪、涉外礼仪、家庭礼仪等。年轻人想要立足于社会，就要有良好的礼仪修养。

现代礼仪要求人们在心理上诚恳、坦荡、谦虚；在举止上要主动、热情、知进退、懂荣辱。礼仪，是个人内在文化素养及精神面貌的表现，是人际交往的"润滑剂"。优雅的礼仪还会令你成为一个有魅力、有修养、处处受欢迎的人。礼仪，一般都称为社交礼仪。这是因为，如果人们不进行社会交往，礼仪就失去了存在的价值。试想，一个人如果不和任何人交往，独自关在屋子里生活，恐怕谈不上什么社交礼仪需要。可见，礼仪是人与人、社会团体与社会团体在交往中存在的语言和行为规范。

因此，礼仪的基本要素包括礼仪活动的实施者——礼仪的主体和礼

仪指向的承受者——礼仪的客体。交往的双方只有互相以礼相待，才可能真正交往下去。否则，如果礼仪主体实施礼仪，而承受礼仪的客体回应的是"无礼"，就会导致交往的中断。所以，在社交礼仪的实施过程中一般都表现为互为主客体。这就是我们一向倡导的"礼尚往来"，即强调施行礼仪是一个互动的过程。礼仪的另外一个基本要素是礼仪的载体，这也是实施礼仪过程中必不可少的条件。社交礼仪都要通过礼仪主体的语言、行为或物体表达对礼仪客体的尊重，如主人面带笑容给客人端上茶，请客人享用，这个过程所体现的是主人对客人的热情接待，是通过人体、物体（载体）表达出来的，这就构成了礼仪的三个基本要素：主体、客体和载体。

无论年轻人是作为礼仪的主体，还是礼仪的客体，我们对自己的个人礼仪应当有一定的重视。"礼"就是尊重自己，尊重别人，尊重社会；"仪"就是仪式，形式。个人礼仪要求整洁，自然，互动。就容貌来说，发型要整洁，规范，长度适中，款式合适，长发不过肩，前发不遮额，侧发不掩耳，后发不及领，庄重保守；面部要整洁，避免面部多余发毛；口部要求无异味，无异物；美容，美发，护肤，除味，自然淡妆，化妆品成系列，颜色协调，服饰也妆协调；举止要美观，规范，互动；表情要求眼神、笑容、面部肌肉的动作自然；眼神要目中有人，看人的角度，看什么部位，时间长短，什么方向，角度中心，都要有所为有所不为！

年轻人在参加社交活动的过程中，肯定会遇到自己喜欢、欣赏的人，也会遇到自己不喜欢的人，无论怎样我们都要学着接受对方，学着善解人意。做好礼仪中的每一个角色，让对方感受到你的尊重，这样的社会交往才算是成功的。

现代礼仪的特征

礼仪是规范人们日常生活的交往准则，于是现代礼仪便在人们的社会交往中表现出各种各样的特征。随着社会的发展，礼仪既保持了原有的特性，又结合了新时代的特征，人们用礼仪来规范和约束自己的行为，协调和制约人与人之间的关系。

1. 礼仪从古至今有一定的传统性

礼仪是一个国家、民族传统文化的组成部分。在我国，现代礼仪是以传统文化为核心，并不断吸收其他民族的优秀文化，在长期的社会生活实践中逐渐发展和完善起来的。它根植于传统文化这块沃土上，因而有着深刻的传统性。"礼仪之邦"几千年的文明史，中华民族修礼、崇礼、习礼的传统美德，深深地融入现代礼仪之中，约束和规范着现代人的行为。礼仪是将人们在长期生活及交往中的习惯、准则固定并沿袭下来，有着广泛的社会文化基础。礼仪的传统性是根深蒂固的。在社会生活中，礼仪是人们约定俗成的行为规范，大都没有形成文字，无须刻意传播，它是在人们相互交往中传播、继承、相沿成习、积淀下来的。在这个过程中，传统礼仪的那些烦琐的、保守的内容不断被摒弃，只有那些体现了人类的精神文明和社会进步，代表着中华民族传统文化本质和主流的礼仪，才得以世代相传，并被不断完善和发扬。

2. 礼仪在发展中存在着一定的共性

礼仪是在人类共同生活的基础上形成的，是同一社会中，全体成员调节相互关系的行为规范。礼仪随着社会生产、生存环境和生活形态的变化而不断充实完善，逐渐成为社会各阶层共同遵守的行为准则。礼仪的内容大都以约定俗成的民俗习惯、特定文化为依据，集中地反映了一定范围内人们共同的文化心理和生活习惯，从而带有明显的共同性特点。礼仪又被应用于人们的社会交往之中，其范围和准则必须得到广泛的认可，才能在相当的范围内共同遵守，这也决定了礼仪的共同性特点。由于交往范围的

不断扩大，原先由于地域和文化交流限制所造成的礼仪规范的差异逐渐被打破，许多礼仪形式被越来越多的人接受和认可，礼仪的共同性特点将会日趋明显。

3. 礼仪在不同个体、时代间存在着一定的差异性

礼仪作为一种约定俗成的行为规范，其运用受到时间、地点和环境的约束，同一礼仪会因时间、地点或对象的变化而有所不同，这就是礼仪的差异性特点。礼仪的差异性首先表现为民族差异性，不同民族的礼仪多姿多彩，各具特色。各民族的习俗礼仪都凝结着本民族本地区人民的文化情结，人们严格遵循，苦心维护，难以改变，比如同是见面礼，不同的民族有着不同的表现形式。礼仪的差异性还表现为个性差异，每个人因其地位、性格、资质等因素的不同，在使用同样的礼仪时会表现出不同的形式和特点，比如同是出席招待会，男士和女士要有不同的表现风格。礼仪的差异性还表现在其时代变异性，它随着社会的进步而不断发展、丰富和完善。礼仪总是体现着时代要求和时代精神，因而会随着时代发展而产生差异。世界各国都很重视礼仪改革，现代礼仪发展变化的趋势是使礼仪活动更加文明、简洁和实用。

4. 规范、约束人们行为的礼仪存在着自律性

礼仪是社会生活中约定俗成的习惯和规则，它对人们的各种行为规范都有着广泛的约束力，但这种约束力不是强制性的。礼仪不像法律那样威严，也不像道德那样肃然，礼仪的实施无须别人的督促和监督，有人冒犯了礼仪规范，也不会受到法律的制裁。因此，礼仪的实施，主要是依靠人们自觉地利用礼仪规范来约束自己的行为，这就是礼仪的自律性。礼仪的这一特点，要求人们在实施礼仪的过程中，树立起一种内心的道德信念和行为修养准则，不断提高自我约束、自我克制的能力，在人际交往中自觉地遵守礼仪规范。礼仪的自律性并不是说礼仪是可以随意冒犯的，不注意礼仪的人会在社会生活中处处碰壁，孤独、尴尬、失意总是难以摆脱的，而自觉地注重礼仪的人，他的社会交往就会一帆风顺，处处受人尊重。

5. 礼仪伴随着社会的发展而显示出一定的等级性

礼仪的等级性表现在对不同身份、地位的人士礼宾待遇的不同。在社会生活中，人们往往用长幼之分、男女之别来规范每个人的受尊重程度。而在官方交往中，则要确定官方礼宾次序，确定官方礼宾次序的主要依据是担任公职或社会地位的高低。这种礼宾次序带有某种强制性，不同的人因此而得到不同的礼宾待遇，但这并不意味着尊卑贵贱，而是现代社会正常交往秩序的表现，反映了各级公务人员的社会身份和角色规范。礼仪的等级性在社会交往中还表现为双向对等性，即在不同地区、不同组织的交往中，双方人员在公职身份和社会地位上要相近，业务性质要相似，以此来表示对对方的尊重。双方的交往还应当是一种尊重互换、情感互动的过程，在礼节上要有来有往、相互对等。这是工作需要与礼仪要求的结合统一。

由此可见，礼仪并不是一成不变的，随着社会的变化、时代的变迁，会根据大部分人的生活习性衍生出不同的礼仪规范。年轻人在与人交往的过程中，既要认识到礼仪的重要，也要认识到不同的礼仪。只有看准对象，表现出恰当的礼仪，才会让对方体会到被重视的感觉，才能让礼仪起到它应有的作用。

现代礼仪的原则

礼仪是人际交往中，以一定的、约定俗成的程序方式来表现的律己敬人的过程。每个人都有看待问题、处理问题的准则，虽然有时我们会受到立场、观点、方法的影响，但是原则性的礼仪从不因外界的影响而改变。年轻人在社交场合，想要通过礼仪获得他人的认可，与他人建立良好的人际关系，就要遵循礼仪的原则。

年轻人在和人交往的时候要把握礼仪的四大原则：真诚尊重、平等适

度、自信自律、信用宽容。

1. 真诚尊重

在人与人的交往中，真诚和尊重是最为重要的。在社交场合中，真诚和尊重也表现为许多误区，一种是在社交场合，一味地倾吐自己的所有真诚，甚至不管对象如何；一种是不管对方是否能接受，凡是自己不赞同的或不喜欢的一味地抵制排斥，甚至攻击。在社交场合中，陷入这样的误区是很糟糕的。所以在社交中，必须注意真诚和尊重的一些具体表现，在你倾吐衷言时，有必要看一下对方是否是自己真能倾吐肺腑之言的知音，如对方压根儿不喜欢听你的真诚的心声，那你就是徒劳了。

另外，如对方的观点或打扮等你不喜欢、不赞同，也不必针锋相对地批评他，更不能嘲笑或攻击他，你可以委婉地提出或适度地有所表示或干脆避开此问题。有人以为这是虚伪，其实不是，这是给人留有余地，是一种尊重他人的表现，自然也是真诚在礼貌中的体现，就像在谈判桌上，尽管对方是你的对手，也应彬彬有礼，显示自己尊重他人的大将风度，这既是礼貌的表现，同时也是心理上战胜对方的表现。在社交场合，切记三点：给他人充分表现的机会，对他人表现出你最大的热情，永远给对方留有余地。

真诚是对人对事的一种实事求是的态度，是待人真心实意的友善表现。真诚和尊重首先表现为对人不说谎、不虚伪、不侮辱人，所谓"骗人一次，终身无友"；其次表现为对于他人的正确认识，相信他人、尊重他人。所谓"心底无私天地宽"，真诚的奉献才有丰硕的收获，只有真诚尊重方能使双方心心相印，使友谊地久天长。

2. 平等适度

礼仪行为在社交场上总是以双方的表现来获得结果，你给对方施礼，对方自然也会相应地还礼于你，这种礼仪施行必须讲究平等的原则。平等是人与人交往时建立情感的基础，是保持良好的人际关系的诀窍。平等在交往中，表现为不要骄狂，不要我行我素，不要自以为是，不要厚此薄彼，更不要傲视一切，目空无人，更不要以貌取人，或以职

业、地位、权势压人，而是应该处处时时平等谦虚待人，唯有此，才能结交更多的朋友。

适度原则即交往应把握礼仪分寸，根据具体情况、具体情境行使相应的礼仪，如在与人交往时，既要彬彬有礼，又不能低三下四；既要热情大方，又不能轻浮诎谀；要自尊却不能自负；要坦诚但不能粗鲁；要信人但不能轻信；要活泼但不能轻浮；要谦虚但不能拘谨；要老练持重，但又不能圆滑世故。

3. 自信自律

自信的原则是社交场合中一个心理健康的原则，唯有对自己充满信心，才能如鱼得水，得心应手。自信是社交场合中一份很可贵的心理素质。一个有充分自信心的人，才能在交往中不卑不亢、落落大方，遇到强者不自惭，遇到艰难不气馁，遇到侮辱敢于挺身反击，遇到弱者会伸出援助之手；一个缺乏自信的人，就会处处碰壁。

自信但不能自负，自以为了不起、一贯自信的人，往往就会走向自负的极端。那么，如何剔除人际交往中自负的劣根性呢？自律原则正是正确处理好自信与自负的又一原则。自律乃自我约束的原则。在社会交往过程中，在心中树立起一种内心的道德信念和行为修养准则，以此来约束自己的行为，严以律己，实现自我教育，自我管理，摆正自信的天平，既不必前怕虎后怕狼的缺少信心，又不能凡事自以为是而自负高傲。

4. 信用宽容

孔子曾有言："民无信不立，与朋友交，言而有信。"强调的正是守信用的原则。守信是我们中华民族的美德，在社交场合，尤其讲究要守时，与人约定时间的会见、会谈、会议等，绝不应拖延迟到；要守约，即与人签定的协议、约定和口头答应他人的事一定要说到做到。在社交场合，如没有十分的把握就不要轻易许诺他人，或许诺做不到，反落个不守信的恶名，从此就会永远失信于人。

宽容的原则即与人为善的原则。社交场合，宽容是一种较高的境界，《大英百科全书》对"宽容"下了这样一个定义："宽容即容许别人有行

动和判断的自由，对不同于自己或传统观点的见解的耐心公正的容忍。"宽容是人类的一种伟大思想，在人际交往中，宽容的思想是创造和谐人际关系的法宝。宽容他人、理解他人、体谅他人，千万不要求全责备、斤斤计较，甚至咄咄逼人。总而言之，站在对方的立场去考虑一切，是你争取朋友的最好方法。

苏格拉底曾言："不要靠馈赠来获得一个朋友，你须贡献你诚挚的爱，学习怎样用正当的方法来赢得一个人的心。"与人交往必须要付出自己的真心。年轻人在社交活动中，一定不能忘记礼仪的原则，要做个条理分明的人，用礼仪时刻提醒自己，避免养成独断专行的习性。

第二章 个人形象"由礼而来"

☞ 年轻人不能忽视仪容仪表礼仪

外在形象是我们留给对方的第一印象

着装、容貌、形态、举止都是人们留给对方最直观的第一印象。人们在交往初始最在乎的也是这第一印象。通常人们凭借着对一个人外在形象的观察，来判定这个人是不是自己想要交往或是值得交往的对象。年轻人从踏入社会的那一刻起就应该重视自己的外在形象，这不仅是对自己的包装，更是有礼貌、懂礼节的表现，给对方留下美好的第一印象才是成功的开始。

圣罗兰说："优雅从十七岁开始。"我们要从年轻的时候就注重自己的外在形象，它不仅代表着你的外貌和品位，更代表你良好的修养和个人素质。试想，一个穿衣邋遢、不修边幅的人给他人的第一印象是怎样？而一个穿戴整齐、干净利落的人又会给他人怎样的第一印象呢？我想大多数人都会选择和第二种人交往，因为在人们的潜意识中，对自己外形重视的人会对合作伙伴一样重视，这种人更易获得他人的信赖。

爱美之心人皆有之，年轻人更是要利用自己年轻的优势，多注重仪容

仪表的礼仪，别让对方从见你的第一眼起就否定你整个人。年轻人要注意哪些方面才能为我们的外形加分，给他人留下完美的第一印象呢？

首先，要对自己有一个较为全面的了解。对自己的了解不仅是对内在的心理特质，还是对自己的脸型、五官、身体的优势和劣势有一定的了解。年轻人要想通过外在形象给他人留下良好的第一印象，就要知道什么适合自己，什么才能让自己的优势发挥出来，充分了解自己才能将自己最有优势的一面展现给他人。

年轻人要了解自己的人格气质。气质是我们的思维方式和行为风格日积月累的体现，它是稳定的，围绕在每个人的身边，是有别于其他人的独特地方，也是体现自己最真实的一面。我们要通过对自身气质的确定来选择适合我们的色彩、风格、服饰款式、质地以及妆容和发型。这样在外形上我们才能扬长避短，用自己的优势为自己增添个人魅力。

其次，从社交场合的实际情况出发。大多数人都会有一个对自己外在形象的主观概念，总是自认为穿某个款式的衣服不好看，穿某种颜色不合适，其实，这些都是要根据你参加的不同社交场合来决定的，我们自认为适合自己的不一定是真适合自己的，所以，年轻人在款式、颜色的选择上要有客观、结合实际的意识，这样在外型上我们才能既得体又能让别人一眼看到，对我们的第一印象是十分重要的。

最后，通过对不同造型的尝试，找到真正的自己。最适合自己的仪容仪表是通过在实践中不断尝试才慢慢形成的，年轻人要在不同的变换中找到真正的自己。在与人交际的过程中，常变常新不仅是让对方记住自己的一个妙方，更是为自己树立自信的机会。得体的仪容仪表正是散发自信的渠道。

心理学家研究发现，与一个人初次会面，可在45秒内就对这个人产生较完整的第一印象。我们处在快节奏的生活时代，很少有人愿意花很多时间去了解一个留给他不美好第一印象的人。无论你有多高的学历多大的能力，如果没有给第一次见面的人留下好印象，那么这对你今后的发展无疑是一个巨大的阻碍。一个清新爽朗的造型，一个真实适度的微

笑，一套展现魅力的服饰，一句大方得体的问候，都将成为修饰你外在形象的重要砝码。所以，年轻人一定把握住这关键的第一印象，在外在形象上就给对方留下良好的印象，你要知道，这对你今后的发展起着主导作用。

在与人交往的过程中，以礼待人是非常重要的，既然外在形象也属于礼仪中的一部分，那么，年轻人就要在提高道德修养的同时，对自己的外在形象有个全面的了解与认识，要让自己赢在起跑线上，从他人看见你的第一眼起，就能通过你的外在看出你是一个懂礼仪的年轻人。

开始注重外在形象的改变，是你尊重他人、尊重自己的表现，也是迈向成功社交的重要一步。上帝对每一个人都是公平的，他在给你每一个缺陷的同时，一定会给予你另一个优点。也许你没有矫人的容貌，但有高挑的身材；没有清秀的五官，但有细腻的肌肤。问题的根本是你会不会发现并将它最大限度地展现出来。年轻人注重礼仪要从最表面的外在形象做起，只有经历了每一个阶段，才能熟练掌握社交礼仪的要领。

身材不好用服饰帮你修饰

随着人们对自身的要求越来越高，大家越来越看重一个人的外在形象，从而你的身材也成为人际交往中大家会关注的一部分。人有胖瘦之分，但我们不能以瘦为美，胖人的魅力有时是瘦人无法比拟的，瘦人也是有身材上的缺陷的。只要我们懂得用服饰修饰自己身材的缺点，那么，无论你的身材胖瘦，都能给他人留下好印象。

年轻人首先要对自己的体型有一个客观的认识，不要总是自我感觉良好，不一样的体型需要不同款式的服饰来遮盖本身的不足，或是发挥体型的优势，为自己增添魅力。下面我们就根据不同的体型为年轻人的服饰选择提一些建议。

1. X形体型

X形的体型被人们称为最匀称的"沙漏型"，尤其对于女性来讲，这是最标准、最理想的体型。它整体比例匀称，给人一种协调舒适的整体美感。X形体型的人其特征是胸与臀几近等宽，腰部略细，整体比例匀称，所以，这样优美的人体曲线，无论穿那种款式的服装都能散发出个人魅力。

引领时尚的设计大师们，往往会以这种体型的人作为他们创作的标准体型。这样的腰身具备了活泼、高雅、浪漫等一系列美好的词汇，所以，拥有这种体型的人根本不用担心服饰款式的选择，你就是天生的衣服架子，只要会挑选适合自己的颜色以及会根据不同场合选择恰当的衣服，那么，你就是社交场上那颗闪耀夺目的新星。

2. 瘦高体型

瘦高体型是现代社会最被人追捧的一类体型，人们普遍认为他们高挑的身材无论穿什么衣服都能吸引到很多人的眼球，其实这是现代人的一个误区，过于高挑单薄的人会给他人一种冷漠、不好相处的感觉，也会给对方留下不可靠的印象。所以，这类身材的年轻人，不妨用服饰让自己的身体看起来饱满一些，这样才会给对方留下好的印象。

这种体型的人不能选择过于单一的冷色系或暗色系，这样只会让你显得更单薄，除非一些特殊的场合。在大部分社交场上，我们应以浅色系为主，花纹图案可以选择横条纹、大方格或者大圆圈等，我们利用这些大的几何图形来让他人对我们的身材产生一种横宽的错觉，也能利用这些图案来彰显我们大气、有品味的一面。同时，我们还可选用红、橙、黄等暖色系的饰品加以提亮整套装扮，能让高挑单薄的人看上去更丰满、健壮一些。

3. 肥胖体型

有很多肥胖体型的人在与人交往的过程中都会缺乏一定的自信心，其实大可不必。有研究表示，相较于体型偏瘦的人来讲，肥胖体型的人给人的第一印象通常是憨厚、好相处，更易赢得他人的好感与信任。所以，年

轻人要对自己充满自信，我们可以通过对服饰的选择对自己的身材稍加修饰以弥补自己的不足。

这类体型的人冬天不能穿浅色外衣，夏天不宜穿暖色、鲜艳的颜色或浅色裤子，款式上也不能选择太繁琐复杂的衣服，要力求简洁明了。肥胖体型的人也不适合大花纹或者大横纹这类的图案，这样只会导致体型向更宽更横的错视发展，我们可以选择深色或者冷色系的小花纹来收缩人们的视觉效果，或者用直线条的图案来拉长自己的比例，让自己看起来清瘦一些。

4.矮小体型

身材矮小的人在服饰颜色的选择上要以温和的颜色为主，过深或过浅的颜色都不好，上装的颜色要相近搭配，反差太大或对比太强烈会给他人一种断层的感觉。矮小体型的人要尽量避免颜色过重或者纯黑色的衣服，免得在视觉上造成缩小的感觉，颜色鲜艳的大花图案和宽格子或宽条纹也会缩小自己的比例，应尽量选择素色和长条纹的衣服。还要切记，不能同时穿戴高亮度的鞋帽，这样会让两头的亮点抢了中间的光彩，但如果选择一身灰色系的服饰，配上一顶抢眼的帽子，会显得略高一些。

身材不是非常完美的年轻人不用为自己的不足感到悲伤，通过对服饰的选择，就能将我们的不足掩饰起来，还能凸显出我们的优势。对自己的外形负责就是尊重社交场上每一个人的表现，只有将外在的礼仪做到位，他人才愿意和你继续交谈下去。

合自己的才是最好的

在社交礼仪中，对衣服的选择就能看出这个人的性格以及品位，衣服不一定要华丽，不一定要是多奢侈的牌子，只要是适合自己，能突出

自己优势及性格特点，符合要参加的社交场合，对你来说就是一件对的衣服。

西方学者雅波特教授认为，在人与人的交往过程中，别人对你的第一印象只有7%是注意你的谈话内容，有38%是观察你的态度、语气、形体语言等，但却有53%是判断你的外表是否和你的表现相称，也就是你看起来与你表现出来的样子是否相符。因此，年轻人踏入社会后，那些慵懒随意的学生形象或者娇娇女般的梦幻风格都要主动回避。随着年龄的增加、身份的改变，你的穿着打扮应该与之相称，记住，衣着是你的第一张名片。

在生活中，对年轻人的穿衣风格影响最大的要数曝光率最高的社会名人，我们被他们吸引的一个主要原因是他们的着装风格都有自己独特的一面。我们忘不了索菲亚·罗兰身着丝质套裙的性感，忘不了杰奎琳在太阳镜背后的典雅，忘不了将黑色连衣裙穿出优雅的赫本。我们普通人虽然不能像明星一样拥有自己的穿衣顾问，但是我们应该有自己的审美倾向。审美不是只跟随潮流的脚步打扮自己，而需要的是在你所欣赏的美的基调中适当加入时尚的元素，形成自己的穿衣风格。适合自己整体气质、能散发出自己魅力的衣服才是最好的。那么，年轻人怎样才能选择适合自己的衣服呢？

1. 买与自己肤色、气质相配的衣服

服装店外精美的橱窗和店内讲究的装潢都为店内的衣服营造出动人的光彩，让顾客一进到店内就立刻被吸引住。其实，那些穿在模特身上或者搭配好排放在陈列架里的衣服不一定适合每一个人，不要在绚丽的灯光和导购小姐的游说造成的假象中迷失自己。为了避免被一时的购物气氛迷惑，我们要能读懂自己的身材、肤色，这样才不会因为一时的冲动买下不适合自己的衣服。"人穿衣"而不是"衣穿人"，所以，年轻人要了解自己的优点和缺点，用衣服掩盖缺点的同时，更让它为你的优点服务。

2. 只有穿到身上才知道适不适合自己

很多年轻人，尤其是男性，在挑选衣服的时候总是觉得上身试穿是件麻烦的事，按着自己的身高胸围买的衣服一定是合适的，其实这是个误区。每一个品牌的衣服都有不同的剪裁，即使是同一个尺寸，也会存在些许的差异，所以年轻人千万不要怕麻烦，一定要在决定购买之前先上身试一试。

3. 衣服不在多，要少而精

衣柜里那么多的衣服，却总觉得还是少一件，年轻人在资金方面还没有达到无所顾忌的层面，所以，你对衣服的挑选要注重款式、材质和剪裁，尽量让自己的衣服少而精。

4. 服饰打折时要冷静对待

每到换季的时候各个品牌都会有相应的折扣，以此来销售上一季节的衣服，最吸引人的是那些你平时喜欢却总是狠不下心拥有的名牌服饰。有些名牌打折的方式的确与普通牌子不同，它们一般都会选择一家高级百货商店甚至是酒店来进行，有的还会派发请柬。对很多人来说，这是很有诱惑力的一招儿，其折来折去的价格确实让人心动。不过，这时你千万不要以为掉下来个天大的便宜让你捡。内行人都知道，出现在特卖场上的名牌货一般都是过气商品，无论是面料、款式、色彩都与时尚有了一定距离，虽然牌子和工艺没有问题，但关键的几个指标已经落伍了，同时尺码不全也是经常出现的问题。所以，应该理智地对待名牌打折，不要因为价格的降低而降低你对衣服的要求。记住，让你买下一件衣服的理由应该是它很适合现在的你，而不是它看似划算的价格和那一块小小的商标。

没有人生下来就会为自己选择衣服，所有人都是通过对自己不断的了解才慢慢形成了自己的穿衣风格。年轻人要清楚地了解自己的气质、体型、身材、肤色，只有这样才能为自己选择适合自己的衣服，也只有适合自己的衣服才能为自己的魅力加分。

通过服饰打扮彰显你不俗的品位

一个人的品位是通过日积月累的历练慢慢培养的，就像提高我们自身气质一样。品位是指对事物有分辨与鉴赏的能力，是一个人的着装、谈吐、待人接物的风格给他人的印象。年轻人在与人交往的过程中，要通过你的服饰展现出你不俗的品位，你的好品位会让他人看到你懂礼仪的一面。

打一个最简单的比方，去一个你不熟悉的地方吃饭，有两个菜品、价钱、设施都完全相同的饭店，一个饭店宽敞明亮，地擦得干干净净，另一个饭店虽然同样宽敞，地上却都是黑黑的脚印，你愿意去哪家店吃饭？我想大部分人都会选择干净的那一家。对于一个不熟悉的地方，在所有已知条件都相同的情况下，干净的饭店会给他人一种安全放心的感觉，即使那家不太干净的饭店确实比干净的那家味道要好，我们也会因为食品安全问题吃得提心吊胆。很多人都说不会以貌取人，而实际上在他们心里已经通过你的外貌为你打下第一个印象分。

出此可见，年轻人无论何时都应该通过服饰打扮来彰显自己不俗的品位。当一个陌生人见到我们的时候，他们是如何了解我们的呢？

一般情况下，我们是没有办法立刻向他展示我们内涵有多高的，因为别人只会相信自己眼中所看到的一切。虽然一本书的内容不能够完全通过封面来判断，但是，大多数的人依旧会选择封面精致漂亮的书。我们的外表又何尝不像书的封面一样呢？它向人们展示了我们最容易向别人展示的资讯，而别人也会因此对我们作出判断，所以说外表和内在一样重要。因此，无论是在家里，还是在公司，或者是在其他场合，你的外表都要能够恰当地表达出你的个人特质，进而为你的内在加分。

虽然成熟的人不会因为你的外表就判断你的未来是好是坏，但是他们会通过看你的外表来断定你做事时是不是一个精力充沛、有上进心的人。外表不能说明你的一切，但至少是吸引他人注意你最有效的

方法。在《女佣变凤凰》中有这样一句与衣着有关的经典台词："我知道偷穿客人的洋装是我的错，但是那天如果我没有穿那件白洋装而是穿着女佣服的话，你还会注意到我吗？"的确，如果女佣没有偷穿客人的洋装，那么男主人公就不会愿意与她交谈，不会注意到一个平凡女佣的存在。

这就是世界的现实，假如你有100分的内涵、80分的条件，但是，你只穿上有60分的衣服，那么，这便不能展现一个真正的你。每天早上年轻人要给自己留出一定的时间站在镜子前面仔细看看自己，看看你的衣服和精神面貌是不是能够展现出你心目中那个想要的自己。如果你不能为你的整体形象打到90分以上，那么，你就要考虑一下是不是要换套衣服，或者想办法让自己看起来精神一些。年轻人要清楚，你的爱情、你的职场未来、你的人际关系，都和你的穿衣品位有很大关系。

我们在工作中不难发现，外表的成功改变能给我们带来更大的自信，这对我们的工作和人际交往都会起到良好的推动作用。

在着装上要做到干净大方，衣着搭配要懂得扬长避短，给他人的整体印象要以阳光为主。那么，这些就能完全展现出我们的品位吗？显然不能，这只是为我们不俗的品位做下铺垫，我们还要对细节处稍加修饰才能展现出我们独特的品位。其实所谓的品位也是给懂品位的人去看的，比如你戴了一块名牌手表，不懂行的人只能当它是看时间的东西，根本看不出它真正的价值。所以，你的品位也取决于你接触的层次。

外在的高品位也要有内在的高内涵来呼应才能展现出年轻人独特的风采。拓宽自己的知识面，增强独自判断的能力，在与人交往的过程中才能做到张弛有度，才会为自己迎来他人赏识的目光。品位是社交礼仪中不可忽视的一点，它代表着你参加社交场合的态度，代表着你对与你交往的人的尊敬程度，代表着你能否实现自己梦想的决心。

穿衣服要学会看场合

初出茅庐的年轻人常常因为穿错衣服而错过良机。穿衣服不仅要注意它是否合身，是否适合自己，是否能显示出自己的品位，更重要的是，是不是适合你所参加的场合。学会看场合穿衣，是社交礼仪中一个重要的环节，作为社交中的主角，你要懂得从服饰中告诉他人你对他的尊敬。

近日，英国社会学家公布的一项最新的社会调查显示，每名女性在工作日的早上平均要花费16分钟来挣扎于穿什么衣服出门，这样算下来，一生花费在挑选衣物的时间接近一年；而每位男性一生打扮自己的时间需要45.5天。由此可见，穿衣服对每个人来说都是重要的，即便是对打扮没有太多要求的男士，还是每天会花费一定的时间来挑选衣服。

那么，年轻人在不同的场合要挑选什么样的服饰才能算穿对呢？

1.职场服饰

职场作为现代人最常停留的一个社交场合，你接触的不仅是同事、老板、下属，还有各行各业的客户、生意伙伴等。由于工作地点的固定性，我们不可能在接触这么多人的一天中换上好几套衣服，即使在你接触的不同人面前没有错，但职场不是T型台，频繁地更换衣服只会遭到别人异样的眼光，那么，我们就要选择一套能在你所接触的所有角色中都适合的服饰。

对女性来说，工作场合应选择富有质感和较挺阔的服装，以西服套裙最适宜，不宜穿过紧或宽松和面料粗糙的服装，色彩以黑、灰、米色和咖啡色为佳，雅致、平和的浅蓝、驼色、淡黄色服装也不错。对于男性来说，在办公场合，无论办公性质有何不同，在服装上都不宜花哨，色调上应以含灰的隐艳色为主，总体上要简洁、大方、素雅、稳重。如上下装色泽、色素差别不大的搭配式西服、外套类，则可形成层次感。深色西服、外套配浅色衬衫、深棕色领带；浅色西服、外套配中色衬衫、深色领带。同时，在面料的质感上差异性也不应太大，要协调。若在服装的色彩上过

于素雅，则可通过领带等来活跃服装气氛。海蓝色、白色衬衫在办公场合则会更具风采。

2. 宴会服饰

宴会是年轻人结识更多生意伙伴和拓宽人脉的场合，这样的场合年轻人一定不能因为自己的服饰而与本该属于自己的机会擦肩而过。当然，我们虽然会在宴会场上碰到未来的生意伙伴，但在对方没有开口谈工作的时候你一定不要先开口。宴会虽是正式场合，但它并不适合大谈特谈产品、合同等，它还是要以轻松的环境为主。所以，对于宴会来讲我们要挑一套既不失礼又能让人一眼发现我们优点的衣服。

女性的晚礼服要以高贵优雅为基本着装原则，讲究细部的款式和精美的做工，以能体现女性的性感和娇美为佳。妆容与服装的色彩应一致，如穿紫色的衣服，眼影最好是蓝色和紫色，口红用紫色或玫瑰红；男性在正式的社交、礼仪场合，一般穿黑色和深蓝色的三件套夜礼服，配上白色衬衫、黑色领结或领带、黑鞋皮鞋，有时在衣领驳头上的扣洞中别一枝鲜花和在胸袋前装有装饰性的衣帕，并在不同时期里有所变化。

3. 休闲服饰

穿着休闲服饰的场合一般都是熟人聚会，或者外出郊游，年轻人千万不要觉得都是熟人就不在意自己的服饰打扮，比如你去参加闺密们或男友的聚会，你想反正都是自己的好友，穿什么都无所谓，殊不知人家也在暗暗评价你呢。

女性在参加朋友聚会时，一定要时髦又有女人味。时髦，是让女人们看的，只有女人才会关注本季的流行元素，至少要化个淡妆，鞋子穿高跟的，尽量穿裙子或者铅笔裤，飘逸一点的上衣，这些基本做好了，我想起码你能赢过不少女生了，因为大部分女生都不丑，只是不知道在合适的场合穿合适的衣服罢了；而对于男性来讲，在非职业性活动场所穿的服装，要尽量适合都市流行气息，充分发挥服饰搭配的个性，色彩宜明亮些、丰富些。利用中灰程度的裤子、黑棕色皮鞋与任何类型的服饰搭配，是产生服装稳定性的最佳手段，并且也易于与服饰搭配。

年轻人只要在出席各类活动前想一想你要接触到哪些人，想要通过此次社交获得什么东西，我想你一定可以让自己穿着最得体的衣服出现在大家面前。能分清场合穿衣服的人，才能更容易得到他人的认可，才能让他人看到你懂得社交礼仪的一面。

女性妆容不宜浓艳

年轻女性在出席各类社交场合时，一定要注意自己的妆容是否符合环境。女性的妆容就是女人的第二张脸，只有好好打扮它才能为我们的整体形象加分。在更多的时候，我们参加社交场合是为了自己的事业更上一层楼，是为了拓宽自己的人脉圈，所以，女性要注意不能让整体妆容太过艳，那样只会给他人留下轻浮、没能力的感觉。

在生活中的女性大多数都没有上过专业的化妆课程，大家都是通过网络、杂志看别人化什么妆，自己就去效仿。因此，便更要注意整个妆容的浓淡程度，恰到好处的妆容才会与我们的服饰、与周围的环境融为一体。

那么，年轻人在化妆的过程中应该注意几点呢？

1. 不要把生活妆加浓就当社交妆

有很多社交新人，习惯单纯地把生活妆加浓当作社交妆容。事实上，这种做法是绝对错误的。因为生活妆追求得体，往往缺少重点，会让人觉得过于平淡。而单纯加浓妆容，不顾气质场合，更会贻笑大方。眉毛、眼睛、嘴巴、面颊，这些面部的视觉重点，你并不需要面面俱到，只要在其中一方面下足功夫，加入今季最流行的元素就能打破生活妆的平淡，让人眼前一亮。

2. 不要让妆太夸张或不均匀

厚重得像面具一样的底妆、过于艳丽的腮红、太过夸张的假睫毛，这些化妆化得过了的状况，很容易被社交狂热派遇到，有时候太想表现自

己，效果反倒适得其反。很多社交场合，如宴会厅、会议厅等，灯光都很亮，所以若妆容效果不匀称，在强灯光下就会立即无处遁形。

另外，若是不小心挤出了多余的粉底液，涂抹在脖子上比涂在面颊上更合适。腮红一定要站在光源下方来涂抹，侧光源下化妆容易让你的腮红色一边重一边轻，若是用腮红刷，则蘸了腮红以后轻轻抖一下，让多余的粉掉了再刷，这样不容易刷多。假睫毛不要选择前侧太长的，眼角稍微长一些的假睫毛会让人从侧面看也有很漂亮的线条，但正面看并不觉得很夸张。若是你出门照镜子才发现自己粉涂得实在有点多了，赶紧用干净的刷子轻扫面部，如果手头没有刷子，就用粉底盒里的化妆海绵代替；若是想使腮红的颜色稍微变浅，最简单的办法是往脸上轻拍一点爽肤水。

3. 不要任何场合都画红唇

所谓"成也红唇，败也红唇"。在社交场合，红唇绝对能让你成为众人瞩目的焦点，不过，一旦用的场合不对或是跟衣服搭配得不好，其反面效果也会很强烈。红唇具有非常强烈的强调个性的味道，画红唇一定要和服装色调搭配。它的夸张感与服饰配搭起来，会弱化和协调很多。若你穿的是暖色调的衣服，比如红色、黄色系的晚礼服，那么画一个樱桃红带点金色的红唇，则会有整体的协调感；若穿的是黑色或灰色等冷色调的衣服，选择偏酒红色的唇膏则更搭调。如果你的唇形并不是特别饱满、漂亮，要先用"隐形"的唇线笔，即用跟唇膏同色的唇线笔勾勒出完美的唇形，否则，唇形的任何一点不完美，都会被红唇的效果放大出来。

4. 不要随处都能看见你的烟熏妆

一个喜欢在社交场合展现个人魅力的女人，怎么会忘记小烟熏妆呢？不过，很多人在白天和夜晚画出来的小烟熏妆，往往是同一个感觉、同一个味道，不分重点，没有区别，让人觉得很过时。白天出席社交场合的小烟熏妆，成功的关键在于浓淡适宜。在画眼妆的时候，下手的第一下是最重也是最浓的，所以哪个地方用色最重就要从哪个地方先开始，而且，用力宁轻勿重，用色宁缺勿滥，眉骨尽量留白；夜晚出席社交场合的小烟熏妆，关键在于打造出立体感，在眉骨的地方一定要用高光来提亮，这样，

在夜晚的灯光下，烟熏妆的效果就能被更好地衬托出来。

年轻人只要根据不同场合，为自己选择一款适合的妆容就能让自己散发出更多的魅力。女人在年轻的时候本来就具有独特的吸引力，只要你稍加修饰就能让你的青春气息吸引身边每一个人。

好的发型让你整个人亮起来

发型是彰显一个人气质的重点，他人也可以通过发型看出你的性格。对于女性来讲，直发淑女，卷发洋气，短发酷酷的，爆炸发型泼辣；而对于男性来讲，头发偏长的自恋，头发整齐的认真，发型随意的人好接触等，好的发型会给他人留下好的印象。所以，年轻人一定不要忽略了发型的重要性，想成为人群中的亮点就挑一款适合自己的发型吧。

好的发型不一定是最流行、最时尚的。我们往往看到杂志、电视上的名人的发型都非常前卫、有型，有些年轻人愿意去效仿，可做出来的效果却不尽如人意。年轻人要清楚，名人都是有专门的造型师为其设计，为其打理，而穿梭于各个写字楼间的职场人都是自己在打理自己的一切，没有时间也没有能力去专门聘请一位造型师帮助打理。那么，我们就不能一味地去模仿名人的造型，而是应该根据自己的脸型、性格、肤色、接触的环境来为自己挑选一款适合自己的发型。

那么，在挑选发型的时候，年轻人怎么才能知道哪款是适合自己的呢？

1. 发型要和脸型相匹配

人的脸型大致分为8种，大部分人都要通过对发型的选择来调和自己的脸型，弥补自己的不足，让自己看起来更精神、更有魅力。

（1）鹅蛋脸：又称瓜子脸，算是脸型中最标准的脸型，对发型没有特殊的要求。

（2）圆形脸：适合留有刘海的发型，将刘海盖住双耳及一部分脸颊，余下的头发梳向头顶，这样可以减少脸的弧度。

（3）长形脸：不要将额头露出，可适当用刘海掩盖前额，头缝不可中分，尽量让脸看上去圆一些。

（4）方形脸：适合将头发烫一下，造成脸部窄而柔顺的效果，也需要留一部分刘海，其余头发梳向两边及下方即可。

（5）钻石形脸：增加上额和下巴的丰满，维持头发贴近颧骨线，可创造出鹅蛋脸的效果。

（6）梨形脸：保持头发覆盖丰满且高耸，分出一些带波浪的头发遮住额头，头发以半卷或微波状盖住下级线，造成宽额头的效果。

（7）心形脸：将中央部分刘海向上卷起或倾斜地梳向一边，在下级线加上一些宽度。

（8）不规则形脸：可以选择适当的发型掩饰其缺点，采用柔和的盖住突出缺陷的发型，造成脸部两边平均的效果。

2. 发型要和脖子相匹配

（1）胖而短的脖子：在额头使用倾向刘海，发顶梳高，造成长度的效果，两边梳成波浪显得修长，平滑贴头的颈线强调了背视及侧视修长的效果。

（2）长脖子：用柔和的发波和卷花盖住脖子，头发应留到颈部，避免发型高过颈背。

3. 发型还要与身材相配

（1）矮胖身体的发型：这类身材的人比较适合将整体发式向上，比如运动式发型，可选用有层次的短发、前额翻翘式等发型，不宜留长波浪、长直发。矮胖者一般脖子显短，所以要尽量显露脖颈拉长身体整个比例。头发忌蓬松或过宽。

（2）高瘦身材的发型：这类身材的人容易给他人单薄、头部偏小的感觉。因此，发型要尽量显得生动饱满，避免将头发梳得贴近头皮，或是将头发高的地方过分蓬松，造成头重脚轻的感觉。

（3）短小身材的发型：这类身材的人给人小巧玲珑的感觉，在发型的选择上要以秀气、精致为主，避免粗犷、蓬松。尽量不留长发，发型做得精致些。

4. 发型还要与性别相匹配

商务男士应尽可能避免留长发或者某些时髦新潮的奇特发型，最好也不要留光头，不把头发染成过分鲜艳扎眼的颜色；女性的发型虽然并不拘泥于短发和直发，但也应注意要相对保守一些，不能过分张扬和花哨。

选择适合自己的发型，才能将自己的精神面貌完全展现在他人面前。在选择发型的时候还要考虑将要出席的社交场合，要符合社交场的整体气氛，才能为你带来画龙点睛的作用。年轻人要想在社交场上成为人群中的亮点，就为自己选择一款适合的发型吧！

交往中最让他人受不了的身体异味

与他人交往的过程中最让人受不了的就是身体有异味。年轻人正处在新陈代谢相当旺盛的年纪，随着新陈代谢的加快，自然有一些身体的排泄物会随着汗液排出体外，如果擦洗不够及时，汗液会与空气中的细菌相作用，形成不同味道的体臭。一旦你处在一个相对封闭的空间内，他人就会迅速闻到你身体的异味，从而远离你。

身体异味不全都是因为个人卫生问题而产生的，它有时也会出现在你身体有疾病的时候，那么，年轻人就要注意了，如果气味特别严重，就要及时向医生咨询。一般情况下，我们注意到以下几个容易散发出异味的部位就能有效抑制住身体的异味。

1. 腋下

腋下是最容易产生异味的地方，因为腋下汗腺属于大汗腺，是人体主要排出排泄物的系统。大汗腺排出的汗水略有黏稠，含有蛋白质、脂质

等物质，被细菌分解后产生了许多不饱和脂肪酸和氨，这些物质具有挥发性，能散发出令人尴尬的味道。

腋下有异味除了有不注重个人卫生的原因外，还有毛发浓密、喜吃肉食、精神压力大和遗传等因素。毛发比较浓密的人，大、小汗腺的分泌也相当旺盛，尤其是腋下更易出汗；喜肉食的人体质呈酸性，代谢过程中这些酸性会随着汗液的排泄产生酸化，从而形成异味；当人情绪激动或紧张的时候，腋下的大汗腺就会活跃起来，这也会产生异味；还有一种就是遗传，有研究表示，狐臭的遗传几率是50%，如果父母双方都有狐臭，那么你十有八九也会有。

那么，年轻人要在平时注意哪些才能有效地遏制腋臭呢？

（1）腋下大汗腺在夏日的分泌尤其旺盛，我们最好选择剃掉腋毛，减少细菌繁殖的机会。

（2）保持腋下的干爽是对付腋下异味最好的方法，我们可以选择一些添加柠檬酸成分的护肤品来润肤保湿，调整肌肤的pH值，也可以为自己挑选一些适合自己的止汗爽身产品，防止汗液分解。洗澡时，还可以适当加入番茄汁，让腋下在番茄汁中浸泡15分钟，每周2次，就能很好地控制腋臭。

（3）如果天生就有严重的腋臭，就应该及时就医，通过一些手术来根除。

2. 双足

我们的双足虽然有鞋的保护不会随便将异味散出，但由于人际交往的多元化，我们免不了会遇到脱鞋的时候。这时如果你的脚有异味，是很容易被人们察觉的，所以，对双脚异味的重视也便提到了社交礼仪中来。

双足的异味不外乎两个原因：一个是足部极易出汗，尤其是在炎热的天气或者穿着不透气的皮鞋时，大量的汗液与细菌相作用形成异味；另一个是足部有相当厚的角质层，这里是滋生细菌最好的温床，足部分泌的皮脂和角质混合，一天就会将细菌量增加10万倍。

想要除去足部的异味是需要长时间的调理才可以看出效果的。

（1）每天出门前，可以用加有薄荷或者柠檬精油的温水将脚浸泡15分钟，这样脚就能清爽一整天；忙碌了一天之后，在睡觉前抽出15分钟用45℃的温水泡脚，可以在泡脚水中适量加入明矾，它有一定的止汗功能。

（2）经常使用茶叶水泡脚也有祛除脚臭的功效，因为茶叶属凉性，可以收敛汗液，在泡脚水中加入黑醋或者天然酿造的醋，可以提高脚部的新陈代谢。对于角质层较厚的人来说，最好每周进行两次专门的去角质护理。

（3）假如足部异味非常严重，那么你可以选择局部注射肉毒素，麻痹局部神经、肌肉，抑制脚部神经的兴奋状态，起到止汗除味的作用。

3. 头发

人们有时会想在与人交往的过程中没有人会去仔细闻对方的头发，所以，也不用特别在意。其实不然，随着你在人群中的移动，你头发上的味道也会溜出来，对方原本对你的好印象也会一扫而空。

想要彻底根治头发的异味就要找到异味的根源，一般来说，爱出汗的人头发会偏油性，尤其到了夏天，油脂分泌旺盛，头发也会变得非常油，再混上一些外来的细菌，味道可想而知；如果你最近情绪非常不稳定，内分泌系统也会随着你情绪的变化而变化，体内激素增加，合成脂肪的功能加强，也会使头发变油腻；还有就是经常的烫发、染发，让头发变得脆弱敏感，你周围的各种气味都会影响到它，它也就变成了一个大的怪味收容器。

在生活中，我们可以使用一些简单的方法来祛除头发的怪味：

（1）在洗头发之前先用热毛巾把头发包起来，达到让毛孔充分张开的目的，然后用指腹按摩头皮，把毛孔里的油脂彻底清除出来，再用洗发水洗头。这样你的头发不仅会变得柔顺有光泽，还大大降低了头发的吸附性能。

（2）游泳池中含有大量的消毒成分，这会使你的头发受到很大的损害，所以，我们在游泳过后要使用橄榄油或者发乳按摩头发，再用热毛巾将头发包起，这样保持5分钟后再清洗头发。

（3）如果嫌上面两种方式麻烦，那简单的就是随身带把梳子，当你觉得头发有异味的时候就用梳子梳理头发，这样会促进头皮的血液循环，能有效地缓解异味。平时还要多喝加薄荷和冰糖的菊花茶，学会控制自己的情绪，或者养成用茶水梳头的习惯，这样，你头发上的异味一定会得到有效控制。

年轻人应该是充满朝气，充满青春气息的，如果身体有异味一定要及时解决，让衣物和身体保持干爽、干燥也是抑制异味的有效方法。别让那一丝丝不和谐的味道影响了你在他人心中的形象。

站姿、坐姿、行姿一个都不能忽略

年轻人经常会听到长辈们唠叨，出门在外要"站有站样，坐有坐样"。其实，这在人际交往中是非常重要的，你的一言一行都能体现出你是不是一个懂礼仪的人。我们在参加社交活动的时候，无论是站，是坐，还是行，都要彰显出我们较高的素养和良好的礼仪规范。从这些细节中，他人才能看到你满满的诚意和光明的未来。

现代的年轻人总是很容易忽略掉细节，尤其是对站姿、坐姿、行姿，大多数人都是随心所欲地站着、坐着或者走路。既然这是社交礼仪中很重要的一部分，那么，年轻人就应该从现在起改掉自己散漫的站姿、坐姿、行姿，懂得重视细节的人才能成为真正的成功者。

那么，我们就将这重要的三种姿势做个详尽的分析，从细节上把握你的形象。

1. "站如松"——站姿

站立，是人类生活中最常见的一种姿态。正确的站姿要求人们，站立时，应头正颈直，双眼平视前方，嘴唇微闭，下腹微收，挺胸直腰，双肩保持水平，两臂自然下垂，手指并拢自然微屈，左右手中指分别压在左右

裤缝，腿膝伸直，下体自然挺拔，脚跟并拢，两脚尖张开夹角45°，身体重心落在两脚之间。站立后，竖看要有直立感，即以鼻子为中线的人体应大体成直线；横看要有开阔感，即肢体及身段应给人以舒展的感觉；侧看要有垂直感，即从耳与颈相接处至脚的踝骨前侧亦应大体成直线，给人以一种挺、直、高的美感。

男女的立姿略有不同，形成不同侧重的形象。男子站立时身体重心放在两脚中间，不要偏左或偏右；双脚与肩同宽而立；双手可自然下垂，必要时可单手或双手在体后交叉。男子应站得英俊洒脱，挺拔舒展，精神焕发。女子站立时身体重心在两足中间脚弓前端位置，双脚呈"V"字形站立；手自然下垂或向前向后交叉放置。女子应站得秀雅大方，亲切和善，姿态优美，一展贤良淑女的形象。

站立时应克服不雅的立姿，包括站立时弯腰驼背、身体倚门靠墙或靠柱、左右摇晃、歪头斜脖、撅臀曲腿、双脚交叉、叉腰斜立等。不雅的立姿给人以懒惰、轻薄、乏力、不健康的印象，是有损交际形象的。

2. "坐如钟"——坐姿

人们大多数都认为坐着比站着舒服，它能让你的身体呈一种放松状态，正确的坐姿应该给人一种挺拔的感觉，落座时应该挺胸直腰、落落大方、端庄稳重。人的正常坐姿，在其身后无依靠时，上身应正直而稍向前倾，头平正，两臂贴身自然，两手随意放在自己腿上，两腿间距和肩宽大致相等，双脚自然着地。背后有依靠时，背部轻挨靠背，但不要整个背部后仰；在正式社交场合或有尊长在场时，要"正襟危坐"，臀部只坐椅子的2/3，上身与大腿之间、大腿与小腿之间均成直角，不能随意把头靠在沙发背上，显出懒散的样子。就坐以后，不能两腿摇晃抖动或者跷二郎腿。座位前面无遮挡时，男子双脚不要超过肩宽；女子双脚应当并拢，特别是穿裙子时更要注意。世人称女人双腿叉开而立、叉开而坐、叉开而蹲为"三大非淑女之举"，均有碍观瞻，有失体面，应当避免。

坐时应克服不雅的坐姿，包括半躺半坐、前仰后倾、歪歪斜斜、两腿伸直跷起或双腿过于分开、跷二郎腿并颤抖摇腿、将两手夹在大腿中间或

垫在大腿下、用脚勾着椅子腿、脚放在沙发的扶手上等。不雅的坐姿给人轻浮且缺乏修养的印象，是失礼和不雅之举动。坐在沙发上，摆出一副懒散的姿态也是不雅观的。最不礼貌的姿态就是弯腿坐下时，把裤脚管提起来，暴露出一截腿肉来。

3."行如风"——行姿

行姿和前两种姿态相比应该是最容易被人忽视的一种姿态，尤其是现在大多数人都以车代步，但是我们依旧免不了要在一些室内环境走动。我们要走得正确、优雅、轻捷，有节奏感，这也是走姿的最基本要求。

人的正常走姿应当是身体直立，昂首挺胸，收腹直腰，两眼平视前方，肩平不摇，双臂自然前后摆动，脚尖微向外或向正前方伸出，两腿有节奏地向前交替迈出，并大致走在一条等宽的直线上。走时步履轻捷，两臂随身体自然摆动。如果走路时身体前俯后仰、左摇右摆，或者两脚同时向里侧呈八字形走步，都显得不雅观。行走时，对男女的要求还有一定区别：要求男子步履雄健有力，不慌不忙，展现雄姿英发英武刚健的阳刚之美。要求女子步履轻捷优雅，步伐适中，不快不慢，展现出温柔、矫健的阴柔之美。行走时应克服不雅的走姿，包括重心不稳、弯腰驼背，左摇右晃、步履拖踏、内八字脚或外八字脚、背手、插兜、抱肘、叉腰、拖拉着鞋走出嚓嚓声响等。不雅的走姿破坏了走韵平衡对称及和谐一致的感觉，是有失风度的。

正确的站姿、坐姿、行姿加上你干净整洁的外表，才能给与你接触的人留下完美的印象。在与人相处的过程中，别让你稍微的放松错过了属于你的大好机会。年轻人要清楚，这不仅在社交活动中对你是有利的，当人的年纪渐渐增长，这些良好的行为习惯对你今后的身体也是非常有益的。

第三章　与人沟通"以礼服人"

☞ 年轻人要懂的说话礼仪

说话有学问，学会把握说话的分寸

年轻人闯荡社会，无论是与人交往，还是求人办事，都免不了说话这一环节。说话虽然是我们日常生活中不可缺少的一种行为，但是能将话说得好才表示我们拥有说话的技能。好比同样一件事，会说话的人能将事情说得活灵活现，而不会说话的人可能把好事说成坏事，让他人误解。这其实不是说出来的内容不一样，而是有些人没有掌握好说话的分寸。年轻人如果不想让自己在社交场上因为说话失了礼，就要学会掌握说话的分寸，让它帮你提升你的魅力。

话说得好与坏不完全取决于说话的内容，而是说话的分寸。尤其是年轻人，在社会经验和与人交际经验都不太丰富的情况下，说话时更要把握好分寸。俗话说："祸从口出。"只有说得得当才能让你通过言语达到自己的说话目的。懂礼仪的年轻人，一定深知说错话对自己形象的影响，那么，只有懂得一些把握说话分寸的技巧，才能在人前不失礼，还能为自己增添魅力。

首先，在社交场合要清楚自己的身份。

无论我们身处怎么样的场合，我们都会在这些场合中有一定的身份，只要我们清楚在不同场合自己该有的身份，就能给自己的语言把第一道关。所以，年轻人要想让自己说出的话恰到好处，就要根据说话的对象来转变自己的表达方式和说话的内容。比如，当你和你希望成为合作伙伴的人说话时，就要在尊重对方的前提下，体现出你谦逊的态度，还要有不太明显的主动成分。而当你与周围的同事说话时，既要体现你对他的尊重，又要表示出你们平等的关系。只有认清自己在不同场合中的身份，才能把握自己说话的分寸。

其次，在社交场合要学会改变说话的方式。

不同的社交场合都有各自的说话方式，要做到说话有分寸，就要求年轻人懂得在不同的场合下会转变自己的说话方式，尤其是说话时的语气和措词，只有让对方感受到你态度上的转变才能传达良好的沟通效果。例如，在托人办事的时候，本身你是有求于对方的，所以无论你之前跟对方的交情有多么好，你都需要将自己的语气缓和下来，说话时用词一定要准确，如果对方向你提出任何异议，你都要尽你所能地回答对方，忌在求人的时候吞吞吐吐、模棱两可的样子。当你有事情向别人询问的时候，可能有时候真的很着急，但是也要将自己的语气放慢，尽量平和地和对方说话，不然，可能会引起对方的反感。诚恳的语气、耐心的询问远比你急急忙忙、态度生硬地去问对方的效果要好。在向他人询问时，切忌运用责问的口气，这样只会使对方对你询问的事情闭口不谈。

当你要答应他人某件事时，也需要注意说话的分寸，掌握不好分寸只会给别人带来自大的印象。别人请你帮忙时，如果没有违背道德，自己又能将事情解决，那就谦虚地说一句："可以，但是成功与否我不能保证，只能先去试试。"这样既满足对方求你办事的目的，又礼貌地告诉对方事情的结果不一定是怎样，让对方有个心理准备。如果对方托你办的事情违背了道德或者超出你的能力范围，那你不如如实地告诉对方，但说话时也要把握好分寸，你可以说："不好意思，这件事恐怕我

没有能力办到。"这样既婉转地拒绝了对方，又保住了对方的面子，不会妨碍你们今后的交往。

最后，在社交场合要亲切客观地表达事实。

一个懂礼仪的年轻人，在任何场合下都能把握好说话的分寸。如果你在人际交往的过程中总抱着一股怨气，那么你说出的话就会将你心中的怨气发泄出来，可想而知会是多么伤人。因此，年轻人在与他人交往的过程中，既要表现出自己的社交礼仪，又要亲切客观地表达事实，给他人留下好印象。

在社交中，年轻人并不是因为要结交人脉就毫无顾忌地和他人"沟通感情"，而是要知道在什么场合说什么话，这样才能取得事半功倍的效果。这不仅需要注意说话的方式和语气，还要注意把握好说话的分寸，只有这样才能通过社交为自己带来好的前程。年轻人只有注意说话的分寸，在观察他人表情变化的同时，有理有据地表达出自己的看法，才能让自己的语言充满魅力，为自己的人脉网再增添一笔。

说话有"礼"他人才肯为你停留

在中国的传统教育中，长辈在教育晚辈的时候经常会提醒我们，说话做人要有礼貌。礼貌是处理人与人之间关系的一种规范，是人们在日常交往中应该共同遵守的道德准则。它不仅反映了人们的自身素质，还可以为我们的形象增添魅力。

在社交场合，年轻人都懂得礼貌待人，有礼貌的人才会得到他人的尊重，有礼貌的人才会为自己带来更多的机会。礼貌是社交礼仪中的一种，年轻人若想在社交中脱颖而出，一定不能忽视讲礼貌的作用。我们要懂得恰当运用礼貌语为自己增添魅力。

礼貌用语有很多，怎么样才能既自然又运用得当呢？

第一，"您好"、"初次见面请多关照"等打招呼用语。

有修养的年轻人在与人初次见面的时候，要学会主动热情地打招呼。一般我们在社交场合都希望结识比自己有能力、有地位的人，那么，我们就既要表现出热情，又不能让人觉得你有阿谀奉承之嫌。年轻人要主动走到对方面前，微笑着说"您好"、"很高兴认识您"、"请多关照"等开场用语。当对方要离开的时候，你也应及时走到对方身边，礼貌地说"再见"、"您慢走"、"有机会再见"等告别用语。

第二，"谢谢"、"对不起"、"没关系"等社交用语。

在待人接物中，我们都应该把"谢谢"挂在嘴边，这是在社交中一个非常好的习惯，不仅体现了你对他人的感激之情，还表现出你尊重对方的态度。年轻人切忌在社交场合中让自己显得傲慢无礼，你要知道，只有谦逊和蔼的人才会赢得别人的尊重。"对不起"、"谢谢"这类礼貌用语常常可以化解你在不经意时制造的尴尬场面，试想，一个对他人很有礼貌，又经常将这些礼貌用语挂在嘴边的人，有几个人能真和他们生气呢？

第三，看场合使用不同的礼貌用语。

年轻人要想在社交场合中如鱼得水，还应该懂得根据不同的场合说一些礼貌用语。比如：初次见面用久仰；许久不见用久违；客人到来用光临；等待客人用恭候；探望别人用拜访；起身作别用告辞；中途先走用失陪；请人别送用留步；请人批评用指教；请人指点用赐教；请人帮助用劳驾；托人办事用拜托；麻烦别人用打扰；求人谅解用包涵。

第四，礼貌用语也需要说话态度的配合。

年轻人说再多的礼貌话，若没有一个良好、端正的态度，也会给人说的不是礼貌用语的错觉。一个有修养的年轻人在与人打交道的时候应给对方一种尊重他、真诚对他的态度，说话的语调要放轻、放慢，要让他人感受到你亲切、和蔼的一面。你冷冰冰地向他人打招呼，我想对方根本不会给你好脸色看。所以，年轻人在学会礼貌用语的同时，更要注重自己说话的态度，要用你的态度去感染对方。

中华民族的传统美德让我们从小就耳濡目染礼仪的重要性，在生活

中，年轻人只要稍微注意一下自己的言行、态度，就能在社交中成为被他人赞许的对象。礼貌是打开成功之门的一把钥匙，年轻人要学会以礼待人，才能在今后的发展中站稳脚跟。

需要包装的不仅是外貌还有你的语言

越来越多的人发现办事靠的不仅是能力，更重要的是语言的表达。无论你参加的是什么样的社交场合，只要你能谈吐自如、风趣幽默地说话，即使你没有光鲜的外表，你也会给他人留下美好的第一印象。但是，若一个人在说话的时候，表达不清，思路混乱，即使他拥有出众的外表，他人也不会对他有人和的好印象。可见，年轻人在包装自己外形的同时，不如将自己的语言先包装下，谈吐文雅才能让自己在社交中既表达了自己内心的想法，又为自己赢得了他人赞许的目光。

良好的语言表达能力体现出年轻人有清晰的思路、良好的涵养，还体现出年轻人有智慧、有修养。能说会道是年轻人在说话时的一种能力，这种能力在社交场合是最适用的，年轻人想要拥有这种说话能力其实并不难，只要你学会察言观色，掌握一定的说话技巧，你就能成为他人眼中巧舌如簧的人才。在人际交往中，年轻人怎样做才能让自己成为谈吐自如的人呢？

第一，要学会根据不同的场合，说出不同的话语，以适应场合的需要。

不同的社交场合都有不同的交际守则，如果年轻人不看清场合说话，很可能给对方留下思维混乱的感觉，这必定会影响你们接下来的谈话。所以，年轻人要学会根据不同的场合说不同的话，在不触犯交际禁忌的前提下，淡定自若地说着合适的话，肯定会给对方留下不错的印象。

第二，察言观色，知道什么话能说进对方心坎。

一句话的成功与否就在与它能不能走进听话人的心里。有些时候可能就因为你的这句话，对方就能同意帮你办事情；有时你苦口婆心地说了一个小时，对方也是无动于衷。一方面看的是你的表达技巧，还有一方面就是看你能不能看到对方心里想听的那句话。这不是什么高深的读心术，只要你认真观察、细心聆听，就能从对方的只言片语中找到他真正想听的那句话。一个机灵的年轻人，在与人交谈的时候，要注意对方的说话细节以及脸部表情，领悟到这些细枝末节传达给你的信息，你再改变自己的说话方式，这样才能将话说得令对方满意。

如果你察觉不到对方的细微变化，你就要站在对方的角度去考虑问题，多替对方想一下，看看如果你是他，你最想听或者可以接受的程度是什么，你就能把话说到点子上，也能快速攻破对方的防线，顺利地达到你要和对方沟通的目的。

第三，夸夸他身边那些不起眼的小事，就能快速赢得对方好感。

其实，在与人交谈的过程中，我们每个人都有一定的虚荣心在作祟，都希望对方在和自己说话的时候可以夸奖自己想得到赞美的地方，这样一来既能满足自己的虚荣心，还能透过他的赞美看看他是否是真诚的。因此，这就要求年轻人学会夸夸他身旁那些看起来不太重要但他又引以为豪的东西，只要夸到了点子上，他很快就能对你产生好感，从而答应你的请求。比如，小孩子喜欢听你夸奖他的玩具或者除学习外的作品；做了妈妈的人则希望你夸奖她家孩子聪明可爱；成功人士你则可以夸奖他英明的决策力等。只要你细心地观察，再通过交流中得到的一些信息，你就可以成功找到他想被你夸奖的地方，再表达出你尊敬的态度，不想他对你有好感都难。

说话讲究的是技巧，交流讲究的是用心。年轻人只要有一双善于发现的眼睛，有一颗善于琢磨的心，就能凭借着自己的智慧，用语言去征服、去打动你身边的人。通过语言展现你的人格魅力，在包装自己的同时不忘对自己的语言稍加修饰，那么，无论你在哪种社交场合，你都会是人们眼中最会说话也最懂礼仪的一个人。

话题的选择也要"礼"为先

社交中，若想让对方感受到你是个懂礼仪的人，就要选择恰当的交谈话题，而话题的选择也要以尊重对方为前提，不能只顾着说自己感兴趣的话题，忽略了对方的喜好。话题的选择也体现出年轻人有"礼"的一面，聪明人选对了话题，对方才能真正打开话匣子，与你开怀畅聊，反之则会慢慢陷入冷场的局面。

话题的选择是有一定技巧的，首先年轻人要会用寒暄话引出话题，当我们与他人见面的时候要主动上前寒暄几句，先说几句客套话，再将话题引到主题上，否则便会给人"无事不登三宝殿"的感觉，从而留下不好的印象。寒暄话不必刻意找话题，只要根据当时的社交场合寻找一些大家比较容易聊开的话题，比如当天的天气很好，你就可以说"天气真不错"，或者通过前几天的天气变化来进入你的主题。寒暄的主要目的是为了缓和下气氛，让大家融入一个轻松的氛围中，这样才好为主题营造一个好的气氛。

有了良好的开场白铺垫，接下来就是将对方的话题渐渐引到你希望交谈的主题上，在此过程中，你要选择彼此都感兴趣的话题，如果话题不对任何一方的口味，都有可能随着时间的推移而慢慢变淡，有的时候，为了更好地处理人际关系，赢得他人的友谊，就要选择对方感兴趣的话题，迁就他人的兴趣，比如，你对国画情有独钟，而对方则爱好足球，对国画一无所知时，最好以足球比赛作为话题，如果你不懂比赛，可以谦虚地向对方请教，相信对方一定会热情地为你讲述。只有选择了对方感兴趣的话题，交谈的内容才有继续深入的可能，你也才能将真正的谈话主题引出来。

与陌生人交往时，如何打开"话匣子"，引发话题并纵情畅谈呢？

（1）选择中心话题。中心话题即大家都知晓或都关心的话题，围绕这个话题，引出许多的议论，让各方都有话要说，从而将谈话的序幕拉开。

（2）引入即兴话题。即借用彼时、彼地、彼人的某些材料为话题，从而引发交谈。如，当对方穿着一件非常时尚的外衣的时候，你可以说："你的外衣真漂亮，在哪买的？"这样，对方可能就会跟你谈论穿衣话题，从而将谈话进行下去。

（3）投石问路。与陌生人交谈，可以先向对方提一些试探性的问题，在略有了解的情况下，再有目的地交谈，从而使交谈变得轻松自如。如，在集体宿舍生活，一个陌生人来访时，先问明身份再决定谈话的内容。

在话题的选择上还要注意的一点就是，要根据不同交往对象的性格特征选择不同的话题，不同的性格特征决定着他们在社会上的不同角色。与不同的人交往时，谈话的内容不同，话题选择也不同。比如，当我们遇到一个热爱学习并且成绩较好的同学的时候，可以以学习来作为谈话的话题；当我们跟一个时尚、爱美的女士交谈时，可以将美容知识作为谈话的话题；当我们遇到一个虔诚的基督徒时，可以讲《圣经》作为话题等。总之，年轻人在选择话题时要因人而异。

倾听本身就是一种礼仪

在社交活动中，年轻人不仅要懂得如何和他人交谈，更要学会耐心倾听。大多数人都觉得只要重视"说"的部分就能为自己带来人脉，其实，当你学会倾听，你会发现那些人脉跟你走得更近。倾听在社交中本身就是礼仪的一种，它反映了你的涵养，反映了你对对方的重视程度，耐心倾听让年轻人不动嘴就能展现自己的礼仪风采。

卡耐基曾经说过："倾听就是说服的开始。"社交本来就是双向的行为，有说就要有听。善于倾听才是对说话者最大的尊重，从倾听中准确的领会对方的意图在对方看来是对他最大的尊敬。

倾听，不是让你坐在说话者旁边发愣，而是要端正地坐好，目光柔和地注视着对方，适时地点头表示同意。让他知道你在认真倾听他说话，从而达到鼓励对方继续说的目的，这样一来就在倾听的过程中有了交流。在倾听的过程中，听话人应该将身体微微前倾，表示自己在积极倾听。当你对说话人说的话表示同意时，可以适时发出一些"嗯"、"对"等答应词，让对方感受到你有回馈给他意见。很多人不喜欢采用直接的方式来表达自己真正的意愿和真实的想法，因而听话者就要注意察言观色，自己琢磨对方话里的真实含义，揣摩说话者说话过程中微妙的感情变化。当说话者讲完话，你还可以适当地做一下总结发言，表示一下自己的看法。这对说话者来说都是他非常乐意看到的。

年轻人若在倾听的过程中发现了对方性格上或者语言中的一些小错误，只要不影响事情的真伪或是事态的发展，就不要去拆穿他，要以一种宽容的姿态去倾听对方的谈话。当他人的言语有一些夸大事实，炫耀自己，你都不要直接去指责，这样只会让对方下不来台，接下去你们还能有继续交流的可能性吗？所以，在倾听时不要过分苛求对方，保持宽容的态度才能让你们的沟通进行得更顺利。

当说话人对一件事情十分感兴趣，说起来滔滔不绝时，年轻人千万不要去打断对方，这时他正说在兴头上，你打断他的说话，无疑是给他泼了盆冷水，你不妨从这个话题下手，引出你想聊的真正话题，当然，这还需要你看对时机，礼貌地将话锋一转，既将对方的话题打断了，又不让对方觉得尴尬。而当对方愤怒的发泄某件事情的时候，你要做的就是能站在他的立场上考虑问题，对他的境遇表示理解，以关心的态度来倾听，这可让他心里倍感温暖，一下子就拉近了双方的距离。

西方有句谚语："上帝赐给人一张嘴和两只耳朵，就是为了让你少说多听。"可见聆听在口语交际中的重要性。你在倾听的过程中，不要光听对方的前半段话就对一件事妄下结论，对于对方讲的内容你作为倾听者一定不要情绪激动，导致发表了不适当的言论，因为你只是在听一面之词，事情到底如何你也并不清楚，千万不要从倾听者变成被说服者，不要将个

人的态度带到倾听中来。

年轻人在会说的同时更要懂得倾听，倾听是门学问，更是门艺术，有效的倾听可以让你不费吹灰之力获取到一些有效信息，这样在今后的交往中你也许会因此占据上风。让倾听成为年轻人的习惯，懂得倾听的人才能获取更多的人心。

巧妙的拒绝让说话更有艺术效果

在社交中，求人办事是很正常的一件事。你有求人的时候，就有别人求你的时候，但不是所有的事情我们都可以搞定。乐于帮助他人是好事，但当我们的能力达不到的时候，就要拒绝对方。很多人都会觉得拒绝对方是会让自己、让他人都很没有面子的一件事，但你若不懂拒绝导致事情办不成，更会让自己没有面子，还丢了做人的基本信誉。不要为了逞一时之快就随便答应他人你办不到的事情，学会巧妙地拒绝他人，既不会让你丢掉面子，也不会让对方难堪。

拒绝他人是一件不容易做到的事情，更何况是在一些社交场合，现在的年轻人尤其好面子，总是怕在拒绝他人后，对方在背后说你的不是，即使是这样，我们也不能答应那些以自己的能力办不到的事情。

拒绝他人需要我们掌握其中的技巧，只要掌握了这些技巧，我们就可以既不丢面子又能轻松地拒绝他人。

首先，拒绝他人让我们最快联想到的就是面子问题，确实，在与人交往中每个人都在乎自己的面子，没有面子就意味着被人瞧不起，谁都想在人群中脱颖而出，成为闪光的那一个。然而，即使是有面子的人也需要懂得拒绝，一些不懂得表达的人可能因为一次拒绝就丢掉了双方多年的友谊，而那些懂得拒绝的人，可能因为拒绝他人还拉近了双方的距离。同样是拒绝别人，怎么会有这么大的差别呢？说到底，还是看你懂不懂给他人

留面子，只要保护好对方的面子，你就不用担心自己没有面子。

在拒绝对方的时候，一定先要考虑对方的感受，在说"不"的时候，一定要让他的挫败感降到最低，不被尊重的感觉也要降到最低，在这样的情况下，才好进行拒绝。

其次，在拒绝的时候，拒绝他人要学会先肯定他。你先对对方进行一番肯定，对他给你的信任表示感谢，然后再委婉地提出自己的难处。如果直接就拒绝对方，会让他觉得你太过无情，都不考虑一下就直接拒绝，很可能对方会对你产生误会。如果不得已拒绝了他人，为了能够让对方内心不会太难过，你可以主动降低你的自尊心，委婉地表达出自己的能力不足。这样，既使对方明明知道你在拒绝，也不至于面子上挂不住。一些时候，你当面拒绝一个人，可能会让他心里有些不平衡，明明人家来求你，你还不肯赏脸，其实在你心里也会对此感到一定的愧疚。此时，不妨你也找一件不太容易办到的事去问问对方的意见，他肯定会因为你刚才的拒绝而拒绝你，这样，对方就可以从他拒绝你的事情上找回些心理平衡，这样就及时消除了他心里的负面情绪，也就不会妨碍你们的继续交往。

再次，即使是拒绝他人也要显出自己的热情和友好的态度。拒绝他人的话是你不想说却又不得不说的，那么，你就可以在拒绝的时候把自己的声音润色一下，让对方通过你的语气感受到你确实是无能为力，这样一来，他也不会再逼你什么。你热情的态度也不会让对方露出尴尬之色，但年轻人一定要记住不能表现得太做作，要真实地表达自己的感情。

最后，在拒绝中还有一些不得不提的要求。如果遇到一些不得不拒绝的情况，你可以找寻一些借口来向后推脱解决问题的时间。但是，想要让对方顾全面子的话，可以先做一些必要的铺垫，先让对方感觉到你的诚心，然后再用转折的手法，把你的真实想法委婉地表达出来。

年轻人在社交中学会了拒绝的技巧，这并不是对人无礼的表现，反而是懂礼仪的人才会选择的做法。能够成功地拒绝他人不仅是一项技能，更是我们闯荡社会要具备的基本素质。学会拒绝他人，才能让你在人前显出

自己的礼仪态度。

用赞美之言打动他人心

年轻人在与人交往的过程中都希望得到他人的鼓励，得到他人的赞美，其实对方也有同样的心理。适度的赞美可以表现出一个人有礼貌、有教养。赞美的语言犹如神奇妙药，它可以使意志消沉的人重新鼓起生活的勇气；它可以使彼此陌生的两个人迅速地拉近距离。如果能够正确的运用，它可以发挥出惊人的效力。因此，年轻人在参加社交场合时不妨多说些赞美话，既让对方开心，又为自己赢得好人缘。

参加社交聚会为的是拉近你与他人之间的距离，如果不会接受赞美或者是不会赞美别人，那么，你还不如从一开始就放弃想与人交往的念头。

小华是个乖巧懂事的女孩，家境相对贫寒，所以，即使现在收入不错，她依旧过着节俭朴素的生活。在单位，她是出了名的勤俭节约，大家都清楚这是因为她家庭条件不好，自尊心又强，所以也都理解她的做法。但一次，大伙聊天的时候，聊到了节约的话题，这时办公室的小王随口说道："要说节俭的话，我哪里能比得上小华啊。依我看，要是公司里评比谁最勤俭节约的话，我看非小华莫属，她在过日子方面那可真会算计啊。"

话一出口，本在一帮默不作声的小华立马追问："你这是什么意思，我怎么听着像是挖苦我呢？"原本热热闹闹的办公室，一下子冷静下来。从此以后，小华和小王见面谁也不打招呼，形同陌路。

从这个案例中，我们就能看出，从小王的角度来讲，他并没有恶意，只是想赞美小华的勤俭，而小华的反应让他觉得这是小华不识抬举。而作

为小华，他觉得小王这样说的目的是在取笑自己，让自己难看。同样一句话，只因为双方站的角度不同，就产生了不一样的结果。小华本身就对自己的出身很在意，再碰上没头脑的小王这么一说，自然不会觉得这是句赞美的话。所以，如果年轻人在赞美他人的时候分不清形势的话，只会让自己弄巧成拙。要想让赞美的话达到它本该有的效果，就要让自己的赞美之言充满善意，而且还要避开敏感话题。

在与人交往的过程中，赞美之言可以很好地改善双方的关系，有利于提高自己的人气，但是不分情况的赞美往往会给自己带来不好的影响。看似普通的赞美里也有很大的学问，年轻人若想通过赞美达到目的，提升自己的人气，就要掌握赞美的一些小技巧。

1. 真诚是赞美的第一要素

虽然每个人都喜欢听到他人的赞美，但是没有诚意的赞美只会让人厌恶。因而，当你想赞美一个人的时候，一定要表现出自己的真诚，使对方认为称赞得有理，是一个无可争议的事实。相反，随口乱赞只会破坏你的公共形象。因而，想要成为一个有修养的人，就要能够及时地表达出赞美之情，还要做到真诚地赞美。

2. 找到别人不易发现的闪光点

任何人都渴望得到他人的赞美，想让他人发现自己身上的闪光点。然而，如果每个人都千篇一律地称赞他的一个优点，时间长了一定会让他觉得没有诚意。因而，年轻人想要让自己赞美的语言更受人欢迎，就要从其他方面赞起，只有这样才能使自己赞美的语言更动听。大部分人都有某些优秀的品质及希望被别人肯定的地方，如果能够仔细观察、细心体会，一定可以找到突破口。

3. 充满善意的赞美，他人才容易接受

恰如其分的赞美既可以让被赞美者内心愉悦，自信心得到提升，又可以体现出赞美者的语言艺术。相反，如果赞美的语言过于夸张，则有损于赞美者的语言魅力。年轻人如果想让自己赞美的语言更加动听，就要注意赞美语言的运用。一个有魅力的人懂得，只有恰如其分的赞美才能达到最

佳的效果。

在社交活动中，年轻人要想让自己赞美的语言更有魅力，就要懂得这些赞美的技巧。聪明人懂得运用赞美为自己带来好的运气，丰富自己的人脉资源。

用语言的魅力为你的生活添彩

在与人交往的过程中，年轻人也会遇到许多问题，而这些问题都需要遵从一定的礼仪规范。我们要学会从身边的小事做起，从身边朝夕相处的亲人、朋友做起，养成一定的礼仪规范，这样在今后与陌生人的社交中才能展现出自己的礼仪风采，也会慢慢提升自己的人格魅力。

生活中我们经常会遇到朋友情绪低落的时候，这便需要有亲密的人安慰他，而安慰人是一项技术活，安慰得好，可能这个人能向好的方面发展；安慰得不好可能连你的情绪一起带入低谷。所以，在安慰他人的时候要注意，能做到设身处地地为对方着想，让他知道有人能站在他的角度去看待事实，这样对他来讲就是一种安慰。

当我们情绪低落的时候，可能就会觉得身边的一切事情都被打乱了，对方也一样。安慰不是一次就能够解决对方的困惑，而是需要长期的守候与开导，才能将对方真正地从低谷中拉出来。还有一种安慰人的方式就是当你不知道如何开口的时候，你不如拿出你的信心告诉他你会和他一起渡过难关，有你的陪伴他一定很快就会好的。这样对对方也是一种不错的安慰。

当我们要向某人表示感谢的时候，把感谢放在心里是远远不够的，而是应该将你的感激之情告诉他。感谢时一定要有真诚的态度，当你下次再遇到困难，他也会乐于出手相助；相反，如果你的态度不够真诚，说话吞吞吐吐、含糊其辞，他也是可以感受到的。

　　幽默语言是我们日常社交中常用的一种说话技巧，能巧妙运用幽默语言的人都是有智慧的，敢于在幽默中自嘲的人更能赢得他人的好感，但是在运用过程中我们也需要注意几点。比如，让幽默融入你的修辞中，同样一件事，用幽默的修辞说出来效果一定比平白的叙述要好得多；幽默也要显示出你的真诚，不能有嘲讽讥笑他人之嫌，那样只会惹来厌恶的眼光；幽默话不能说得太过高深莫测，本来就是想逗大家一笑，你偏要说大家都得琢磨的话，那就不一定会产生你期望的效果。贴近生活的话，才最能引起他人的笑点；说幽默话也要分得清场合，轻松的场合当然适合幽默话，但严肃的场合你也要严肃起来，不能随便开玩笑。

　　年轻人不要轻看了平时对语言的积累，这些都是社交中会遇到的一些情况，在大家面前展示出自己懂礼仪、有教养的一面，才会为自己的人生带来不一样的光彩。

交谈中的坏习惯，年轻人知道多少

　　年轻人的不拘小节已经融入到生活的点滴中，这些你不在意的细节，在生活中就会慢慢形成一些不太好的习惯。有些年轻人在与人交往的时候很容易忽略自己的这些坏习惯，从而给他人留下不好的印象。不好的习惯和我们努力向上的外形完全不相符，所以，年轻人要想让他人看到自己懂礼仪的一面，就要注意到这些不良习惯。

　　在与人交谈的时候，尤其是我们觉得已经和对方建立了一定感情基础的时候，就会不那么注意讲话中的措辞，这时，我们平时说话中的不良习惯就会一点一点地暴露出来，比如在对方的话还没说完的时候，我们突然从他说的某句话中想到一个话题，便打断对方说话，自顾自的讲起来，这是最让人反感的。有礼貌的人，一般都不会随意地打断他人说话，而是耐心地听对方讲完，然后再发表自己的看法，这样有来有往的谈话才能体现

出你对对方的尊重。如果对方说的话题，你认为还有需要补充的地方，也要等其讲完，经得对方同意的情况下才可以补充说明。插嘴不仅让人觉得你不尊重他，还有喧宾夺主的意思在里面，会让与你交往的人感到非常不适。但这也不是说在别人说话的时候就不能插嘴，而是应该看准时机，不能频繁地插嘴，免得打断对方思路，还被人误认为是不懂社交礼仪。

年轻人想要和比自己地位高、人脉广的人交往是很正常的，但说话时一定不要让对方觉得你油嘴滑舌、废话连篇，这样只会降低自己的身份。在与比自己层次高的人接触时，年轻人不要将对方作为调侃、取笑或者幽默的对象，在言谈中加点幽默话是很聪明的选择，但是你若选错了被幽默的对象，一定会招来对方的冷脸相待。年轻人在交往当中应该给对方留下正直、真诚的印象，那么请收起你平时和朋友之间的油嘴滑舌。参加社交场合就要摒弃那些不良习惯，不要以为人家肯跟你聊天，你就能把对方当作是平时相处的朋友般戏弄。轻松的开几句无关痛痒的玩笑话，活跃一下气氛即可，过多的幽默只会让你变成跳梁小丑般的角色。

人们在平日的说话中还有一个非常忌讳的习惯就是说脏话，开荤腔。开口闭口都是脏话的人，肯定会让周围人感到不适，尤其是在一些重要的社交场合更是要注意，任何情况下都不能得意忘形地讲脏话。开荤腔也是社交中大家都非常忌讳的谈话内容，无论你面对的是男性还是女性，都不能把丑闻、艳事挂在嘴边，出卖了别人的同时也给自己的名声带来了一定的影响。

"刀子嘴，豆腐心"是形容一个人说话很尖酸刻薄但是心肠很软。年轻人在社交中一定要守住自己的刀子嘴，因为你在不了解对方的情况下，你不知道说的哪句话会伤害到对方。每个人都有自己的弱点，尤其是在事业上很成功的人，他们都希望用自己光彩的一面去掩饰自己的弱点。若你的眼光独到，发现他们的弱点，一定不要当面揭穿他们，千万不要以为你能轻易地看透他就一定比他强。给他人留些余地就是给自己留后路。喜欢与他人争辩的年轻人，你参加社交场合是为了认识更多的人，拓宽自己的人脉，不是为了和别人在谈判桌上一决高下，收起你喜欢强词夺理的性

格，性情温顺的人才更易赢得他人的关注。

当然，年轻人若是怕自己在社交中犯以上的错误就闭口不说也是不礼貌的。社交毕竟是需要人与人的沟通来完成的，若你的交谈对象侃侃而谈，而你却一言不发，这显然是不懂礼仪的表现。所以，年轻人在社交场合一定要注意自己平时的不良习惯，别因为这些小事影响了自己的大好前程。

禁忌话题闭口不谈

年轻人在和他人交谈的过程中，总有一些话题是不想被人提起的，比如自己的隐私、行业的机密、家庭的琐事等，其实这些问题也是对方不想提及的。那么，为了保证双方的谈话能够顺利进行，这些交谈中的禁忌话题就要尽量避开，这样才能营造一个轻松、和谐的社交环境，也会让对方感受到你的礼仪和修养。

社交活动中，语言的交谈是人们主要运用的形式，那么，我们在交谈的过程中，就要小心交谈的禁忌，避免踩到语言的地雷。不管是名流显贵，还是平民百姓，作为交谈的双方，你们应该是平等的，不要在交谈中表现得高人一等，先要从心理上和对方站在对等的位置上，交谈一般选择大家共同感兴趣的话题或是比较大众的问题，但是，有些不该触及的问题，就要事先提醒自己注意避免。

第一，在交谈中不要涉及会让对方感到不愉快的事情。

俗话说 "当着矮人不说短话"，这类话题不提为好。随着社会的进步，交往中对人们的隐私越来越尊重，在交谈中凡涉及个人隐私的一切问题均应回避。

第二，在交谈中要杜绝背后议论他人的不良习惯。

与人交谈时不说他人的坏话，也不传闲话，这不仅是礼仪的需要，也

是交往成功的保证。富兰克林在谈到他成功的秘诀时曾说："我不说任何人的坏话，我只说我所知道的每个人的长处。"背后对人说长论短，这是最令人厌恶的事情。

第三，和女士交谈时不要提及对方的身材问题。

无论对方是胖是瘦，你都摸不准对方是喜欢哪种身材，所以尽量不要在女士面前提起身材问题，也不要评论对方保养得好不好。在社交场合，有时对女士的衣服、发型、气色表示真诚而适度的称赞，不在此列。

第四，在交谈中不谈荒诞离奇、耸人听闻、黄色淫秽的话题。

尤其是在你不知道事情真伪的情况之下，耸人听闻的事情总会引起一部分人的心理恐慌，会对对方的生活和工作造成一定的困扰。我们的生活应该是健康的、积极的，对于这类"奇闻异事"在社交中还是尽量不要涉及。此外，黄色笑话可能是部分男性想活跃气氛的一种方式，但是尤其有女性在场时，可能会让对方陷入尴尬，也会自降身份，这类话题最好不要谈及。

第五，在交谈中与"破财"有关的话题不能说。

中国人很爱说的一句吉祥话就是"恭喜发财"，这不仅预示着财源滚滚，还预示着好兆头。财运好坏直接关系到人们的切身利益，俗话说"人为财死，鸟为食亡"，所以民间很看重此事，时时处处惦念着发财，也时时处处提防着破财。社交场上大多以生意人为主，大家参加社交活动的目的也是为了自己的生意，所以，在交谈时要避免这类话题。

第六，在交谈中不提及亵渎类的话题。

世界上有不同的国家，就存在着不同的信仰。在不清楚对方信仰前，年轻人在交谈的过程中不要涉及宗教、民俗禁忌等话题，也不要有亵渎类的词语出现，这对于有信仰的人来说是一种侮辱，是一种不尊重对方的体现。

总得来说，谈话的内容一般不要涉及疾病、死亡等不愉快的事情，不谈些荒诞离奇、耸人听闻、黄色淫秽的事情。即使是女性也不能询问妇女的年龄、婚否，不径直询问对方履历、工资收入、家庭财产、衣饰价格等

私人生活方面的问题，打听这些是不礼貌和缺乏教养的表现。一般来说，谈话也不能批评长辈、身份高的人员，不议论当事国的内政，也不随便议论宗教问题，可谈论涉及天气、新闻、工作、业务等内容。年轻人与他人的谈话需要注意尽量不要非议国家和政府；不能涉及国家和行业秘密；不能够问对方内部的事情；不能在背后议论领导、同事、同行的坏话，要记住"来说是非者，必是是非人"；不能够谈论格调不高的问题；不涉及私人问题，关心人要有度，关心过度是一种伤害。

对于有教养的年轻人来说，私人问题不能问，比如收入，这个问题非常敏感，会让对方很为难；年龄，两种人不问年龄，一是将近退休的人，二是女性；婚姻家庭，家家都有本难念的径，千万别问到别人的尴尬地方；健康问题，有可能会问到人家伤心的地方，这也是人家的隐私；经历，英雄不问出处，重在现在。

恰当的谈话内容，才是沟通的关键，即使不知道什么话题能让双方的谈话更融洽，也不要尝试触碰这些禁忌话题，这在社交活动中是非常不礼貌的行为。年轻人要牢记这些禁忌话题，才能为自己网络更过的人脉资源。

第四章　与人寒暄"礼贤下士"

☞ 年轻人要学习的寒暄礼仪

必不可少的寒暄话

寒暄是人们见面必不可少的一种礼节，也是人们打招呼过后最常用的开启话题的"导语"。对于陌生人来讲，你会不会说寒暄话，就注定他人对你的印象是好是坏。年轻人都希望能给别人留下美好的第一印象，那么，就从寒暄开始，无论是面对同事、客户、老板，还是友人，只有恰当的寒暄话才能体现你的魅力，给对方传达你的友好之意。

好的寒暄话能快速拉近双方的距离，促进人际关系的发展。看似简单的寒暄其实也有着大学问，在寒暄的礼仪中，对于初次见面的人可以随便说几句，因为双方都不是很熟悉，寒暄在这时就起到了"暖场"的作用，使原本沉闷的气氛变得活跃起来。而在时间的选择上，一定要选在交往之初，如果你错过了这个时间，则会被对方认为是不懂礼貌的表现。

不同的人，寒暄用语的选择也不尽相同。与人初次见面，最为标准的寒暄用语是"你好"、"很高兴能认识你"、"见到你很荣幸"。当

然，也可以选择一些文雅的词语，如"久仰"、"幸会"等。你也可以选择一些较为随便的说法，如"早就听说过你的大名"、"常听到某某人提起你"等。如果寒暄的对像是比较熟的人，则寒暄的话可以显得亲切一些、具体一些。比如，"吃了吗"、"你去哪里啊"、"你气色真不错啊"等。对于寒暄用语的选择应因人而异，选择一些简洁、友好的话语进行交流，不能只是敷衍了事般地打哈哈，更不能说一些戏弄对方的话。

不同的寒暄话也代表了不同的含义，如"最近身体好吗"、"来这里多长时间啦，还住得惯吗"这表示出对对方的关心；"生意好吗"、"最近在忙什么呢"等这些貌似提问的话语，并不表明真想知道对方的起居行止，往往只表达说话人的友好态度，听话人则把它当成交谈的起始语予以回答，或把它当作招呼语不必详细作答。

当与陌生人见面，一时间不知道以怎样的寒暄话开始时，你可以从天气聊起，这是一种言他式寒暄话，有助于打破尴尬的局面。如果对方刚刚忙完某件事，你也可以通过他刚放下的这件事作为寒暄的开始。

心理学家根据人的天性曾得出如下论断：能够使人们在平和的精神状态中度过幸福人生的最简单的法则，就是给人以赞美。作为一个社会成员，都需要别人的肯定和承认，需要别人的诚意和赞美。比如，你的同事新穿一件连衣裙，你可以用赞美的语言说："小刘，你穿上这件连衣裙更加漂亮了！"只要你肯慢慢观察，你还会发现你与对方有着某些共同的朋友，而这些朋友正是你开口的切入点，如"同乡"、"同事"、"同学"甚至远亲等沾亲带故的关系。初次见面时，寒暄攀认某种关系，一见如故，立即转化为建立交往、发展友谊的契机。比如，"噢，您是北大毕业的，说起来咱们还是校友呢"。这些事例，说明在交际过程中，要善于寻找契机，发掘双方的共同点，从感情上靠拢对方，是十分重要的。

年轻人在与人交往的过程中，一定不能忽略寒暄的重要性，我们可以从寒暄中了解到对方感兴趣的话题，也可以通过寒暄为自己赢得一个

好印象。

招呼不能随便打，讲究细节才有效

在社会交往中，人们相互间都有一定的称谓，我们与人打招呼的时候都会用到这些称谓。年轻人能掌握交际中的称谓礼仪，不仅体现出你对他人的尊重，也能体现出自己良好的修养。如果在交际中乱用称谓，只会给他人留下不懂礼数、没有教养的印象。正确得体的称谓在社会交往中占有相当重要的地位。

试想，如果一个人微笑着向你走来，可当他跟你打招呼的时候却叫错你的头衔，或是叫错你的辈分，你心里会不会有一丝不快？可想而知，你若在社交场合叫错了别人的称谓，那他的心中一定也是非常不快，有可能还会在今后的交往中对你还以颜色。所以，年轻人一定要提前了解称谓礼仪，别到用的时候乱了方寸。那么，年轻人在社交中应该注意哪些方面呢？

第一，在社交中对他人的称呼一定要准确。

年轻人若想通过社交与他人建立良好的关系，就要准确恰当地称呼对方。不同的场合，对他人的称呼也有不同的要求，比如在生活中，对他人的称呼应以亲切、自然为主，同时还要注意辈分关系，在没有辈分的约束下要通过对对方年龄的判断来给对方一个称谓。整体上只要不给人做作的感觉就可以，尽量保持自然。

而当我们在工作中，年轻人与同事之间的称呼往往要比平日生活中的称呼正式些，尤其有了上下级关系，称呼更应该规范些，显示出特定性。在工作中，我们可以通过对方的职务、职称、职业类别、姓氏等来称呼对方。以不同职务名称来称呼对方这样可以显出你对对方的尊敬，这也是社交场上较为常见的一种称呼方式，也可以单纯称职务、在职务

前加姓氏、在职务前加姓名，这种称呼方式多用于非常正式的场合下；用职称来称呼对方，尤其是对方有高级或者中级职称时，我们也可以在职称前加上对方的姓氏；当对方有特定的职业时，我们便可以在这些职业前加上对方的姓来作为对他的称呼；在工作中还有一些与我们年龄差不多、职位相同的人，我们可以根据年龄的大小或者资历深浅给对方姓氏前加上"老、大、小"等，这种情况通常是双方都比较熟悉的，如果对陌生人千万不要尝试。

在与国际友人交往的过程中，由于文化、宗教、信仰、国情的不同，人与人之间的称呼也有了些许的变化，但唯一不变的就是要以尊重对方为前提。

第二，在称呼礼仪中切忌以外号来称呼对方。

无论你跟对方是多么熟的朋友，在社交场合都不能用对方的外号来作为打招呼的称呼，这样既不尊重对方，又会影响你在其他人心中的形象。在社交中，还要注意的是不要叫错对方的名字，如果在你不清楚对方名字的情况下，一定先要谦虚请教，这样才能看出你在心里是尊重对方的。也不要将"哥们儿"、"姐们儿"这样的称呼带入社交场合，在正式场合说这种话，只能降低自己的身份。

正确的称呼是人们在社交中非常在意的一点，年轻人要通过对称呼的选择让对方看出你的细心和你的修养。若我们想通过社交活动为自己带来一些人脉关系，就要从称谓礼仪做起，一个恰当的称谓才会给你的人脉网打下坚实的基础。

会和他人打招呼是寒暄中的一大技巧

中国是个自古就讲究礼数的国家，与人见面打招呼更是必不可少的礼仪。有人会说："我们每天都和别人打招呼，这有什么难的？"打招呼这

样一个看起来再平常不过的举动，却是社交礼仪中不容忽视的问候礼仪。年轻人能在社交中懂得打招呼的礼仪，就能在今后的交往中占据一定的主动位置，也能给交往对象留下不错的第一印象。

年轻人在社交场合要尽量主动地和他人打招呼，千万不要因为紧张或是害羞而错过了这重要的开场白。恰当、自然的问候，能让他人卸下心中的防备，从而与你更快地熟络起来，这样对你与其进一步展开话题是非常有利的。打招呼虽说不是一件需要费尽心思、巧妙策划的事情，但也是需要年轻人懂得其中的一些礼仪和注意事项的，这才能让打招呼发挥更大的作用。那么，年轻人需要在问候礼仪中注意哪些呢？

在社交中，经常会出现我们同几个人同时打招呼的场景，那么，我们应该以怎样的顺序来和大家打招呼呢？一般来讲，地位低者、年纪较轻或者后参与进谈话的人应该先向大家打招呼。若你作为谈话的组织者，则应该向你邀请来的人打招呼，以示对他人的尊重。年轻人一定不能让比你地位高、年龄大的人先开口和你打招呼，这样只会被人看作是不懂礼仪。打招呼不是件吃亏的事，你不妨先主动起来。

在问候他人时若你能主动表示问候，别人会感受到你的温暖。曾经有过过节的朋友见面，你若先开口打招呼，那么你们之前的不快马上就会烟消云散；如果你已经是个领导，你若先开口向员工打招呼，说不定可以起到鼓励对方的作用，平易近人的领导更能赢得员工的爱戴。表达对员工的认可、信赖和奖励的方式有许多种，真诚主动的问候就是其中一种。年轻人千万不要错过这难得的好机会。

问候他人的时候不可支支吾吾，一定要口齿清楚、声音洪亮。若你在问候他人的时候声音过小，对方可能听到你说话但不知道你说了什么，他就会觉得你支支吾吾的，你真心实意的问候到最后可能对方压根就没放在心上，甚至会对你产生误会。问候他人的时候我们最好还能配上些肢体语言，微笑、点头都能加深他人对你的好感。打招呼时，我们要注视对方的眼睛，明确而又坦诚地表达对对方的欢迎，你的表现不只是打招呼这么简单，而是充满对对方的尊重。

问候的时间不宜过长，它毕竟只是与人见面时最小的一个礼节，我们不用花时间、花心思去过分渲染它，只要能表现出你的诚意、你欢迎他人的态度以及你对他人的尊重就够了。

年轻人在问候他人时，只要尽量做到自然、友善就好，不用刻意装得自己与众不同。最平常的打招呼方式，才能让对方放下架子、放下戒心，与你进行坦诚相待的交谈。用最平常的方式打开对方的话匣子，才能让他在不知不觉中透露给你更多的信息。年轻人在社交中一定要把握好打招呼的方式，一个良好的开场白是给接下来的沟通做得最好的铺垫。

熟识的朋友要主动走上前去

年轻人在社交活动中要学会主动与他人打招呼，主动打招呼不仅能体现出你的诚意，还能体现出你尊重他人的态度，更重要的是能在之后的谈话中占据主动位置。面对熟识的朋友更要如此，不能因为你们的关系密切就忽略了打招呼这一步，相熟的人之间更应该通过问候表示对对方的关心，从而维护好你们之间的感情。

对于我们身边的朋友，年轻人可能觉得每天都打招呼很麻烦。其实不然，打招呼能体现出你是关注对方、在意对方的，能让对方感受到他在你心中是占有一定分量的。打招呼是联系情感的方式之一，是沟通心灵、增进友谊的方式，所以，年轻人绝对不能忽略和熟人打招呼。与熟识的人打招呼，更能体现出你懂礼仪的一面，增强了自己魅力的同时，也在别人心中留下好的口碑。

年轻人对和熟悉的人主动打招呼心里可能还存在些想法，尤其是和比自己资历老或者地位高的人，总怕被别人看见说自己是拍马屁；比自己地位低的人，自己又觉得没必要对他们低声下气。其实，只要我们能正确认

识打招呼的作用，我相信谁都不会轻易放弃这个好时机的。

首先，不要将主动打招呼和低三下四画上等号。

在有些人看来主动和他人打招呼就会将自己的身份降低，尤其是和职位比自己低的人，其实恰恰相反，你能主动和他人特别是职位比你低的人打招呼，反而能显示出你宽广的胸襟、积极的人生态度和饱满的信心。每个人都想给他人留下热情自信的印象，主动打招呼正是能帮你实现这个印象的方式。在工作中，主动向自己的上下级打招呼，养成主动和他人打招呼的好习惯，过不了多久你就会给别人留下开朗自信的好印象。

其次，主动打招呼是你升迁加薪的另一武器。

小李和小刘是两个刚毕业的大学生，他们俩同时被一家大企业录用。小李是个开朗自信的人，他每次见到领导、同事都会主动走上前去打招呼，没过多久就和公司里的大部分人都熟识了；而小刘是个生性腼腆的人，见到领导更是能躲就躲、能避就避，根本就不用提主动打招呼的事，要说是害怕领导躲着不打招呼就算了，可他对一个办公室的同事也是如此，时间一长，大家都觉得他很没礼貌，还不太合群。经过了一年的奋斗，小李如他所愿地当上了一个小主管，而小刘虽然也勤勤恳恳工作了一年，却还是个普通员工。

其实，对于领导而言，你不主动和他打招呼他并没有什么损失，你不想和他们有过多的接触，但有很多人都主动和他结交。他虽然不缺你这一声问候，但是你也别想从他那得到过多的认可与赞许。连在打招呼这种小事上的交流都没有，你怎么还能妄想和他拉近距离，从而得到加薪提升呢？

年轻人主动向他人打招呼，不仅能让对方心里感到畅快，也会使自己的心情变得舒畅，更重要的是能通过这种小的事情为自己营造一个良好的工作氛围。大家都能认可你，你自然会朝着积极的方面发展，升迁、加薪

更是不再话下。

再次，通过打招呼为自己创造良好的生活环境。

现代人基本都已住进小区，有些人住的小区服务非常好，有些人住的小区虽然也有保安站岗，但总让人觉得没有回家的感觉，其实这种情况我们可以通过打招呼来解决。在国外一些发达国家，都有给小费的行为，这是对给自己提供帮助和服务的人一些表示，而在中国没有这样的习惯，那么，我们只能通过和这些帮助和为我们服务的人多做些沟通，以表示感谢。比如，你可以在每天经过保安身边的时候对他笑笑，也可以主动和他打招呼："今天您值班呀，辛苦了！"对方一定会觉得自己受到了小区居民的重视，从而更好地为居民服务。在你生活的环境中，一句简单的"您好"，就能换来与邻居的和睦相处，就能换来保安人员更努力的工作，也能换来一个温馨舒适的居住环境。

最后，要主动与那些被人冷落而形单影只的人打招呼。

人总是会有不如意的地方，对于那些被冷落的人来讲，他们更需要你的问候，对你来说问候是一件简单的事情，可是对他们来讲却有着重大的意义。比如，有些领导在位的时候总会被很多人簇拥着，而当他退休回家后，又有几个人能想到去拜访一下帮助过他们的老领导呢？这时，你若问候一下他，他心中肯定会充满暖意，会觉得自己这么多年没有白付出，还是有人记得自己的。而那些形单影只的人大多数是害怕和人交往的，他们总会觉得不好意思开口，只要你主动和他打招呼，对他表示出你的关心，慢慢打开他的心门，也许在不久的将来他就能走出自己的世界，获得人生的成功。

寒暄有度才会充分发挥作用

年轻人在与他人交往的时候最怕的就是对方心存戒备，与这些人交谈往往不会得到自己满意的结果。我们若想除掉对方的戒心，就需要在寒

暄中用点技巧，冲破这些阻碍交往的障碍。年轻人要懂得寒暄中的一些要素，这样才能体现出寒暄在人际交往中的作用。

寒暄是人际交往中必不可少的开场白，但是你也不用花费太多时间在寒暄上，所以，这就要求年轻人首先能把握好寒暄的时间，其次寒暄的内容也决定了你们继续交谈的内容，年轻人要是有一定目的地和人交谈，就需要把握好寒暄的内容。能把握好寒暄的人才能让寒暄发挥出它应有的作用。懂得寒暄中的礼仪是你让寒暄发挥作用的关键。

阿磊的几位朋友每周都会凑到一起出去玩，有一次他们正巧遇上海边举行帆船比赛，于是他们选择在一个视角不错的钓鱼用的桥墩上准备观看比赛。这时警察走过来把他们拦住，理由是：钓鱼的人太多，怕发生危险。一行几人和警察说了半天也没用。当他们准备放弃的时候，朋友中的一个女孩——阿梅，站出来说："让我去试试。"她走到警察面前，先是很有礼貌地打了个招呼，然后便开始询问在大太阳下工作会不会很辛苦，也对他们的工作表示理解和同情，随后又问道他们的业余爱好，警察说自己喜欢钓鱼，于是阿梅边听边向警察说明自己想去钓鱼桥墩看比赛的愿望，警察最终竟然同意了。

当阿磊他们问她用了什么方法能在短短的时间内就说服了警察，阿梅笑着说："这还不简单，他爱听什么我就顺着说什么呗，不过，得先得到他的认可。"

其实这就是阿梅把握好了寒暄的火候，在不算长的时间里，慢慢将寒暄的话题带到钓鱼上，这样警察既不会觉得她目的性强，也不会觉得她会妨碍自己的公务，才欣然答应了她的请求。那么，怎么寒暄才能恰到好处，并产生积极的作用呢？

第一，在寒暄中表现出自己积极的姿态。

在与别人相遇的瞬间，要迅速培养自己的愉快情绪，要争取主动，充分体现自己的良好愿望和真诚，要使对方感觉到你的问候是发自内心的，要使对方从你的言行反应中感觉到自己的存在，使其受人尊重的心理需要得到完全满足。同时，积极的姿态也是富有自信、易于合作的外

在体现，这有利于融洽人际关系。交谈时语调要和缓，声音要洪亮，要面带微笑。

第二，要选择与场合或者话题相关的寒暄内容。

与陌生人见面后的四分钟内，只能有两三个往复回答的过程，最好作一般性的寒暄，如问候、互通姓名、谈论一些无关紧要的话题，应绝对避免使对方感到尴尬、触及对方隐痛、引发对方不愉快回忆及易于引起争议的话题。

寒暄的内容还要根据对方的心情决定，要分析对方当时的心情后再决定怎样打招呼。比如，对方家里刚发生不愉快的事，你从其面部表情上就可以看出来，因此，在此时打招呼，声音就不要太大，语言不要太热情，要低八度，或用询问式的语言，同时用安慰的语气来招呼。如果对方脸上喜气洋洋，你便可热情地打招呼，使对方感到温暖，进而展开话题。男士和女士打招呼，语言可热情一些，但要适度，不能过分开玩笑。寒暄言语的长短、内容的繁简、往复的次数多少要与交谈双方关系的亲密程度成正比。

第三，寒暄要随场合、时间等变量的变化而变化。

如果在公众场合经介绍结识新朋友，应有礼貌地寒暄，注意不要打扰到周围的人，避免大声喧哗音量过大。过于夸张，大呼小叫，是一种旁若无人的无礼行为。此外，在比较正式的场合，言行举止不宜过于随便，更要注意不要用"口头语"。

第四，寒暄的过程中一定要集中自己的注意力。

与人寒暄，要集中注意力，任何漫不经心的言行都会使对方感到被人轻视。

刘全与小乔是机关里同一科室的同事。一天，小乔夫妇逛商场巧遇刘全，小乔把丈夫张军介绍给刘全。短暂的握手介绍后，刘全本来想再谈几句以表示自己的友好态度，可张军却左顾右盼同小乔谈些闲话，将刘全"晾"在了一边，这使刘全感到很尴尬，心中很不愉快，觉得张军实在太没礼貌了，一下对张军失去了好感。假如张军在握手之后，再继续同刘全

聊几句，刘全就不会有这种想法产生了。

总之，年轻人在寒暄时一定要把握住寒暄的火候，懂得通过当时的环境来选择寒暄的话题和寒暄的时间。既要热情，又不能显得阿谀奉承，还要做到温和有礼。适度的寒暄才会让有戒心的人慢慢放下防备，才会愿意继续和你交谈。

年轻人要认真对待寒暄

寒暄也是一种问候与应酬。寒暄语是自我推销和人际交往时与对方开始沟通和交流时最常用时口才方法。既然寒暄算作是一种应酬，那么年轻人一定要认真对待。只有你重视了寒暄，它才会回馈给你想得到的。寒暄是引出话题的前奏，好的寒暄能一下子拉近主宾之间的距离，让主人倍感亲切。多说几句客套话，对年轻人来讲并没有什么损失，反而可能会给你带来意想不到的收获。

在日常交流中，我们经常会用到寒暄语，而寒暄的目的不是为了一个人在那滔滔不绝地说，而是为了让双方都可以加入交谈的过程中，这样有来有往的交流才能实现社交的目的。在寒暄时，年轻人还要能从和对方的寒暄中听出对方的态度和情绪，通过他透露给你的信息来引导他进入你想谈及的话题。

年轻人要学会利用寒暄来实现社交的目的，我们通过寒暄为谈话的双方营造出友好的谈话气氛。寒暄是谈话的开场，它的目的不是在于过多地交流你所要表达的信息，而是要分享感情，建立友好的关系，让双方处在一种融洽的交谈气氛中。至于在寒暄时你要说什么并不重要，重要的是双方都能参与到整个寒暄的过程中，活跃了谈话的气氛，那么接下来的谈话自然会顺利很多。即使你因为紧张或是准备不足，没有在谈话中很好地表达你的意思，但在对方看来，你与他的谈话也是成功的。

在社交中我们接触的大多数人是陌生的，但这些人在以后可能在事业上、生活上对你有所帮助，所以你又必须去接触。这时，双方在谈话伊始可能都会有些尴尬，毕竟和不熟悉的人交流不是件很容易的事。那么，此时的寒暄就要展现出它的作用，寒暄实际上是一种避免双方都沉默，从而陷入尴尬的的适当作法。

寒暄算是一种非正式的交谈，所以我们在与他人寒暄的时候不必过于在意对方说的每句话，但是我们说的话也要符合当时的情境，不要给人很突兀的感觉。比如，我们中国人最常问的一句话："吃饭了没有？"其实对方也不是真的关心你到底吃没吃饭，而是作为一个比较自然、比较亲切的寒暄语，这句话虽然适用于很多场合，但是就像之前有个相声里说的，对方正好刚从厕所出来，你就迎面来一句"吃饭了没有"，这显然是等着别人骂你呢。所以，年轻人在寒暄的时候尽量选择与当时情境相关的话题，避免这样的尴尬场面。我们在等车的时候，尤其是早晚高峰，经常会遇到几十分钟不来车的情况，有些等车等烦躁的人便会时常忘忘车来的方向，同时和人群中另外等得不耐烦的人说："这么半天，连车的影子都看不见。"这时，其他等得不耐烦的人也会附和道："是啊，一到高峰时段就这样子。"……随后他们可能就会就一些问题聊起来。如果同样在这种情况下，你把寒暄话换为："晚上堵车时的街景还是挺漂亮的。"我想那些等烦了车的人一定会对你投来异样的目光，并且也不会有人往下接话。虽然寒暄话不用寻找特定的话题，但年轻人在想和他人寒暄前，要先观察好周围的环境，以及对方流露出的神态和情绪，只有在知晓对方的情况下，才能让寒暄发挥其效果。

寒暄能迅速拉近彼此的关系，缓和因为紧张、不安等因素造成的尴尬，还能让我们找到对方比较感兴趣的话题，这对我们继续进行交谈有很重要的作用。年轻人要充分认识到寒暄对于我们的事业、生活的重要性，在社交中他人对我们的第一印象除了来自我们的外在形象以外，还有我们在与人在寒暄时的表现。让对方感受到你的涵养，感受到你的礼仪，让你们的友好关系从寒暄开始。

节省介绍时间，让他人一听就能记住

社交中，人们乐于结识的一般都是自己不熟悉但是能帮助自己的人。在陌生人面前，我们就要通过介绍来让双方有个大致的了解。人们往往能通过介绍看出这个人是不是对自己真的有用，或者自己和他是否有共同之处。聪明的年轻人懂得在介绍的时候，用较短的时间表现出优秀的自己，在让人了解的同时，还会有跟你继续交谈的欲望。这便要求年轻人在介绍自己的时候了解一些技巧，利用介绍推销自己，并获得他人的认可。

年轻人都想通过一些社交活动来扩大自己的人脉圈子，要说问候寒暄是不需要花太多心思就能达到效果的，那么介绍就需要我们花费一些心思并且运用一定的技巧。作为懂礼仪的现代年轻人，我们必须掌握不同类型的社交礼仪，才能在社交场上运用得游刃有余。

那么，在一般情况下，年轻人要熟悉以下四种方法。

第一种，自我介绍。

年轻人在社交场上若想结识他人就要学会主动地介绍自己。我们介绍自己的目的就是想让对方记住，所以，在自我介绍的时候要挑选没有他人在场、对方能专心听你说话的时候，最好选在比较幽静的时候，否则环境太嘈杂会分散对方的注意力。自我介绍时一定要保持面部表情自然，给人一种亲切、自然、友好、自信的感觉。介绍时不用太过详细，结识对方是用于工作上的需要就介绍自己的单位、部门、职务和姓名；若是想与对方成为朋友或是与对方有较深的交往你可以介绍自己的姓名、职业、籍贯、喜好和你们双方可能都认识的熟人，除此之外还可以根据具体对象和环境来改变，适当地增加或减少一些要素。最好在介绍的过程中再递上自己的名片，加深他人对你的印象。

第二种，介绍他人。

在一些社交场合，年轻人除了要会介绍自己，还要充当介绍人，帮不熟悉的双方作介绍。在作自我介绍的时候没有特别多的要求，但是在介绍

他人的时候我们就要注意一些问题。

（1）介绍要分先后顺序。为他人作介绍时，通常遵循"尊者优先"的原则。介绍的时候，还得先提到位尊者的名字，以示尊重。如果被介绍者是男女双方的话，那么就要先把男士介绍给女士。当然如果男士比女士年长的话，则另当别论。

（2）介绍他人要准备好开场白。这样对方就不会觉得你的介绍突兀。你可以这样说："请让我帮你们介绍下，这位是刘女士，这位是……"，再配上相应的手势，就不会给双方带来尴尬的感觉。面带微笑，口齿清晰，才能让介绍的氛围变得柔和。

（3）寻找双方的共同点。你作为介绍人，应该对要介绍的双方都有一定的了解，在让他们彼此认识的时候，就要找一些他们的共同之处，这会让他们迅速找到话题，快速地熟络起来。

第三种，集体介绍。

集体介绍一般分为集体和集体或者集体和个人两种情况。当集体和集体互相介绍的时候，一般是东道主先作介绍，然后客人方再作介绍；当集体和个人互相介绍的时候，一般是个人先作介绍，集体后作介绍。

第四种，成为被介绍人。

在社交中，我们介绍与被介绍的角色是不停地变动的，因此，当你被别人介绍给他人时，一定要表现出自己结识对方的热情。这个时候除了面部要正视对方以外，视某些情况还应略微欠身致意。当然，如果对方这个时候伸手以示相握的话，作为一个懂得礼仪的年轻人也应伸手相握，并且还应面带微笑地寒暄一番。

介绍礼仪是人们在社交活动中不可或缺的一种礼仪常识，是年轻人与他人增进感情、建立关系的基本途径。所以，年轻人无论是介绍自己还是介绍他人的时候都要用简短的语言尽可能地让对方记住自己，这样对你今后的发展才有帮助。熟练地把握介绍礼仪的方法一定能让你在社交中大展拳脚，帮助你建立更有实力的人际圈。

礼仪是年轻人结交人脉的重要资本

第五章　与人交往"彬彬有礼"

☞ 年轻人要懂得交往礼仪

最传统的握手礼仪

中国自古就是礼仪之邦，我们在正式或者非正式的场合与他人打招呼都是先走上前去礼貌性地握手。握手是社交场合最普通却是最重要的礼仪，如果在握手时你出了什么差错，就会大大降低对方对你的印象。所以，无论从哪个方面讲，年轻人都应该认真学习握手礼仪。

在社交场合，如果我们和对方是第一次见面，那么由接受介绍的一方先伸出手，年长的向年轻的先伸手、身份高的向身份低的先伸手、女子向男子先伸手，待对方也伸手时再握。如果你刚进入某一社交场合，那么要先和主人握手，然后再和宾客握手。当然，作为主人应该先伸手，以显示对新进客人的欢迎，如果是客人要离去告辞时，则应该客人先伸手与主人道别。如果是参加宴会，那么应该先和主人握手，然后顺时针方向和在座来宾握手。遇到身份、地位高于自己的领导，应有礼貌地点头致意，不要主动走向前去握手，只有在领导主动伸出手时，你再向前握手。

握手时应起身站立，面含笑意，注视对方双眼，以示尊重对方。握手的最佳距离为1米，力度要适中，握手的时间应在3~5秒。握手要用右手，有时为了表示敬意还可以配上点头或是鞠躬。除因病或其他原因不能站立外，不要坐着与人家握手。如两人都坐着，可以微曲上身握手。人多时不要交叉握手，可待别人握毕后再握，或者与主人握手后，向其他人点头致意。年轻者对年长者、身份低者对身份高者则应稍稍欠身，双手握住对方的手，以示尊敬。男子和女性握手时，往往只握一下女性的手指部分。

握手不仅需要注意正确姿势，还要会挑选握手的时机。除了在人们见面打招呼时会用到，在很多情况下也需要用握手来表示你的情感。但如遇到对方的手部有伤或者正提着比较重的东西，就不需要行握手礼了，点头微笑下就够了。

行握手礼虽然是世界上大多数国家最常见的礼仪，但是不同的国家对握手礼的要求也有着不同的要求与禁忌。比如，在欧洲大部分地区，握手时忌紧紧地握住对方的手，其中拉丁语系地区握手时间较长，与拉丁语系地区相比较，法国人握手的时间最短，只是简短有力的一下；阿拉伯人握手时，通常会伴随着较长时间的问候和寒暄，因此不断地握手不断地问候，但握手时往往比较轻，等级观念也相对严重，要同重要的人先握手；东南亚和南亚大部分国家信封佛教，见面多行双手合十礼，不需要点头致意；在日本，虽然接受了握手礼，但是他们讨厌过多的身体接触，多数情况还是行鞠躬礼。

在了解各地的握手礼仪后，我们还需注意的是和女性握手的注意事项。与女性握手，应等对方首先伸出手，男方只要轻轻地一握就可。如果对方不愿握手，也可微微欠身问好，或用点头、说客气话等代替握手。一个男子如主动伸手去和女子握手，则是不太适宜的。与女性握手，最应掌握的是时间和力度。一般来说，握手要轻一些，要短一些，也不应握着对方的手用劲摇晃。但是，如果用力过小，也会使对方感到你的拘谨或敷衍塞责与虚伪。握手用力要均匀，不要死握住对方的手不放，让人有痛感，

尤其对女性，不能让女性产生痛楚感。男人同女人握手，一般只轻握对方的手指部分。握姿要沉稳、热情、真诚。所谓轻重适宜，就是指握手时的力度能传递自己的热情但又不失于粗鲁。

年轻人要牢记握手中的要点和注意事项，随着社会的国际化趋势越来越明显，我们在与他人交往的时候更要注重自己对礼仪的学习和培养。尊重不同人群的礼仪标准才能体现出年轻人在社交中的礼仪修养。懂得握手礼仪能让年轻人在交往之初就给对方留下好印象。

大方道歉展示自己的胸襟

"人非圣贤，孰能无过"，年轻人在社交中难免会出现一些言行不当，或是妨碍、打扰别人的地方，这时候最好的弥补办法就是及时向对方表示歉意，获得对方的原谅。道歉的作用在于消解冲突，缓和矛盾，从而互相谅解。懂得及时道歉的年轻人是识时务者，能在有过失后，真心诚意地向对方表达自己的歉意，不仅有利于矛盾的化解，同时还可以体现出年轻人的风度、教养和宽阔的胸襟，是懂礼仪的表现。

有些年轻人觉得主动道歉就是软弱、低人一等的表现，其实恰恰相反，主动道歉是最聪明、最得体的做法，只有这样才会快速和周围人建立起良好的人际关系。在社交活动中，道歉是最快消灭对方心中怒火的方式，它可以使原本矛盾的双方冰释前嫌，为自己争取更多的朋友与伙伴。道歉看似简单，其实在这一过程中也应注意技巧与礼仪。

1. 时机的选择

年轻人在参加社交活动时如果有言行过失或者冒犯他人的时候，一定要及时道歉，你每多拖一分钟对方就会误会你多一分钟，从而加深双方的矛盾。及时道歉不仅能弥补你的过失，还能加深对方对你的好印象，从而巩固你和周围人的关系。

2. 诚恳的态度

社交场合如果有需要向他人道歉，一定要端正自己的态度。道歉既然不是软弱的体现，那么人在道歉的时候就没必要遮遮掩掩，大大方方地向对方致歉，征求对方的原谅，我相信再大的错误对方也不会再跟你纠缠不休。道歉时要保持诚恳的态度，不要过于贬低自己，只要把自己犯的错误简单地阐释，堂堂正正地向对方承认自己的过失即可。过于贬低自己只会让对方从内心瞧不起你，或是故意给你脸色看。

3. 正确的用语

年轻人在向他人道歉的时候不能乱用道歉语，那样只会让对方觉得你是在敷衍他，从而既不会轻易原谅你，又会影响他人对你的评价。所以，当我们对他人表示歉意的时候就需要使用正确的道歉用语。在社交中，如果是有愧于对方的话，应该用"非常惭愧"、"深感愧疚"等用语；因为自己的语言失当，希望得到他人谅解时则要说"多多包涵"、"请您谅解"等用语；如果需要麻烦他人的时候，可以用"真是不好意思"、"麻烦您了"、"打扰您了"等表示歉意的用语；一般情况下的道歉，可以用"对不起"、"失礼了"、"非常抱歉"等道歉用语。

4. 方式的选择

随着社会的进步，人们交流的方式越来越多样化，我们可以根据自己的情况随意选择适合自己的办事方式，这也就说明道歉的方式有很多的选择。我们可以根据不同人的性格，不同事情的原因来选择合适的道歉方式，从而达到最佳的效果。最简单的可以选择直接道歉方式，坦荡地承认自己的错误，征求对方原谅。其次，当我们觉得有些话不适合当面说的时候，可以选择书面道歉，这种方式可以很好地避免尴尬场面。再次，可以通过第三方来转达我们的歉意，当然这个中间人必须跟双方都很熟悉才可以。最后，我们也可以通过送对方一个小礼品或者鲜花来和对方讲和。

其实，无论年轻人选择哪种道歉方式，只要你诚心诚意地和对方表达

自己的歉意，我相信大部分人都会原谅你的。当然，不能让道歉成为仅仅流于形式的方式，这样只会让他人对你的行为产生怀疑，从而影响到对你的评价。"知错能改，善莫大焉"，认识到错误并且在今后的生活中得以改正才是道歉的真正目的。

让鞠躬礼仪代表你表达更多的情谊

鞠躬是中国、日本、韩国等亚洲国家普遍使用的传统礼节，这种传统的礼节在一些社交场合使用的频率很高。鞠躬不是随意地点头哈腰，需要我们严肃地按照标准完成。日本是对鞠躬礼最讲究的国家，所以，我们在同日本人打交道时尤其要注意这一点，因为鞠躬的不同角度，也代表不同的含义。

在日常生活中，学生对老师、晚辈对长辈、下级对上级、表演者对观众都可以行鞠躬礼。当领奖人上台领奖时，会向颁奖人和在场的所有人行鞠躬礼以示感谢；当一场演出完美谢幕时，演员会对台下的观众行鞠躬礼；当演讲者完成精彩的演讲后，也会对台下的听众行鞠躬礼。鞠躬礼在大多数时候表示的是行礼者对受礼者的感激之情和尊重。弯15°左右，表示致谢；弯30°左右，表示诚恳和歉意；弯90°左右，表示忏悔、改过和谢罪。

行鞠躬礼时一般站在距对方2~3米的地方，微笑着与对方先做眼神的交流，随后行礼。鞠躬礼大致分为三种：欠身礼，身体直立，目视前方，身体向前微轻；15°鞠躬礼，身体保持直立，双手自然下垂（女士要将双手交叉放在体前），前倾15°，目光落于体前1.5米处，再慢慢抬起注视对方；30°鞠躬礼，身体直立，双手自然下垂（女士要将双手交叉放在体前），前倾30°，目光落于体前1米处，再慢慢抬起注视对方。

年轻人在需要行鞠躬礼的场合，一定要注意自己的态度和动作的规范

程度。

1. 遇见尊贵的客人时

（1）在公司遇到尊贵的客人时你要站定，行15°鞠躬礼。

（2）当客人经过你的工作岗位时要行欠身礼，并送上问候。

（3）当领导陪同贵宾一起到你的工作岗位检查时，你要起立、问候，再行15°鞠躬礼。

（4）当在只有你和贵宾在的场合时，要问候并行15°鞠躬礼。

（5）当你在走动过程中遇到客人询问时，要先停下站定，行15°鞠躬礼，再作回答。

2. 遇见同事和领导时

（1）经常见面的同事行欠身礼即可。

（2）当到领导办公室请示或汇报工作时，先要敲门，征得同意后方可进入，行30°鞠躬礼。

（3）在公司内偶遇领导时，问候并行15°鞠躬礼。

3. 在会议场合时

（1）主持人或者领导上台前要向与会者行30°鞠躬礼。

（2）主持人或领导讲完话，要向与会者行30°鞠躬礼，与会者要以掌声回应。

（3）若参加会议迟到，迟到者要向主持人行15°鞠躬礼表示歉意；中途离开者也应向主持人行15°鞠躬礼以示离开。

4. 迎送客人时

（1）在各种场合迎接客人时都要向客人问候并行30°鞠躬礼。

（2）当你介绍自己或与他人交换名片时，要行30°鞠躬礼并双手递上名片。

（3）在会议室迎接客人时，要起立问候，行30°鞠躬礼，待客人入座后才可就坐。

（4）请客人饮茶、喝水时要行欠身礼。

（5）送走客人时，要与客人道别，同时行30°鞠躬礼，目送客人离开

后再返回。

另外，当你接受了别人的帮助并向对方表示感谢时，当你给对方造成不便时，当你向他人表示慰问或请求他人帮忙时，都要行30°鞠躬礼，并说"谢谢"、"对不起"等致谢或道歉用语。

年轻人在行鞠躬礼时一定要注重小细节，别让他人认为你是不尊重他，那就得不偿失了。一个小小的鞠躬礼透露出你的诚意、你的尊重、你的态度，有修养的年轻人懂得用这些细节来为自己增添魅力。

拥抱礼不只是拥抱那么简单

拥抱礼是最先流传于欧美地区的一种见面礼节。随着时代的进步，全球化的发展趋势让我们在越来越多的场合都需要使用拥抱礼。拥抱礼多用于上层社会或者有外宾的情况下，年轻人在这些场合要懂得如何正确地使用拥抱礼，尤其是异性之间，不正确的方式只会让他人产生误会，对你留下不好的印象。

对于中国人来讲，只有双方的关系够亲密才可以拥抱对方，而在西方的一些国家拥抱是一种尊重、一种问候的方式。年轻人若想在行拥抱礼时不显得尴尬，就要大大方方地，按照拥抱礼的行礼标准向对方表示自己的热情与尊重。年轻人在行拥抱礼的时候应该注意些什么呢？

1.拥抱礼的正确方法

在行拥抱礼时，通常是两个人相对而站，各自右臂偏上，左臂偏下，右手环抚于对方的左后肩，左手环抚于对方的右后腰，彼此将胸部各向左倾而紧紧相抱，并且头部相贴，然后再向右倾而相抱，接着再作一次左倾相抱。

2.行拥抱礼的区域

拥抱礼在西方国家广为流行。在中东欧、阿拉伯各国、大洋洲各国、

非洲与拉丁美洲的许多国家，拥抱礼也颇为常见。但是在东亚、东南亚国家里，人们对此却不以为然。欧洲人虽然非常注重礼仪，但是他们不习惯与陌生人或初次交往的人行拥抱礼、亲吻礼、贴面礼等，所以初次与他们见面，还是以握手礼为宜。

3. 行拥抱礼的场合

拥抱礼多用于官方、民间的迎送宾客或祝贺致谢等社交场合。在庆典、仪式、迎送等较为隆重的场合，拥抱礼使用得比较多，在政务活动中更是如此。在私人性质的社交、休闲场合，拥抱礼则可用可不用。在某些特殊的场合，诸如谈判、检阅、授勋等，人们则大都不使用拥抱礼。

4. 行拥抱礼的对象

在欧洲、美洲、澳洲，男女老幼之间均可采用拥抱礼，而在亚洲、非洲的绝大多数国家里，尤其是在阿拉伯国家，拥抱礼仅适用于同性之人，与异性在大庭广众下进行拥抱是绝对禁止的。

随着人际交往的范围越来越广，年轻人要学会掌握各种各样的礼仪，这样才能在相应的场合应对自如。拥抱礼虽然不是在任何场合都可以使用的，但也是人际交往中绝对不能少的礼节。年轻人要学会看清场合，看清对象，这样才能让拥抱礼在显示出尊重对方的同时，又能显示出它相对于其他礼节的优势。

与人约会也要讲究礼仪

年轻人在繁忙的工作之余，免不了要享受一下爱情的滋润，可为什么有些人就能顺利约到自己心仪的对象，而有些人即使是很努力地约对方，也得不到对方的回应？其实，在约会中也是要讲究礼仪的，懂得约会礼仪的人才能如愿地约到心仪的对象。约会时要像你参加社交场合一样注意自

己的言行举止，有礼仪的人才能赢得心上人的青睐。

约会是最能看出一个人是否懂得社交礼仪的方式。我们大致把约会分为三部分：约会前、约会时和约会后。年轻人千万不要觉得只在约会时表现出自己的优点就可以了，约会是一件贯穿于这一次邀约开始到下一次约会前的所有时间的事情，我们要重视自己向前的每一步，这样你才会看到一个自己满意的结局。

我们在约会之初先要学会邀请另一方，可以当面邀请，也可以通过电话或者网络等沟通方式，这取决于你们平日的交流方式比较倾向于哪一种，以及见面之后打算做什么。如果不是要参加正式的聚会，一般情况下当面邀请会让人感受到你的诚意与热情。如果是参加一些特殊的场合，或者你不好意思开口，书面邀请、电话邀请、邮件邀请等都是不错的选择。无论你选择哪种邀请方式，最重要的就是要自己亲自去邀请，不要让朋友代劳，否则可能你约会的对象都搞不清楚是和你约会，还是和通知他的人约会。

当你决定了约会的方式，就要考虑要以怎样的开场白开场才能成功约到对方。邀请对方的时候其实不需要别出心裁的开场白，只要你有一点勇气、一点礼貌、一点中听的话即可，比如："我听说你挺喜欢看篮球的啊，我这正好有两张球赛的票，要不要一起？"或者"这周末新上映个电影，听朋友说挺有意思，我想约你一起去看看，怎么样？"这样的话既不会让他人感到突兀，又很好地表达出你想什么时间约对方去干什么，对方也好根据你的邀请做出回应。当然如果不巧对方正好有事，你更要抓好这个机会再约另一时间，因为他已经拒绝你一次，就不好再对你推脱了。比如："你周五晚上不能一起出来我挺遗憾的，那要不咱们星期日一起去看电影怎么样？"这样也就达到了你成功约会对方的目的。如果是正式的聚会，那么，在和对方敲定时间的时候一定要讲明，这样就不至于他到现场时出现穿错衣服的尴尬场面。

如果在约会之前临时有变动，一定要马上通知约会对象。当有人提出与你约会时，不要吞吞吐吐地用说不准来搪塞对方，去与不去都要尽快给

对方一个明确的回答，这样才合乎情理。

约会时，年轻人一定要准时赴约，迟到或者让他人等很长时间都是不礼貌的现象。约会时的话题可以根据双方的共同喜好来定，如果实在想不出来，也不能让气氛变尴尬，你可以用提问来打破沉默，同时提问也是了解对方的最佳途径。比如你可以问："在音乐（运动、电影、书籍、美食、服装、潮流等）方面，你有什么爱好？"对方在回答问题的时候，你一定要对他说的话表现出由衷的兴趣，做一个好的倾听者展现出你懂礼仪的一面。当你对你的约会对象有好感的时候，一定要表达出来，比如："我真的很喜欢你的笑声，像阳光一样温暖"、"我很欣赏你穿衣服的品位，特别是你现在穿的这身"等，悦耳的话谁都爱听，无论是夸奖还是感激，都会让对方的心里产生微妙的变化。

约会后，首先要保证对方安全到家，如果你答应对方接送他，那么就一定不要忘记。对方的父母若是规定了他回家的时间而你们又没有准时到达，就一定要先给对方父母打电话告知情况，并尽快回去。不管对方的最终意见如何，都不能马上断了和对方的联系，这样只会给他人留下不懂礼貌、不尊重对方的坏印象。

年轻人有很多与人约会的机会，这不仅是你找到幸福的机会，更重要的是能通过约会认识并深层地了解到一些人，这对我们今后的发展都有一定的好处。约会虽说是双方的事情，但是你的一言一行，做得合理或是不合理的地方都会传到对方的朋友圈中。如果你稍有疏忽就可能会给不认识你的人留下不好的印象。所以，重视约会，更重视约会中的礼仪，懂礼仪的年轻人就会更快抓住自己的幸福人生。

参加宴会你要知道的礼数

宴会是社交礼仪中最常见的一种聚会方式，也是人们最常参加的社交

应酬。人们通过宴会，不仅获得饮食艺术的享受，而且可增进人际间的交往。宴会礼仪是年轻人在社交这一课中绝对不能错过的一项，对宴会礼仪的把握情况直接影响到我们未来的发展情况。

宴会起源于社会及宗教发展的朦胧时代。早在农业出现之前，原始氏族部落就在季节变化的时候举行各种祭祀、典礼仪式。这些仪式往往有聚餐活动。农业出现以后，因季节的变换与耕种和收获的关系更加密切，人们也要在规定的日子里举行盛筵，以庆祝自然的更新和人的更新。今天的宴会有多种形式，大致可以分为国宴、正式宴会、便宴等。从宴会的发展，也能看出国家政治、经济、文化的发展水平在逐渐提高。

年轻人在参加宴会之初，一定要弄清自己参加的是什么等级的宴会，正确的着装、恰当的礼节才是体现你良好素质的关键。

第一，国宴是指在外交场合上，由我国的国家元首出面，宴请他国的国家元首的宴会。国宴的主体和客体都是特定对象，主角是国家领导人。

第二，正式宴会对人员的约定有限制性，座次固定，菜品固定，有准确的开始时间。这种宴会一般都是由主办方发邀请函邀请宾客，到场之后，不同的宾客都会有一个固定的位子，座位和桌次是按照宴请的规模来决定主次的。每桌的菜肴都是相同的，菜单都是提前拟定好，不能随意改动。宴会的时间也在邀请时就已经定下，一般大型的正式宴会都是在晚上，主要是因为大多数人白天都有自己的工作，晚上的时间相对比较宽松。婚宴大多是放在中午举行，尤其是初婚，取阳光灿烂的好彩头。

第三，便宴就是指除了国宴和正式宴会外的宴会形式。比如，家庭宴会、朋友宴会、公司聚会等，它是相对比较简单的宴席。家宴重视的是家庭成员的参与和气氛的融洽度，你也可以在与家人聚会的时候邀请几位关系比较密切的朋友，大家可以一起享受家庭的温馨。朋友宴会一般是同学聚会或者生日聚会，在这些场合我们除了会跟从前朝夕相处的同学见面

外，还可能会遇到一些朋友的朋友，这些人也是我们社交中的重点，有了朋友的这层关系，我们也能更快地和对方相识，说不定他能在你今后的路上帮到你。公司的聚会大多都是同事和老板参加，年轻人可以趁此机会多和老板聊聊，借着轻松的气氛拉近彼此的关系。

年轻人在清楚了各种形式的宴会后，就要根据不同的宴会为自己选择合适的服装。这对宴会的主办人来讲，是体现你尊重他的一个方面。就拿我们最常参加的正式晚宴来讲。作为女士，如果身材娇小，你可以选择中高腰、纱面、腰部打折的礼服，以修饰身材比例，应尽量避免下身裙摆过于蓬松，肩袖设计也应避免过于夸张；上身可以多些变化，腰线建议用V字微低腰设计，以增加修长感；对于身材丰腴的人，比较适合直线条的裁剪，穿起来较苗条，花边花朵宜选用较薄的平面蕾丝，不可选高领款式；腰部、裙摆的设计上应尽量避免繁复；对于身材修长者，任何款式的礼服皆可尝试。在配饰的选择上，可以选择珍珠、蓝宝石、祖母绿、钻石等高品质的首饰，多配修饰性强、与礼服相宜的高跟鞋，如果脚趾外露，就得与面部、手部的化妆同步加以修饰。包要选择精巧雅致，多选用漆皮、软革、丝绒、金银丝混纺材料，用镶嵌、绣、编等工艺结合制作而成，华丽、浪漫、精巧、雅观是晚礼服用包的共同特点。

参加晚宴的男士的服饰首选应为经典的黑白色，根据个人气质，也可选择亮灰色。男士的晚礼服分为单排扣和双排扣两种，传统风格的礼服都有真丝面料的尖角翻领，面料一般是缎或绸质，白色正装衬衣和黑色领结是经典永恒的搭配，传统没有开衩的款式更为正式些。衬衫以白色为宜，衣领设计是双翼领或翻领，双翼领被认为最正式，前胸片可使用条纹褶皱造型。黑色丝制领结最为正式，适宜配合双翼领衬衫。穿燕尾服时可以不佩戴领结，将领子微微竖起来，千万不要用红色领结，很容易被误认为是餐厅服务生；礼服的裤子侧边接缝处有黑缎的饰带为佳，绝不能卷裤边。鞋子可以是黑色漆皮系带或着黑色花纹漆皮，绝对不能搭配白色袜子；穿燕尾服时不可选用腰带，要使用很具绅士范儿的宽腰封，材质以丝织为最

佳。在使用翻领衬衫、领带的时候，一般选用精致的、黑色、没有明显商标的正装皮带。男士若想体现自己高贵的身份及不俗的品位，只需在这身装扮上搭配名表和袖扣。建议使用方形表盘的手表，最重要的是要适合自己的手型。袖口最好佩戴袖扣。

年轻人在知道这些参加晚宴的细节后，就能纠正自己不正确的装扮与举止，不要以为宴会就是供大家玩乐、聊天的场合，能从中让别人发现你或者找到可以帮助自己的人脉，才是社交宴会的真正目的。

恰到好处的敬语，让他人对你刮目相看

相对于衣着、举止这些无声的语言来讲，话语是最能直接表露你对他人的敬意的方式。我们在向他人表达敬意的时候，不能直接说"我好尊敬你呀"，这不仅不会让对方感受到你的尊敬，还有可能让对方觉得你十分做作。那么，我们就只有把对对方的敬意融入到话语的细枝末节处，在你和对方聊天的时候，他就很容易能从你的字里行间听出你对他的尊敬，这就要求我们懂得正确使用敬语。

敬语就是指对听话人表示尊敬的语言手段，比如"您"、"请"、"劳驾"等。在说话间加入这简单的一两个字，就能起到不同的效果。从根本上讲，敬语是古代等级制度的产物。现在多数情况下，复杂的敬语让人觉得费事。人与人之间要友好、谦让，一定的礼貌用语是不可少的。

敬语的使用也需要年轻人分清场合，不然用错了场合就很容易出现尴尬的场面。

第一，相见问好。

当人们见面时，都会开口和对方打招呼，以示问候。我们经常会说"您好"、"早上好"等。"您好"既表达了向对方问候，又用"您"字

凸显了对方的高地位，让对方感受到你的尊敬之意。从问候中我们至少向对方表达了三个方面的意思：尊重、友情、亲切。同时也表现出自己优秀的三个方面：有教养、有礼貌、有风度。

第二，托人办事。

我们想要在社会中站稳脚跟，光凭一己之力是办不到的，这就免不了有求助他人的地方。人生在世，不可能"万事不求人"，既然有求于他人，就要在话语中加上"请"字，如果对方可以办到他一定不会推辞。还可以用"劳驾"或者"麻烦您"，客客气气地表达你的请求，没有几个人会百般刁难你。

第三，感激之情。

当对方帮助、支持、夸奖、关照你之时，一定要及时表达自己的感激之情。不要把别人的帮助当作理所应当，年轻人要学会时刻怀揣一颗感恩的心，这样才会有更多的人愿意帮助你，支持你。一句简单的"谢谢"就能包含你浓浓的情意。他人既然愿意出手帮你，在乎的也并不是你这几句感谢的话，所以感谢的话不用说得太多，能诚恳地表达出自己的感激之情即可。

第四，失礼道歉。

在如今这个复杂的社会中生存，年轻人不可避免地会有一些做得失礼的地方。无论你在生活中多么谨慎、多么小心，生活中没有一件事能让所有人都满意，总有一些吹毛求疵的人。倘若你在这类事情发生之后能及时真诚地说一声"对不起"、"打扰您了"，就会使对方趋怒的情绪得到缓解，化干戈为玉帛。

除了以上这些，年轻人还会在生活中用到其他可以展现自己风度与魅力的敬语。例如：当你拜托他人某件事时，就会说"请多关照"、"拜托您"等；当你向他人表示慰问的时候会说"您受累了"、"您辛苦了"等；当对别人表示同情的时候会说"真是难为你了"、"您太辛苦了"等；当向他人表示自己的挂念之情时会用到"您现在过得愉快吗"、"最近过得怎么样"等。这些都是我们在生活中常用到的，还有

初次见面时我们习惯说"久仰久仰",中途离席时我们常说"失陪",赞赏对方眼光时用"高见",问老人年岁用"高寿",问女人年龄用"芳龄"等。

年轻人在生活中只要保持谦虚有礼的态度,就能将这些敬语融汇到平时的语言中。多说敬语只会对自己有好处,给他人留下自己懂礼貌的一面。

玩笑不是和谁都能开的

年轻人在与人相处的过程中都要学会开几句玩笑。玩笑是枯燥生活的调剂品,开玩笑不仅能活跃紧张的气氛,还能让他人从你的玩笑中听出你的人品与修养。但是,如果玩笑开得不得当,则会适得其反,弄巧成拙,伤害双方的感情。年轻人若想在人际交往中用幽默体现自己的语言魅力和人格魅力,就要将玩笑话用得恰到好处,把握住玩笑的分寸才能把握住自己的人生命运。

很多年轻人都喜欢在朋友间开玩笑,因为玩笑不仅能活跃气氛,还能拉近你和朋友间的距离,但是我们也该知道,玩笑若是开不好不仅会让气氛更加尴尬,还有可能让原本关系不错的朋友翻脸,这就要求年轻人能把握好开玩笑的尺度,选择好开玩笑的对象。懂得因人而异的开玩笑才能让"玩笑"帮你在对方的脑海中留下好印象。

一个善于开玩笑的人并不是不分场合地乱开玩笑,而是在社交中懂得有选择性地和他人开玩笑。那么,要做到这点就要求年轻人善于观察周围的环境和身边的人,根据不同的人制定不同的策略。

首先,关于交谈对象的选择。

每个人都有不同的性格,有些人活泼开朗,有些人内向低调,有些人大度豁达,有些人谨小慎微。年轻人首先要学会通过对方的表情和话

语来对对方的性格做一个大致的判断。面对性格开朗大方、对人宽容大方的人，可以多开一些玩笑，这样你们之间的交谈气氛始终都会处在一个融洽、轻松的氛围中；对于性格内向、做事谨小慎微的人，则需要少开玩笑，要会看对方脸色行事。当我们与女性交谈时，开的玩笑要适度，不要触犯对方的禁忌；面对老年人，在开玩笑的时候要更多地注意给予对方尊重。总之，开玩笑要以不伤害对方的自尊心和让对方感到轻松、愉快为准。

其次，看清交谈对象的情绪。

每个人的情绪波动都会随着他所处的环境和心境的变化而变换，在此时，年轻人就要学着揣摩对方的心情与情绪，当谈话对象的情绪比较低落时，他需要的是安慰和帮助，而不是你那一两句无关痛痒的玩笑话，有时说得不好还会让对方觉得你是在挖苦、讽刺他。如果谈话对象是处在比较开心、情绪高昂的时候，此时你可以顺着他的情绪开一些玩笑，只要玩笑的内容不会特别让对方难堪，都能起到活跃气氛的作用。而当对方是因为一些小事不高兴，你便可以通过开玩笑的方式将对方的情绪扭转过来，这样一来，他的心情好了，还会觉得你是个善解人意的人。

再次，判断开玩笑的场合与环境。

我们都清楚说话时要分清场合，才能让"话"发挥一定的作用。开玩笑也是如此，分清场合开玩笑比我们平时交谈还要重要，在合适的场合开玩笑才能给他人留下幽默、聪明的好印象。当别人正在专心致志地学习或者工作时，开玩笑会影响别人；在庄重的集会或重大的社会活动场合，开玩笑会冲淡庄重的气氛；在一些悲哀的环境中，更不宜开玩笑，这样会引起人们的误解。此外，大庭广众之下，也应尽量不要打趣逗笑。能判断出适合开玩笑的场合，才是懂礼仪的年轻人该有的表现。

最后，开玩笑的内容要健康、高雅。

开玩笑最忌讳的就是拿别人的生理缺陷当成玩笑的主题，把自己的快乐建立在别人的痛苦之上是最让人看不起的做法。同时，还要忌开庸俗无

聊、低级下流的玩笑。玩笑的内容应带有思想性、知识性和趣味性，使大家在开玩笑中学到知识，受到教育。

年轻人要运用好开玩笑的能力，让自己的生活因此变得多姿多彩起来，同时你可以因此结识更多幽默的人，从而建立良好的社交关系。会开玩笑并且将玩笑尺度把握得当的人，才是懂礼仪的智者。年轻人要想显示出自己的智慧与修养，就让玩笑替你说话吧。

第六章　打电话时"恭而有礼"

☞ *年轻人要懂得电话礼仪*

现代生活必不可少的电话问候

随着人们生活水平的日益提高，电话在人们生活中的使用率也在大大提高着，越来越多的人离不开电话的陪伴。它就像人们生活中不可分割的一部分，当我们想念不在身边的朋友时，一通电话就仿佛回到我们围坐在一起闲聊的日子；当我们思念远在家乡的父母时，一通电话就能让我们知道他们是否一切安好；当我们惦念外出工作的恋人时，一通电话就能让你们的关怀通过电话围绕到彼此身旁。

在年轻人之间，电话更是必不可少的通讯工具，不论电话的那一端是谁，我们在接通电话时都要先问候对方，就像我们与人见面时都需要寒暄一样。但是，在这样的电话问候中也需要我们注意相应的礼仪，只有让对方感受到了你的尊重，你的问候才有意义。

那么，在电话问候中应该注意哪些礼仪，才能让问候贴近人心呢？

1. 根据时间选择不同的问候语

问候语除了普通的"你好"之外，还可以因时、因人、因地而变。早

上10点以前，可以问声早安，10点到12点问声上午好，12点到14点问声中午好，14点到18点问声下午好，晚上18点到21点问声晚上好。21点以后，如果没有急事，就不要再给对方打电话，以免影响他人休息。

2. 根据职业特色选择不同的问候语

随着社会服务意识的增强，许多单位对接听电话如何打招呼有严格的规定，如果本单位有接听电话规定，那就要严格执行。如"您好，这里是联想服务热线，我是某某号某某"，训练有素的职业问候会让拨打电话者感到信赖。还有宾馆饭店等，也都有类似的接听问候规定。

3. 根据对象选择不同的问候语

如果是跟家里人、同事或者熟悉的朋友打电话，可以不用拘泥于一板一眼的"你好"，而可以用多种方式来问候。比如给熟悉的朋友家里打电话，如果是朋友母亲接的，自己与朋友母亲也很熟，那就可以说"大妈，小雨在吗？"一声"大妈"称呼，比"你好"更加自然温馨。

4. 问候要先通报自己的姓名

给人打电话说完"你好"之后应该马上通报自己的姓名。如果马上说正事，对方会一时反应不过来，或许还会给对方造成困扰。对方可能不好意思问"你是哪位？"因为如果听不出特别熟悉的人的声音，也会让接电话者不舒服。尤其是上级给下级打电话，更要先通报姓名。

5. 语气、声调的变化让问候更加温暖

电话交流时，双方都看不到对方的表情，唯一交流的途径是听觉。因此，问候时要语气适当、声调适度、咬字清晰，更不要说方言。过快过慢、大声或者有气无力的问候，都会让对方产生不良感觉，从而影响整个电话交流的效果。

打电话问候是快节奏生活中拉近人心的最好方式，它不需要你花费大量的时间，也不需要你花费大量的金钱，只需要短短几分钟就能把自己对对方的思念送到，可以说电话问候是非常适合年轻人的一种方式。它免去了见面的尴尬，免去了见面的众多礼节，也免去了跟陌生人的寒暄应酬。掌握电话问候的技巧，能帮助我们消除很多生活中的不便，也能帮助我们

拉近与更多人的距离。

分清场合接打电话，在人前更有"礼"

日常生活中，电话已经成为现代人们沟通交流中最重要的通讯工具。我们可以通过电话交流粗略地判断一个人的人品、性格；我们也可以通过电话交流粗略地谈定一单生意。在正确的场合接听电话，不仅是对身边人的尊重，更是对电话另一端人的尊重。通过这一个细节，你身边的人和电话另一端的人就能看清你的人品和素质。

人们使用电话的频率越来越高，我们要越来越重视电话礼仪。你要通过电话让对方感受到你的真诚、感受到你的礼仪、感受到你的教养，你又不可直接说自己是真诚的、是值得信赖的，这就要求你在接打电话的时候注意语气的变化和接打电话的礼仪要求，这样才能让对方在没见到你的情况下也能听出真实的你。

年轻人在社交生活中要特别注意接打电话的场合，可能你的一个不在意就会给他人心中留下不好的印象，为了避免这种情况的发生，我们就要清楚地知道哪些场合不适合接打电话。

1. 会议中

在会议中间铃声不断响起、有人在台下没完没了地拨打、接听电话已经成了大家深恶痛绝的事。在现代社会，很多人确实需要在同一时间内处理几件事，但要从维护群体利益出发，能拖的会后解决，能提前的会前解决。换位思考一下，如果你在台上讲话，下面的人都在没完没了地打电话，你高兴吗？

2. 在电影院、剧院、音乐厅

随着人们生活水平的提高，人们不只追求吃饱穿暖，越来越多的人开始培养自己的艺术情操，那么人们就避免不了去看场电影、听场音乐会或

是欣赏部经典的话剧，而这些场合都有明显的禁止铃声干扰的标志，通常情况下，应当关机。因为即便是铃声设置为振动，也不宜拿起来接听或者突然站起来走到门外去。任何响动都有可能破坏整体气氛，影响其他人的欣赏。

3. 在医院

到医院去探访病人，要提前将手机铃声调到振动上，以免影响病人休息。如果在探访过程中有人来电，尽量不要接听，等探访完毕后再打回去。如果实在有急事，接听电话声音尽量要轻，同时力求简短。对住院病人来说，在医院每天躺着无聊，也不能拿着电话与外界煲电话粥，以此来打发时间。因为你睡不着并不等于别人也睡不着。另外医院晚上进入休息时间后，一些值班的护士在无事可做的情况下，也常常发生打电话谈恋爱或聊天的情况。护士应该考虑虽然自己是上班时间，但病人已经到了休息时间，在安静下来的医院里，很小的声音都会传到病房，影响病人休息。

4. 公务拜访与宴请中

公务或商务拜访他人、宴请客人时都不宜拨打、接听电话。拜访和宴请都是一种隆重的礼节，所以行为上就要显得非常尊重对方。拜访他人、宴请客人时还在与会场外的人交流交谈，会让人感觉不受尊重。

5. 做客时

到别人家做客，是侵入到了别人的私人领地，所以就不能为所欲为。如果不停地拨打、接听电话，会让主人难堪。

6. 与人交谈时

当你正在与人进行非正式交谈时，如果有事可以接听电话，但要说声"对不起"，并且一定要注意接电话的态度和措辞。比如，不能对着电话里的人呵斥，不能用脏话、不能变得怒气冲冲，否则正在与您交谈的人会因为您的不良情绪而变得坐立不安。尤其是与长辈交谈时，更要避免发生这种情况。

年轻人只要清楚地知道在什么场合下不能接打电话，就能避免很多尴尬的场面。在这些特殊时刻不随意接打电话是对他人的尊重，也是自我修

养的体现。懂得分清场合接打电话的人，在生活中才能赢得别人的尊重。

接通电话的第一句话很重要

接通电话时说的第一句话，就犹如我们与他人相见时说的第一句话一样重要。虽然这第一句话并不能表达你打这次电话的直接目的，但是它却预示着电话两端的人此次交流的质量如何。在生活中，年轻人要好好利用电话这种通信工具，让它成为你与人交际应酬、拉近双方关系、协助生意成功的好帮手。

我们给他人留下的第一印象往往会影响双方今后的交往，在接打电话时，你说的第一句话就如同在人际交往中你留给对方的第一印象。当我们在接到电话时，一定希望听到一个音量适中、语调适中的声音跟你真诚热情地打招呼，所以当我们打电话给他人时，也要让对方有舒适、亲切的感觉。那么，年轻人在接通电话后，第一句要怎么说才能给对方留下美好的第一印象呢？

首先，把握好接听的时机。

现代工作人员业务繁忙，桌上往往会有两三部电话，听到电话铃声，应准确迅速地拿起听筒，最好在三声之内接听。电话铃声响一声大约3秒种，若长时间无人接电话是很不礼貌的，对方在等待时心里会十分急躁，你的单位会给他留下不好的印象。即便电话离自己很远，听到电话铃声后，若附近没有其他人，就应该用最快的速度拿起听筒，这样的态度是每个人都应该拥有的，这样的习惯是每个办公室工作人员都应该养成的。如果电话铃响了五声才拿起话筒，应该先向对方道歉，若电话响了许久，接起电话只是"喂"了一声，对方会十分不满，会给对方留下恶劣的印象。

其次，保持喜悦的心情。

年轻人总觉得打电话时又不被对方看到，所以不管自己的心情和表情

是什么样子的对方都不会察觉。其实不然，人们往往凭借声音，就能猜出你的心情和表情。打电话时要保持良好的心情，这样即使对方看不见你，也会被你欢快的语调感染，从而给对方留下极佳的印象。

最后，声音要明朗清晰。

年轻人在打电话的时候绝对不能吸烟、喝茶、吃零食，你嘴里塞满东西或是像含了个热茄子一样说话不清晰，你又用什么要求对方耐心地和你通完电话？即使是懒散的姿势对方也能够"听"得出来。如果你打电话的时候，弯着腰躺在椅子上，对方听你的声音就是懒散的、无精打采的；若坐姿端正，所发出的声音也会亲切悦耳、充满活力。因此打电话时，即使看不见对方，也要当作对方就在眼前，尽可能注意自己的姿势。

当打电话给某单位，若一接通，就能听到对方亲切、优美的招呼声，心里一定会很愉快，使双方对话能顺利展开，对该单位有了较好的印象。在电话中只要稍微注意一下自己的行为就会给对方留下完全不同的印象。

年轻人要记住，在接通电话时，你的第一句问候是非常重要的，对方在乎的不是你问候的内容，而是你与对方交流的态度，重视接通电话的第一句，才能为你们将要进行的谈话铺条好路。

将礼仪延续到挂电话为止

年轻人都懂得在打电话的时候要注意自己的礼仪规范，因为电话不仅仅是一个传递信息的工具，而且在很大程度上体现通话者个人的修养和素质。我们若想将自己最好的一面留在对方心中，就要将电话礼仪进行到挂断电话为止。即使对方没有答应你在电话中的事情，你也不能因此丢失自己的风度，善始善终的人才能赢得最终的信任。

越来越多的企业用电话作为销售的工具，电话已经成为了销售工作中必不可少的一部分。电话天天打，但对于通话结束后怎么挂电话，很对

人并不会多加注意，并且大部分人会这样想：谁先打电话的，就谁先挂电话。其实不然，懂得如何把握好挂电话这个小小的细节，通过细节提升自己的个人修养，养成良好的挂电话习惯，更有助于提升你的个人魅力。

那么，年轻人在挂断电话时应该注意哪些礼仪呢？

1. 客户至上原则

在与客户的电话沟通中，不管是谁先打这个电话，结束后一定要记住一点：永远让客户先挂电话。顾客至上，对于销售人员来说，这不仅仅在口头上，而要随时记在心里。在与客户电话交流后，让客户先挂电话这是电话销售的最基本礼仪。

2. 上级至上原则

与上级进行电话沟通后，一定要让对方先挂电话，这是一种对别人的尊重。假如你是一个集团的分公司经理，给总部打电话，恰好接电话的是一个小职员，虽然从职位上来讲，你比小职员高很多，但作为总部和分公司之间的领导性质关系来说，让对方先挂电话，更能体现出你的职场修养及领导风范。

3. 女性至上原则

与异性通电话后，作为男方理应先让女方挂电话，这显示出你对对方的一种关心及尊重，也加深了对方对你的良好印象，这点主要是针对生活上的朋友之间的电话礼仪。

4. 礼貌至上原则

结束通话后要礼貌地挂机。要了解怎样暗示对方终止通话，其标准化的做法就是重复要点，比如："刘经理，那我们这次就说好了，请您下个星期一参加我们单位的专家论证会。如果没有记错的话，我应该让司机于下周一早晨7点到您家楼下，接您过来。"这就是重复要点的方法，以免对方记错了，或者忘记了，同时也说明你是训练有素的。

年轻人在要结束通话时谨记以上几点，就能让自己的礼仪延续到通话结束后，给他人一个好的开头，也给对方留下一个美好的结尾。

面对打电话中的突发情况你要有点妙招

在日常交往中，我们难免会遇到一些突发状况，在打电话的过程中也是如此。我们无法预知电话另一头的人接下来会说些什么，也无法预知他们对一些观念的改变，而我们能做的只有兵来将挡，见招拆招。遇到突发情况能考验出一个人的智慧和反应能力，要想给他人留下聪明有头脑的印象，就要学会处理这些突发情况。

年轻人在工作中很可能会接到一些出乎意料的电话，如一位怒气冲冲的同事或者不知所云的人打来的电话，为了公司的形象，也为了体现自己良好的素养，这些情况要求我们采取最佳的处理方案，合理合情解决问题。那么，在面对这些突如其来的考验时，我们应该运用什么技巧来解决这些棘手的问题呢？

1. 当你难以及时回答对方时

无论你接电话前精力如何集中，总有些时候，当你拿起电话时即发现总有这样或那样的原因让你需要更长一点的时间向对方作出有效的答复。在这种情况下，你可以使用下列权宜之词，以帮助自己赢得时间，你可以说：

"对不起，另一部电话响了，请您稍等，我马上就回来。"

"对不起，有人正等着和我通话，等一会儿我再给你打过去好吗？"

"对不起，碰巧这时有人来找我，我一会给您打过去好吗？"

"您能给我点儿时间去查查资料吗？"

"我认为这件事很重要，让我仔细考虑一下再答复你。"

"对于这件事我有许多想法，我能过一会儿再打电话跟您讨论吗？"

"很抱歉现在我很忙，我知道这件事对您非常重要。明天下午四点您有空吗？那时我再跟您详谈好吗？"

"这个消息我并不知道，我能落实一下，明天再给您打电话吗？"

"很荣幸能为您服务，我能在星期五约个时间，再打电话给您谈这件

事吗？"

但必须注意：你不能总是重复使用这些说法，因为大多数人明白这些托辞的用意。当然，当你让他人等到最后时，你应首先表示感谢。但有些时候，你不一定非要如此，而可以换一种方式。

如，你可以说："真不巧，我不得不办完这些事。"你甚至还可以更加坦率——"我知道这是一件非常重要的事，但我的确不能立即做出答复。"在有些情况下，如果你的答复过于迅速，不会让对方误认为你并没有经过慎重考虑。你宁可多花15分钟、一天或者更长的时间去严肃、仔细地思考，然后再打电话向对方作出答复。

2. 当你接到一些令人困惑的电话时

有时，我们可能遇到这样的情况：你接到一个电话却不明白对方在说些什么，或者对方使用一些你并不理解的词语和表达方式，或者要求你回答问题，承担自己并不知道的责任。尽管对于对方所说的你一无所知，但你却并不甘于承认自己的无知，不甘于因此而占下风。

面对这些情况，你也有很多办法。其一就是言辞模棱两可。比如，你可以说：

"您能再解释得更清楚一点吗？我不太明白您表达的意思。"

"您所指出的那个细节我并不完全清楚，我可以再查一查后回复您。"

3. 当遇到打错的电话时

当我们接听到对方拨错的电话，首先仍然要向对方问好，说明电话拨错了，然后要将本单位的电话号码重复一下，让对方验证。

4. 当电话突然中断时

在日常工作中，电话中断是经常遇到的情况，尤其是手机，说着说着就断了，可能是没电了，也可能是掉线了。遇到这种情况，要马上把电话打回去，打回去的时候第一句话就要道歉，并告知对方电话掉线了，或者说电池用完了。把电话首先打回去，这是对他人的尊重。如欲同对方另约其他时间通话，应该说好自己将按时主动拨打对方的电话。

年轻人在遇到这些突如其来的问题时，首先不要慌张，让自己冷静下来才能处理好这些情况。在紧急时刻对事情的处理能力，才能真正体现出你的做事能力和个人素质。

别让接电话的细节给对方留下不好的印象

俗话说：细节决定成败。电话是一个人的声音名片，我们在打电话的过程中要注意细节上的礼仪。年轻人要知道，在人际交往中，看似平常的接打电话，实际上是在为通话者所在的单位、为通话者本人绘制一个给人深刻印象的电话形象。若是忽略了电话礼仪中的一些小细节，无疑是在无形中给自己制造一定的麻烦。

与平日的会话、通信等联络方式相比，电话更快捷、更方便、更简单、互动性更强，也非常注重礼仪，是人们在与人通话的过程中的语言、声调、内容、表情、态度的集合体。我们无论是接电话还是打电话，都必须要做到以礼待人，让电话的另一端光听到你的声音就能感受到你的尊重和诚意。假如不注意在使用电话的过程中讲究礼貌，先敬于人，无形之中将会使自己的人际关系受到损害。

使用电话，有主动地拨打电话与被动地接听电话之别。从礼仪方面来讲，拨打电话与接听电话时有着各自不同的标准做法。那么，年轻人在接打电话的过程中分别要注意哪些礼仪，才能从细节上取胜呢？

在拨打电话的时候，对一个人的电话形象能产生最大影响的就是语言和声调，电话语言要力求简洁、明了，必须礼貌地使用文明用语。在通话时，声音应当清晰而柔和，吐字应当准确，句子应当简短，语速应当适中，语气应当亲切、和谐、自然。打电话时，嘴部与话筒之间应保持三厘米左右的距离。这样的话，对方接听电话时，才能听得最清晰。打电话时所使用的语言应当礼貌而谦恭，应尽快用三言两语把要说的事情说完，应

遵循"通话三分钟"原则。

电话接通后，每个人开口所讲的第一句话，都事关自己给对方的第一印象，所以应当慎之又慎。打电话时所用的规范的"前言"有两种。第一种适用于正式的商务交往中，要求把双方的单位、职衔、姓名一一道来，其标准的"模式"是：您好！我是×××公司××部副经理，我要找×××分公司经理×××先生，或者是副经理××先生。第二种适用于一般性的人际交往，在使用礼貌性问候以后，应同时准确地报出双方完整的姓名，其标准的"模式"是：您好！我是×××，我找×××。

如果电话是由总机接转，或双方秘书代接的，在对方理解性问候之后，应当使用"您好"、"劳驾"、"请"之类的礼貌用语与对方应对。不要对对方粗声大气，出口无忌，或是随随便便将对方呼来唤去。得知要找的人不在，可请代接电话者帮叫一下，也可以过后再打。无论如何，都不要忘了说话要客客气气的。在通话时，若电话中途中断，按理解应由打电话者再拨一次。拨通以后，须稍作解释，以免对方生疑，以为是打电话者不高兴挂断的。

当通话结束时，别忘了向对方道一声"再见"，或是"早安"、"晚安"。按照惯例，电话应由拨电话着挂断。挂断电话时应轻放。

年轻人一定要牢记这些细节处的问题，只有连细节都能重视的人，才能展现出自己的教养与素质。电话礼仪虽然比与人面对面接触所应用到的礼仪规范要少很多，但电话通讯是现代社会不可避免的一种人际交往方式，所以，年轻人无论是在人前，还是在电话中都要将自己懂礼仪的一面展现给对方，从而树立自己的良好形象。

你的手机就是另一个你

手机现在已经成为人们日常生活中不可或缺的一种通讯工具。在生活

中，无论是老人还是小孩，没有手机的人屈指可数，这种普及性非常高的通讯设备已经深入到各行各业。那么，当手机已经在不知不觉中遍布人们生活的每一领域时，我们就要注意到一些与手机相关的礼仪，让它文明地存在于我们的生活中，才会让它给我们的生活带来更多的方便。

从年龄层上来看，年轻人使用手机的人数要远远高于老年人和未成年人，年轻人无论是从工作角度，还是从生活角度，对手机的使用率都是最高的。不过，年轻人也应该知道，在一些场合将手机调成震动模式或是静音模式是非常有必要的。无论是在社交场所还是工作场合放肆地使用手机，已经成为礼仪的最大威胁之一，手机礼仪越来越受到关注。在国外一些地区的电讯营业厅就采取了向顾客提供"手机礼节"宣传册的方式，宣传手机礼仪。

1. 在坐飞机时

在飞机起飞之前，不管业务多忙，都要根据机长和空乘人员的要求将手机调成飞行模式或者将其关闭，在起飞和降落的时候，飞机需要和地面保持精确的导航信息互动，使用手机通话会影响飞机正常的起飞和降落，为了自己和其他旅客的安全，一定要听从机上人员的要求。

2. 在剧院、影院时

这些安静的演出场合是极其不适合接打电话的。这种场合如果有打电话的必要，还是发短信告知对方自己现在不便接打电话比较妥当。因为，即使你离开座位到外面去接打电话，也是会影响到台上演员以及坐在你周围的观众的情绪的。

3. 在吃饭时

当我们与他人聚会或是单纯的就餐时，应关掉手机，或是调成震动模式。你不想在大家吃得正高兴、聊得正开心的时候，被一阵急促的手机铃声打断吧？那会是一件多么破坏气氛、影响情绪的事情。

4. 在开会时

在会议中，或是和他人商洽要事的时候，切忌让手机铃声响起来。最好的方式还是把它关掉，起码也要调到震动状态。这样既显示出对别人的

尊重，又不会打断发话者的思路。如果你需要与人面谈，但同时也在等一个很重要的电话，那么你需要先和对方打招呼，其他不重要的电话就不要接。现在手机功能很全面，你也可以设置一个自动回复短信功能。当你因为某些原因不能立刻接对方电话时，可以发短信告知对方，这样双方都不会感到被冒犯。

5. 发短信时

手机的短信功能是仅次于接打电话的联络方式，也是在一些不便于接打电话的场合联系他人最好的方式。在不方便接打电话时，也要将短信的铃声调成静音或是震动。当别人注视到你的时候，就不要去查看短信，一边和他人说话一边看短信是很不尊重他人的做法。

对于短信内容的选择和编辑，应该和打电话一样要用文明用语，因为通过你发出的短信，即使是你转发的，也意味着有你赞成的内容，它反映出你的品位和水准，所以，一定要选择健康的内容。

6. 没有使用手机时

在一些公共场合，当你不需要使用手机时，就要把它放在合乎礼仪规范的地方。比如，随身携带的公文包或者衣服口袋里，有时候，可以将手机暂放腰带上。但无论放在哪里，都不要在不用的时候拿在手里或挂在脖子上。

随着手机慢慢进入年轻人的生活，我们一定要重视起来，别让他人觉得你因为一个小小的手机就失礼于人。手机是生活中为我们提供方便的物品，而不是影响我们形象的东西，作为新时代的年轻人要慢慢注意到手机礼仪已经成为社交礼仪中不可忽视的一部分。

打电话要注意的其他一些细节

年轻人在接打电话的时候，除了要注意接打电话过程中的礼仪规范

外，还要注意接打电话前的一些细节。只有将打电话前后和通话过程中的礼仪问题都认识到了，才能说了解了电话礼仪。

对于一般人来说，如果没有遇到紧急的情况，早8点以前和晚9点以后包括中午午休时间不宜拨打电话；节假日不宜拨打公事电话；星期一上午，不宜拨打一些机关部门电话，因为对于机关部门来说，一般情况下，星期一上午都是开会布置任务，属于比较忙的时间段。打电话前要搞清地区时差以及各国工作时间的差异，不要在休息日打电话谈生意，以免影响他人休息。即使客户已将家中的电话号码告诉你，也尽量不要往家中打电话。我们在接打电话的时候，要尽量选择比较安静的环境。当你作为接听者时，如果自身所在环境比较吵杂，要在接起时向对方表明所处环境，并表示稍后给予回复。而如果接听者是在人比较多的安静场合，一定要离席或者离开人群区去接听电话，切忌在比较安静的场合接听电话，以免骚扰到周围的人。

日常交往中，工作电话一般控制在1~3分钟，时间不宜过长。如果预估交谈时间在20分钟以上，就不宜拨打电话，应该进行面谈。得体的问答来电应在第二声铃响之后立即接听，通话过程中尽量使用普通话，语速不宜过快，要与接听者产生互动，不可只顾个人"汇报"。通话过程中不可三心二意，如果突遇急事，应向对方道歉并挂断电话，切忌一边打电话一边做其他事。如果拨打电话遇到对方按掉的情况，短时间内不宜再次拨打；而对于按掉者，应尽快给予拨打者回复，说明情况，按掉后不予理睬也是很不礼貌的行为。

用清晰而愉快的语调接电话能显示出说话人的职业风度和可亲的性格。虽然对方无法看到你的面容，但你的喜悦或烦躁仍会通过语调流露出来。打电话时语调应平稳、柔和、安详，这时如能面带微笑地与对方交谈，可使你的声音听起来更为友好热情。千万不要边打电话边嚼口香糖或吃东西。

如果接到的电话是找你上级的，不要直接回答在还是不在，要询问清楚对方的姓名和大概意图，然后说帮您找一下。将所了解的情况告诉你的

上级，由他判断是否接电话。打电话时，列出要点，避免浪费时间。在打电话之前，要准备好笔和纸，随时牢记5W1H技巧，所谓5W1H是指：When何时；Who何人；Where何地；What何事；Why为什么；HOW如何进行。在工作中这些资料都是十分重要的、对打电话、接电话具有相同的重要性。电话记录既要简洁又要完备，有赖于5W1H技巧。要保持正确的姿势。如果你找的人不在，可以问一下对方什么时间可以再打电话或请其回电话，同时，要将自己的电话号码和回电时间告诉对方。

只有在全面了解了电话礼仪之后，年轻人才有可能正确使用它。在尊重他人的同时，也赢得了对方的尊重。电话礼仪是体现一个人内在素质的最好途径，年轻人若想为自己增添几分魅力，就通过接打电话好好展现自己吧。

第七章 互换名片"额手加礼"

☞ 年轻人要重视的名片礼仪

过多的头衔只会让接名片的人紧皱眉头

在日常社交活动中，人们常常会和新认识的朋友互换名片，这是对他人尊重的一种体现，也是在向对方作自我介绍的一种方式。所以，年轻人应该好好学习名片礼仪，你要知道这一张小卡片在送到他人手里的那一刻起，就代表着你的一切。随着社会地位的不断提高，年轻人名片上的头衔也在不断变化着，我们在认识到名片礼仪的重要性时，也要认识到头衔的多少和社会地位常常是成反比的。

在社交场上有一句关于名片头衔的话：当一个人的名片上，有超过三个以上的头衔时，他就是骗子。现在很多人对于名片上的头衔这件事都觉得印得越多越能彰显自己的能力，其实不然，过多头衔只会惹来他人讽刺的目光。一个把自己的能力标榜得过于张扬的人，会给别人带来浮夸、自大的印象，所以，正确地使用名片礼仪，才能为自己留住好人缘。

那么，对于名片上的头衔年轻人应该知道哪些注意事项呢？

首先，名片上不出现两个以上的头衔，这是最重要的一点。很多有地位有身份的外国客人，身上会有好几种名片，他是面对不同的交往对象强调自己不同身份的时候，使用的不同名片，这个是允许的，但是，倘若在同一个名片上出现的头衔太多，就会给他人留下三心二意、用心不专的印象，还会造成蒙人之嫌。所以，年轻人一定要根据自己的实情挑选一到两个最能体现自己职务的头衔。

其次，不要过分夸大自己的称谓。现在很多人热衷于把自己的本身职位加以夸大印在名片上，在他看来别人看到自己的名片就能看到自己不凡的能力。实际上，有些人确实具备他头衔上想要表达给他人的能力，但也有相当一部分人只是为了吹嘘自己，夸大事实。

小林是某公司的一名职员，有一次，他接到上级领导的指令，派他去一家"有限公司"谈谈合作事宜。根据老板给的地址，小林走到一家小巷的路口，七拐八拐地绕到一幢三层高的破旧小楼前。上楼后，小林按照地址上给的门牌号敲开了对方的门。一位男子开门并热情地招呼小林，随后递上一张名片，小林接过一看，上面的头衔是"首席执行官"。在之后的交谈中，小林明显感到这位"首席执行官"不过是这个小公司的销售人员而已。

很明显，这个所谓的"有限公司"以及"首席执行官"不过是唬人的头衔而已，实际上，无论是公司本身，还是接待小林的男人都不具备同小林公司合作的能力，他们印在名片上的头衔只不过是想提高自己的身份地位罢了。年轻人在名片头衔的选择上一定要根据自己的实际情况做出选择，要不只会与自己想象的背道而驰，遭到他人嘲讽的眼光。

再次，"美称"不能在名片上乱用。人们在名片上花心思的目的就是希望他人在看到自己名片的时候能记住自己，鉴于从事不同职业的人员都会有不同风格的名片，有些人就会修饰一下自己的头衔，以此来突出自己的优势。比如，有一家专门替大公司拿取东西、充当"跑腿"角

色的业务员的名片上，为了突显自己公司又快又值得信赖的优势，就在员工的名片头衔上注上"跑腿王"。这种情况相对来讲还算是能达到效果的，因为他们的行业要求就是快。但是如果你是一位德高望重的大学老师，而你的名片头衔上印的不仅是"××副院长"、"××所长"、"××教授"，还印上了"××博士后（美国）"、"××学博士（日本）"、"××学硕士（新加坡）"……这不禁会让人有种你是在刻意炫耀自己的感觉。

最后，不要将名片弄得像简历一样。名片是你概括介绍自己的一种方式，内容上简而精即可，太复杂的内容反而让对方抓不住要点。

年轻人在头衔的选择上一定要多番考量，尽量找到既能突出自己优势和能力，又能让他人欣然接受的头衔。要爱惜自己的名誉，让名片为自己的名字添彩，不要因为一时的名利心，影响了自己在他人心中的好印象。

清新干净的名片才会给人留下好印象

名片是介绍自己、展现自己能力与修养的一个小舞台，那么，对于它的外形设计我们势必要花一些小心思。若想在一张小纸片上，将自己想要表达的内容合理地安排好并让人能记住，再搭配上一些恰当的颜色或者花纹来修饰这张卡片，是需要一定的设计方案的。

一张名片从组成来看，分为文字信息、图片、单位标志。文字信息是一张名片的主要内容，它包含了名片持有人的姓名、头衔、联系方式，部分用于商业往来的名片上还印有经营范围、单位的宗旨和吉祥字句。年轻人在设计自己名片的时候不仅要将这些重要的信息体现在名片上，还要根据你所从事的行业、职务等为名片选择一个恰当的颜色，让他人在拿到你名片的时候不单单是眼前一亮，更重要的是让对方觉得舒服、自然。那

么，我们就从名片设计的角度告诉年轻人，在设计名片的时候都要注意哪些方面。

首先，重要的文字信息。作为名片上最重要的组成部分，对于它的设计也就显得尤为重要。文字是人类日常生活中最直接的视觉媒体之一，是学术文化的传播者。而字体设计就是将文字精神技巧化，并加强文字的造形魅力。所以文字应用在设计行业时，不单只为传达讯息，而且具有装饰、欣赏的功能和加强印象的机能。

所以，我们在设计名片的时候除了要将有关自己的信息表达清楚外，还要根据自己的工作性质选择字体，这样更易给收名片的人留下深刻印象。例如，软笔字体适合应用在茶艺馆上。文字设计的题材来源有：公司中英文全名、中英文字首、文字标志等，字形则包括万象，设计的字形、篆刻的字形、传统的字形。最后，要注意字体与书面的配合，营造版面的气氛，将名片塑造成另一种新视觉语言。

其次，名片中对于插图的选择。插图也就是将设计方案的内容、主题的表达或产品的重点以书绘的形式加以表现，目的在于更好地解释名片中文字的意义。插图分为真象和抽象两种，设计者在创作时必须考虑普遍性或代表性，才能选择其中要素，做形、色的创作技巧组合。所以，插图是名片构成要素中，形成性格以吸引视觉的重要素材。最重要的是，插图能直接表现公司的构造或行业，以传达广告内容具理解性的看读效果。

再次，装饰框和底纹的设计。装饰框和底纹虽不是名片设计中的必要材料，但是若想修饰一下名片的整体效果，不妨选择以柔和线条为主的装饰框和底纹。要注意的是，饰框、底纹既然是以装饰性为主要目的，在色彩应用上就要以不影响文字效果为原则；将主、副关系区别开来，才能独得一张明晰的名片作品，否则，文字与饰框、底纹会有混在一起的情况，形成看读上的反效果。

最后，整体颜色决定名片魅力。色彩是一种复杂的语言，它具有喜怒哀乐的表情，有时会使人心花怒放、有时却使人惊心动魄，除了对视

觉发生作用，色彩同时也影响于感觉器官。因此，名片设计者在进行色彩的规则组合时，最好先了解各公司的企业形象。色彩是一种属于组合的媒体，色彩的强度不在于面积大小，而在于规则配置的影响；色彩的调配则来自色彩的特性，也可依色调大小、位置关系取得。现代人已无所谓的色彩禁忌，转而追求个性的色彩组合，只要能让消费者感觉到强烈感情，就能成功掌握名片色彩的应用；反之，若没有充分运用色彩对人产生的色彩力量，或是进行错误的色彩组合，再好的编排内容也无法引起大家对名片内容的注意。所以，在选择名片的原色纸标示之色彩时，都必须配合设计创意用心思虑，否则传播出的名片可能造成个人或企业形象的破坏。

年轻人在设计自己名片的时候一定要注意这些关键点，不要为了张扬个性就将名片设计得花里胡哨，那样虽然也给收名片的人留下了印象，却是会让对方对你个人产生反感。年轻人应该利用自己年轻的优势，将自己的名片做得雅致一些，让他人在接到你名片的时候有一种春风拂面的感觉，这样在他心里一定会觉得你是个有素养、有文化、有礼仪的人，才会在不知不觉中起到拉近与你的距离。

递名片时不要左掏右找

年轻人在出席社交场合时，最忌讳的就是手忙脚乱，会给别人一种不稳重、没见过世面的印象。为了避免社交中因为给他人递送名片而造成的这种现象，年轻人就要在参加社交活动之前就准备好名片，当需要你递出名片的时候能有条不紊地掏出名片，恭恭敬敬地送到对方手上，这样才能让对方看到我们懂礼仪、有素养的一面。

名片是商务人士必备的沟通交流工具，递送名片的同时，也是在告诉对方自己的姓名、职务、地址、联络方式。由此可知，名片是每个人最重

要的书面介绍材料。名片的用途十分广泛，最主要的是用作自我介绍，所以，年轻人在递出名片的时候，就是向他人展示自己的时候，那么，我们要如何做才能将自己最好的一面展现在大家眼前呢？

1. 先要准备好自己的名片

在社交活动开始之前，年轻人要准备好自己的名片，将它整齐地放在名片夹或者口袋中，要放在易于掏取的口袋或皮包中。男士若穿西装，宜将名片置于左上方口袋；女士若有手提包，可放于包内伸手可得的部位。不要把名片放在皮夹内、工作证内，甚至裤袋内，这是一种很失礼雅的行为。另外，不要把别人的名片与自己的名片放在一起，否则，一旦慌乱中误将他人的名片当作自己的名片送给对方，这是非常糟糕的。

2. 正式聚会或者重大活动一定要记住带名片

年轻人在参加一些正式聚会或者重大的社交活动时，难免会在会场遇到一些你崇拜的对象，那么，我们应该尽可能地在会议之初或者会议结束之后与对方交换名片。切忌在会议进行的过程中擅自与他人交换名片，这样只会给他人留下不懂社交礼仪的印象。

3. 当处在陌生人群中最好不主动发名片

我们经常在社交场合遇到很多陌生人，当我们处在他们当中的时候，最好等着对方先发送名片，名片的发送可在刚见面或是告别时，但如果自己即将发表意见，则在说话之前发名片给周围的人，可帮助他们认识你。

4. 不在陌生人群中随意发放自己的名片

名片是代表自己身份、介绍自己最好的方式，在遇到陌生人时，年轻人最好不要到处发送自己的名片，这会让周围人误以为你是想推销什么产品，反而不会受到重视。在商业社交活动中尤其要有选择地提供名片，才不致使人以为你在替公司搞宣传、拉业务。

5. 谈话中不宜过早地发送名片

对于陌生人或巧遇的人，年轻人不要在谈话过程中过早地发送名片，因为这种热情一方面会打扰别人，另一方面有推销自己之嫌。我们

可以等谈话结束时，彼此都有了一定的了解的时候，再向对方发送名片，这样对方也会对名片的主人有个印象，不至于收了名片却对不上名片的主人。

6. 不主动将名片发送给年长的主管

论资历、论辈分我们都比不过年长的主管，向年长的主管主动出示自己的名片时，若你的职位高于他，会给对方一种嘲讽的感觉；若你的职位低于他，他也会觉得你不够资格，并不会重视你的名片。所以，年轻人在他们面前，除非对方要求，否则不要将名片主动出示在对方眼前。只有站在对方的角度考虑问题，对方才能感觉到你的尊重。

7. 用餐时不能发送名片

无论参加私人或商业餐宴，都不可以在用餐时发送名片，这是用餐时的基本礼仪，因为在用餐时只适宜从事社交而非商业性的活动。你若选择在此时发送名片，会让对方觉得你是个公私不分、只会破坏气氛的人，本来双方有望找时机谈谈商业上的合作，却因为你这一张名片打消了对方的念头。所以，在餐宴上就努力和他人交谈，争取在对方心中留下好印象，没准在餐宴结束后，他会主动找你索取名片，这样你的名片才能起到真正的作用。

年轻人在社交活动中，要提前准备好名片，当需要递出名片的时候能从容地从上衣兜或者皮包中递出一张干净、平整的名片。这张小小的卡片在对方眼中就代表着你，名片给对方留下怎样的印象，你就在他人心中有怎样的形象。每个人都希望自己在他人心中能有个完美的形象，那么，就要从掏出名片的那一刻起，让他人看到一个完美的你。

名片的正面应朝向对方

在社交活动中，互换名片是一个非常重要的环节。名片是一个人的

缩影，是他人了解我们的一个渠道。在递出自己名片的时候，不能随便一挥，过于随意，要正确地使用名片的递交礼仪，尊重递交的过程就是尊重你自己，这样才有可能赢得他人的尊重。年轻人要清楚地认识到，在社交场合，名片礼仪就代表着你的礼仪。

名片不但能推销自己，也能很快地帮助你与对方熟悉。它就像持有者的颜面，不但要很好地珍惜，而且要懂得怎样去使用它。交际双方在介绍后，需要进行名片互换，此时，递送名片也是有讲究的。正确地使用递名片的方法，首先让对方感受到你的尊重，然后让对方看清你的名字，最后通过一张小小的卡片令对方记住你。那么，在递送名片的时候，年轻人都应该注意哪些要点，才能让接收名片者记住你呢？

1. 递送名片要找准时机

发送名片一定注意掌握合适的时机，时机对了，名片才会发挥良好的功效；时机不对，名片就成了一张废纸。名片发送一般应选择在见面或分别之时。不要在餐宴、戏剧、跳舞发送名片，可以在这些活动开始之前或结束之后。

2. 递送名片要有诚恳的态度

年轻人在出示自己的名片时要有严肃认真的态度，不能随随便便地递送名片。第一次与他人见面时，对方会根据你出示名片的态度来衡量你的人品，判断你是否是个值得交往的人。在递送名片时，还应保持微笑，恭敬地递上自己的名片，可以客气地说："这是我的名片，请以后多联系。"这样，必然会给对方留下一个好印象。

3. 递送名片的顺序不可忽视

一般来说，地位低的人要首先把名片递给地位高的人，男士要先递给女士，晚辈要先递给长辈，下级要先递给上级，主人要先递给客人，这是规则。如果面对的人比较多的话，一般要按照两个规则去操作，第一个规则就是正规的做法，先给职务高的人，非正规的做法就是由近而远地递，如果是个圆桌，就是要顺时针方向递。

4.递送名片要懂得递送礼节

向对方递送名片时，应面带微笑，稍欠身，注视对方，将名片正对着对方，用双手的拇指和食指分别持握名片上端的两角送给对方，如果是坐着的，应当起立或欠身递送，递送时可以说一些："我是××，这是我的名片，请笑纳。""我的名片，请你收下。""这是我的名片，请多关照。"之类的客气话。在递名片时，切忌目光游移或漫不经心。出示名片还应把握好时机。初次相识，自我介绍或别人为你介绍时可出示名片；当双方谈得较融洽，表示愿意建立联系时就应出示名片；当双方告辞时，可顺手取出自己的名片递给对方，以示愿结识对方并希望能再次相见，这样可加深对方对你的印象。

年轻人在出示自己名片的时候，首先要用你的态度感染对方，恭敬的态度才能让对方感受到你的真诚与尊敬。你的名片要让对方接得顺心，他才能在心里为你打个不错的分数，才有利于你们接下来的发展。递送名片是人际交往中展现自己的一个机会，年轻人要好好把握，要利用这张小卡片表现出自己的礼仪风范。

学会婉转拒绝他人索要名片

年轻人在社交场合经常会遇到不相识的人，这些人当中往往有一些能在工作上对自己有所帮助，那么，递送一张自己的名片无疑是增加了双方合作的可能，所以，在社交活动中常常会看到一些年轻人到处递送自己的名片，想为自己赢得一些机会。虽然，这是一个不错的方式，但如果选错了递送的对象，反而会给自己造成一定的麻烦。即使是别人上门来索要你的名片，你也要仔细思考后再决定送不送，这不仅是一张名片的问题，而关乎到自己的声誉。

我们在参加一些重要的社交活动时，总是希望可以遇到一些能在事业

上、生活上对自己有所启发的人，结交这样的人才能让自己往更高的地方攀爬。所以，我们势必要向一些人递送自己的名片，送出去得越多我们的机会越大，但这也不是说让我们见人就发，这样会让人觉得你是在推销产品，从而忽略你。有选择、有目的地递送名片，才是聪明的年轻人应该学会的事情。

在社交礼仪中，年轻人总是过于注重自己的外在形象，而忽略了递名片、接名片、拒绝索要名片等细节。在社交场合，不乱发名片既是对自己的尊重，又是对接名片者的尊重，你要通过这张名片，让对方感受到他对你来讲是特别的、是被尊重的。如若我们乱发名片，那么，有些后果是要我们自己承担的。

一天下午，小王在外面办事情，接到一个电话，问他什么时候去提货。小王听了感到莫名其妙，就把对方骂了一通。等小王回到公司，就看见办公室的小妹妹黑着脸叫他去经理办公室。小王忐忑不安地走到经理办公室，看见里面还坐着两个陌生人，经理正小心翼翼地给人赔礼道歉。走进去一问才知道，那天上午有人去他们公司，说联系业务，发了一张名片给他们，然后说要购买一批化工原料，数量巨大。看见业务上门，他们求之不得，不但中午好好请人吃了一顿，还封了一个较重的红包。谁知道这家伙一去不复返，打电话也不承认。他们就按照名片上的地址找到小王他们公司，直接就说了小王的名字。好在那人和小王的长相差异很大，他们一见小王才知被人用一张名片给骗了。经理明白了事情的由来，瞪了小王一眼，然后说："今后给人发名片的时候注意看清楚人家是什么人！"小王无地自容，怎么发名片居然还发出错来了呢？

其实，经理并不是批评小王发名片，而是要让他学会看人发名片，不能遇见谁都发。出现案例中的情况，不只是让对方公司承担了一定的经济损失，让自己在对方心中的形象毁于一张名片，还让自己的公司蒙受不白之冤，这是所有人都不愿看见的结果。

有些时候，发错的这张名片并不是我们主动发送的，而是有人主动向我们索要的。一般在这种时候，年轻人肯定觉得，有人主动来要名片一定

是想与自己合作，便把名片递到对方手中。殊不知，在我们相信对方的时候就已经钻进对方的圈套中。那么，当有人向你索要名片时，你一定要仔细打量下对方是否可靠，是否能在事业、生活上帮助你，如果你觉得他不能达到你结识朋友的标准，就要委婉地拒绝他索要名片的要求。可以说："对不起，我忘了带名片"，或者"抱歉，我的名片用完了"。但是，如果你手中正拿着自己的名片，这样说显然不太合适。

年轻人在社交场合要学会灵活变通，自己要明白哪些人值得递送名片，哪些人的请求要果断拒绝，不能让自己的名片变为街边广告一样平常，那样只会降低自己的身份。合理递送名片，才能让自己结交到更高层次的朋友，这也是懂名片礼仪的一种表现。

收到名片后要给对方回应

年轻人在社交场合递送名片后，总会有人回送给你名片，那么，在接收名片的时候更要显示出自己的礼仪，让对方感受到你的教养、你的礼仪。接收名片不只是从对方手中接过名片这么简单，你的站姿、表情、态度、举止、语言等多方面都有严格的规范。掌握了这些细节，你会在接收名片时更好地表现自己，让他人对你刮目相看。

我们在接收名片的时候，就像我们递送名片时一样有很多的讲究。当他人主动向你递送名片的时候，你要知道，这意味着你们有合作或是深交的可能性，如果对方是值得交往的人，那么，年轻人一定要抓住对方主动认识你这个机会，通过接收名片，占据你们交往中的主动位置。你对别人有"礼"，别人才会以礼相待。

社交活动中，年轻人要用怎样的方式接收名片呢？

1. 接收名片要保持正确的姿态

当有人递给你名片的时候，你要起身迎接，除非你身体不便，还要学

会用"谢谢"、"非常高兴认识您"等，态度要谦和、诚恳，双眼注视对方，以表你对他的尊敬之意。

2. 接收名片要学会正确的方式

接收名片的时候，如果双手都空着，或者可以腾出双手时，一定要用双手去接，接过名片不要马上放下或是收起，应该微笑着认真地看一遍名片上的内容，同时念出名片上对方的头衔及姓名，这是表示对对方的重视，也可以了解对方的确切身份。如果接下来与对方谈话，不要将名片收起来，应当放在桌子上，并保证不被其他东西压起来，使对方感到你对他的器重。

3. 接收的名片要妥善保存

当双方谈话结束时，不要将名片随意乱放、乱折，也不能随意在名片上写上与对方有关的信息，这是极为不礼貌的表现。切忌接过对方的名片一眼不看就随手放在一边，也不要在手中随意玩弄，不要随便拎在手上，不要拿在手中搓来搓去，否则会伤害对方的自尊，影响彼此的交往。要将其谨慎地放置于自己的名片夹、口袋或公文包内妥善保存，以示对对方的尊重。

4. 接收名片后要懂得回敬对方

接收到他人的名片，要懂得回敬对方。在你拿到名片与他人交谈之后，一定要将自己的名片及时回赠对方，这是接受对方的一种表示。如果没带的话你可以跟对方声明一下，下次见面给你补或者改天相约出来一起吃饭时补给对方，如果不想给对方名片的话就要客气地说名片用完了或者名片没有带，一定不能当面回绝对方，否则既显得你不懂礼貌，又会让对方觉得你看不起他。

接收名片时，年轻人不要给对方盛气凌人的感觉，一定要保持谦和的态度，让对方在递送名片后，能和你保持一个轻松愉快的氛围，这样有利于你们进一步的交谈和接触，你也可以从简短的交谈中看出对方的目的，从而选择要不要和对方进一步交往。接收名片其实就是接收他人的敬意，每个人秉承着谦逊的态度来递送名片时，都希望对方能回馈给自己一张笑脸、一份认可。所以，即使你真的不想和对方相识，也要表示出对他的尊

敬，再想方法拒绝他的"好意"，这样既不驳他人面子，又有礼貌地让对方了解了你的意思。

向他人索取名片要讲究方法

随着接触的人越来越多，我们参加的社交活动也会越来越多，不只是在工作上，朋友也会邀请你出席一些活动，在这些场合中，我们一定会遇到一些你想结识的人，年轻人可以和对方打招呼、寒暄，但是，最好不要主动向他人索取名片，因为交换名片要遵循：地位低者要先把名片递送给地位高者的原则。如果你非常想向对方索取一张名片，那就要选对方法，说对话，才会在不失礼的情况下，索取名片。

在出席一些正式场合的时候，参加的人员可能大多都比你位高权重，在这种情况下，虽然我们想尽可能地结识更多的人脉，但你也要考虑到对方是否愿意与你交谈，他愿意和你交谈最好，若是不愿意，你又想认识对方，那就用恰当的方式去要一张名片，留到日后再找机会和对方认识。那么，年轻人应当用什么方法去索取名片，才能既显示出自己的礼仪，又不会使对方拒绝你呢？

第一种方法，交易法。

古人云：将欲取之必先予之。所以，你若想向对方索要名片，其实最省事的办法就是先把自己的名片递给对方，并说道："非常高兴认识你，这是我的名片，请多多指教。"你把名片给了他，来而不往非礼也，他就不至于只告诉你，"嗯，好的，收到。"这显然不太合适，所以用交易法向对方索取名片是比较方便的。当然，如果你跟对方比较熟，比如，你跟对方之前就认识，好长时间没见面，由于现在社会职务变化得比较快，你也不知道对方是否已经换了工作、职位，怕在寒暄的时候称呼错对方，或是想以这种方式打开双方的话题，也可以用交易法向对方索取名片。

第二种方法，明示法。

明示法就是用直接的方式直接表示，这种方式多用于熟人之间，像同年龄、同级别、同职位的人。比如，你见到许久未见的朋友，如果担心他换工作了，便可以用这个方式说："小刘，咱们这么长时间没见面了，我们交换一下名片吧，怎么样？"这就是直接用明示法索取对方的名片。

第三种方法，谦恭法。

谦恭法是用比较委婉的方式向对方索要名片，用于小辈、年轻人对长辈或是有地位的人比较合适。比如："听说你一会还有别的活动我就不想打搅你了，希望以后有机会向你请教。"当然，这些话是为之后的目的打下伏笔，然后再说出这句话的中心"现在知道你有些累了，不便打扰您，您看以后有没有机会继续向你请教？""以后有没有机会继续向你请教"这句，实际上就是暗示对方能不能把电话号码留下，也就相当于向对方要名片。对方当然不好意思拒绝，只好给你名片。

第四种方法，联络法。

与人交谈都需要一个对象，比如我今年已经30岁了，而面对一个20出头的学生，你向向她要名片，总不能说"以后如何向你请教"吧？其实，你的本意只是想与他相识，但是这种不恰当的行为给对方的感觉就会有偏差。假如你跟一个晚辈或者跟一个平辈索要名片，可以说："很高兴认识你，希望以后能够与你保持联络，也希望咱们今后还能见面，不知道怎么跟你联系比较方便呢？""不知道怎么跟你联系比较方便"这句话的言下之意，就是在向对方索要名片。如果对方愿意给你，那你要向对方表示感谢；如果对方不愿意给你，你们双方都不会伤面子。如果你不想给我，其实很容易，你可以这样讲："金教授，以后还是我跟你联系吧。"其言下之意是："我以后就不跟你联系了。"这是一条很巧妙的退路。这种方法，即联络法。

年轻人在向他人索要名片的时候，不如根据不同情况选择不同的方法，这样既帮你扫除了索要名片的尴尬与不敬，还帮你实现了与对方继续交往的可能。正确的方法才能让你拥有更多的人脉资源，懂礼仪的年轻人一定不能在细节上失利。

礼仪是年轻人站稳脚跟的重要武器

第八章 职场之上"博文约礼"

☞ 年轻人要清楚职场礼仪

面试考的不只是能力还有你的礼仪

年轻人在社会上打拼，若想干出一番大事业，那一定需要通过不同的历练使自己成长，而面试就是诸多历练中考验你的第一关。年轻人想找到一个令自己满意的工作，就要先突破面试这一关，有些人有能力，但是在面试中却表现不出来；有些人能力一般，却能得到大公司的青睐，这完全归功于在面试中的礼仪表现，所以，我们若想找到一家可以大展拳脚的公司，就要严肃地对待面试这件事。

面试中，年轻人都想要将自己的能力全部展现在考官面前，可是在短短的十几分钟内，根本不可能将自己的能力全部展示出来，那么，就需要从其他方面，让对方信服自己是有一定能力的，最好的方法就是通过礼仪来表现自己的实力。一个公司面试的目的不仅是看你的能力，而是需要从多个方面来考量，比如你的外貌、衣着品位、言谈举止、性格、人品等，所以，年轻人就要先从外形上包装自己，让自己看起来衬得上应聘的这个职务。那么，年轻人在面对各行各业的面试时，应该注

意哪方面的礼仪呢？

首先，以应聘的单位是政府或是一些正规的企业为例，年轻人就要让自己的穿着看起来得体、干练一些。

男士应该选择剪裁好、款式比较经典的西装，以深色为宜，不能有花里胡哨的颜色出现，西装要在面试前熨烫一番，免得褶皱过多。里面的衬衣要选择白色或是浅色系，这样整体搭配起来比较协调，不易出错。对于领带的选择要与西装和衬衫搭配，可以选择传统的条纹式或是几何图案。鞋子要穿黑色或褐色的皮鞋，配上深灰或是暗蓝色的长裤，以免造成不必要的尴尬。发型要保持干净利落，不宜太长，在面试前还应将胡子刮干净，给人干净清爽的感觉。饰品的选择上则是越少越好，佩戴块手表或者最多再戴个造型简单的戒指就好。

作为女性，最安全的着装一定是一套剪裁合体的西装、套裙和一件配色的衬衣或罩衫外加相配的小饰物，这样会使你看起来优雅自信。对颜色的选择还应以黑色、灰色、深蓝等看起来比较稳重的颜色比较合适，款式不要太过新颖，也不能穿得太紧或是过于暴露。如果选择裙装，则要注意裙子的长度要长于膝盖。夏天需注意的则是内衣裤的颜色应与外衣的颜色协调一致，以免透出颜色和轮廓。衬衣的选择要与外衣或整体服饰相搭配，材质过于透明和夸张的款式都不太适宜。鞋子要选择简单款式的中高跟皮鞋，这样看起来才与公司形象相称。丝袜是检查一个女人是否注重细节最好的一个渠道，在面试时，要尽量选择黑色、肉色、深灰色等传统颜色，要与衣服和鞋搭配协调，不能穿带花或是网眼的袜子，另外，丝袜比较容易划破、脱线，女生如果穿了长筒丝袜，在面试出发之前可以在手提包里多准备一双，以防万一。短款丝袜只有在穿长裤的时候才可以穿着，着短裤和裙装时不能穿短款袜子。发型以干净利落为标准，如果太长可以选择将头发盘起来，妆容宜淡不宜浓，清新自然最好。配饰要避免过于复杂、夸张，点缀即可；箱包最好选择公文包，中等尺寸为宜。

其次，面试时谈吐要自然大方，不能因为紧张就变得吞吞吐吐，这是面试中非常重要的一个环节，因为它表现出你的内涵、能力及心理素质。

　　面试之初，每个人都需要做2~3分钟的自我介绍，这是面试中非常关键的一步。考官也会根据你的自我介绍和简历对你提出一些关键问题，这是在考官心里树立好形象的关键时刻。如果对方没有要求你用其他语言介绍，那么，无论你会几种语言，都要用中文做自我介绍，千万不要为了证明自己的能力而故意卖弄。在做自我介绍的时候要面带微笑，充满自信，语言应当流利一些，这在你面试之前可以稍作准备。

　　在回答面试官提出的问题时，要注意措辞的规范和文雅，可以适当幽默，但一定能有把握让这个玩笑发挥它的功效。对于对方的提问，一定要听清楚再答，千万不能回答得驴唇不对马嘴，如果是一些隐私问题，可以直接拒绝回答，考官实际是在考验你的应变能力，而不是真的对你的隐私感兴趣。在被问及有关离开上一个工作的原因时，不能有贬低原来企业的言语，保持客观的态度才是基本的准则。另外，无论你有多么高的学历和能力，都应该始终保持谦逊的态度，在语言中经常使用"请"、"谢谢"、"麻烦您了"等礼貌用语，音量也不宜过高，语速不宜过快，要为自己创造一个良好的语言交流环境。

　　最后，在面试中，要注意自己的形体语言，让形体服务于你的整体表现，才能为你的面试加分。

　　大多数面试考官都会让面试者坐着，那么，年轻人应该在听到考官说"请坐"后再坐下，如果一进屋就主动坐下是很不礼貌的，坐下的同时要向考官表达谢意，椅子最好不要发出拖拽的声音。坐姿要尽量保持正直，坐于椅子的三分之二处，并保持上身的直立，双膝并拢，可以将手放在双膝上。目光要聚焦在面试人员身上，尽量保持平视，这样既体现了你的自信，又体现出你在全神贯注地接受考验。如果面试人员过多，眼神就不能只盯着一个人，在回答问题的时候可以用目光扫视一下全场。亲切的微笑在面试中也是必不可少的一个注意事项，你的真诚与尊敬之情都凝聚在这一抹微笑中。

　　面试的过程中年轻人可能会遇到各种各样的情况，毕竟每个人的情况不一样，面试者对每个人的标准也不一样，所以，我们尽量要做到处处有

礼。讲究礼仪在任何时刻都不会出错，可能因为你的紧张，有一个问题没有回答得令面试官满意，但就是因为你将礼仪做到完美、周全，那么，就会增大你被选中的机会。

面试礼仪从你迈进公司大门的一刻开始

随着社会竞争的日益激烈，年轻人怎样才能脱颖而出呢？一个有修养、重礼仪的年轻人，要从走进你所求职公司的大门起，就注重自身的礼仪素质。由始至终保持一个良好的状态，才不会让人误以为你在面试的过程中是装模作样。想要在面试时击败对手，除了要具备一定的实力外，还要用你彬彬有礼的态度去打动面试官。

当我们走进面试的写字楼时，最好不要四处张望，直接坐电梯到达面试公司。如果你有吃口香糖的习惯，一定要在走进大楼前将口香糖吐在纸上，扔进垃圾箱，手机最好关闭，以免在面试当中分散你的精力。为了能够做好充足的准备，你可能会早些时间到达指定的地方，然而，看着同来面试的人群，你要如何打发等待的时间呢？不要以为这不是在面试场上，因此，可以不注意自己的形象。走进这个环境，你身边的某些人，可能就是决定你命运的人，你的一言一行可能都会落在他的眼中，因而，你现在可以做的就是看一下公司的情况，或者重温一下所掌握的知识。

如果上一位面试人员已经走出面试的房间，但是还没叫到你的名字，你就不要擅自走进面试房间，听到叫到自己名字的时候，站起来回答"是"之后，再敲门进入，敲门时不要太过用力，也不宜太轻，力度适中就好，标准是敲两三下后，得到"请进"的回应时，再走进面试房间。开门和关门的声音尽量要轻，进门后不要用后手随手将门关上，应转过身去正对着门，用手轻轻将门合上。回过身来将上半身前倾30度左右，向面试官鞠躬行礼，面带微笑称呼一声"你好"，彬彬有礼而大方得体，不要过

分殷勤、拘谨或过分谦让。在进入面试的房间后，若发现面试官正在填写上一个人的评估表，那么，你不用着急，也不要催促对方，耐心等待一会儿即可。

当面试官停下手中的工作，抬头打量你的时候，你就微笑着先向对方打声招呼，说一句"上午好"、"下午好"之类的问候语，面试官一定会因此对你产生一定的兴趣。面试进行中，对于面试官所提出的问题，要做到详尽回答。在回答的过程中，务必要做到吐字清晰、态度恭敬。如果遇到自己不能回答的问题时，先要表达自己的歉意，然后再说明原因。

面试结束时，不要匆匆离席，在临走的时候要向面试官表达感谢之情，如果对方伸出手来与你相握的话，那么你也应及时主动地伸出你的手。如果当时就被告知录用了，也不要表现得过于夸张，首先要感谢对方，你可以说："感谢您的认可和信赖，今后我会努力工作。"如果当时没有告诉你面试的结果，那么，你要在临走之前说一声"再见"，开门的时候要轻，再把门轻轻关上。

面试之后的两天内，你可以再给招聘人员打个电话表示感谢，这同时也加深了他对你的印象，据调查，10个求职者往往有9个人不会做面试后的感谢工作，你如果没有忽略这个环节，则显得格外突出，说不定会使对方改变初衷。你可以选择打电话感谢，但时间要控制在5分钟之内，也可以写一封感谢的邮件发到对方的邮箱，感谢信的开头应提及你的姓名及简单情况，然后提及面试时间，并对招聘人员表示感谢。感谢信的中间部分要重申你对该公司、该职位的兴趣，增加些对求职成功有用的事实内容，尽量修正你可能留给招聘人员的不良印象。感谢信的结尾可以表示你对自己的素质能符合公司要求的信心，主动提供更多的材料，或表示能有机会为公司的发展壮大作出贡献。

一般在面试结束后的3~5天内，会通知你是否被录用，年轻人在此期间一定要耐心等待，不要不停地给对方打电话询问自己是否被录用，即使你已经被录用，很有可能因为你过早打听结果而被淘汰，沉稳的心境在面试后的等待中是非常重要的。

每个年轻人都很重视自己的面试环节，所以，我们要将面试礼仪贯穿始终，才不会让自己有遗憾。往往良好的礼仪也能为你的面试加分，年轻人要好好把握住机会。

守时是礼仪最直观的表现

对于现代企业来讲，衡量一个员工是否适合在自己的企业中发展，除了看他的学历、能力、基本素质以外，还要从面试的细节中看对方真实的情况，而守时正是面试中体现一个人职业道德观念的关键。对于前去应聘的年轻人来讲，守时不仅是用人单位考验你的一个方面，更是你生活中、事业上与人交往必须要重视的礼仪细节。一个守时的人才有可能成就自己的事业。

现在大多数年轻人都以"自由"二字来当作生活的准则，这样便让年轻人习惯了什么事情都以"自由"为标准，但是，在面试中，守时是非常重要的。守时就是遵守承诺，按时到达要去的地方，没有例外，没有借口，任何时候都得做到。即便你因为特殊原因不得不失约，也应该提前打电话通知对方，向对方表示你的歉意。这不是一件小事，它代表了你的素质和做人的态度。如果你对别人的时间不表示尊重，你也不能期望别人会尊重你的时间。

守时是最基本的职业道德要求，当然，年轻人在去面试的时候，如果可以提前10~15分钟到达面试地点更好。无论因为什么原因，在面试中如果你迟到了，都会被视为缺乏自我管理和约束能力，如果到应聘公司的路程较远，即使早点出门，也不能迟到。为了避免迟到，年轻人可以在面试之前找时间提前去了解一下到面试单位的交通路线，以确保能准时到达。如果在去面试的当天，真有什么突发状况，不能准时到达，那么，一定要给用人单位打个电话，告知对方原因，取得谅解，并征求对

方意见看能不能推迟时间或是另约面试时间。面试时迟到或是匆匆忙忙赶到是最致命的。

王磊之前在一家国家机关工作，他想趁着年轻多出去闯荡闯荡，于是便辞职去一家大型的外企面试。他在面试前提早到了用人单位，坐在走廊的长椅上反复准备着面试资料。临近面试的时候，王磊突然想去洗手间，但因他对写字楼的环境不是很熟悉，虽然提早到了面试地点，但他却没有先观察周围的情况，结果一时没搞清哪个是门，便一头撞进了火警通道，还冒失地按了火警铃，结果整个楼响成一片，着实轰动了一把。他慌慌张张地躲了一阵，之后才去了洗手间，等到再去面试的时候，已错过了预约的时间，此时面试主考官已起程去机场了。他也就失去了就职这家公司的机会了。

说白了，王磊就因为去了一趟卫生间，就错过了一次很好的机会，说出来大家可能会觉得好笑，其实这正是因为他到达面试地点之后，没有先熟悉附近的环境，才让自己在慌乱中与好机会失之交臂，这不得不让人感到惋惜。年轻人在面试前自己要先解决好这些小事，如果临时需要解决，那么，一定要在面试前利用提早到的时间观察好周围的情况，别在临到面试前再到处乱闯。

但招聘人员是允许迟到的，这一点一定要清楚，对招聘人员迟到千万不要太介意，也不要太介意面试人员的礼仪、素养。如果他们有不妥之处，你应尽量表现得大度开朗一些，这样往往能使坏事变好事。否则，招聘人员一迟到，你的不满情绪就流于言表，面露愠色，招聘人员对你的第一印象就大打折扣。因为面试也是一种人际磨合能力的考查，你得体、周到的表现自然是有百利而无一害的。

年轻人无论如何，在面试的时候不能迟到。一般公司的面试时间是早上9~11点，下午2~4点，所以，年轻人完全有时间提前10~15分钟到达面试地点，让自己喘口气，再准备一下面试资料，以最从容的姿态走进面试房

间，这样年轻人才能在排除外因的情况下，充分发挥自己的才能，为自己赢得想要的工作机会。

职场新人"礼多人不怪"

作为初来乍到的职场新人，年轻人给同事、领导留下的第一印象尤为重要，这就像你在社交场合留给对方的第一印象一样，它是对方在以后对你作出评价的重要标准。无论你在之前的公司有过多大的贡献，升到过什么级别，在一个新的环境中你就是一名新人，对老员工要客客气气，多讲究礼仪是绝对不会有错的。

作为新人，年轻人不用对所有事都急着表达自己的意见，即使你有很好的想法，也要以尊重老员工为前提，尤其是当你的意见与老员工的意见相左时，你可以选择私下交流，或是以"请教"的方式向老员工提问。与同事能融洽相处对于职场新人来讲是非常重要的，以礼相待、彼此尊重才能营造出良好的工作气氛，让自己的事业更加顺利。那么，年轻人在新人阶段应该注意哪些礼仪呢？

1. 年轻人要学会尊重对方

尊重对方是一切礼仪的前提，同事之间处处都要以礼相待。见面时，要主动与对方打招呼问候，简单地微笑，轻声地问声"您早"，再普通不过的打招呼方式就能拉近你们的距离。年轻人在工作中也要做到尊重对方，每个人都有不同的思考方式和处事方式，我们不能将自己的观点强加于他人，平等的交流才是同事之间融洽的相处方式。

2. 年轻人要学会团结协作

在现代职场中，大多数工作都需要不同部门的分工合作才能完成，所以，年轻人一定要学会与办公室的同事同心协力，相互支持。分给自己的工作要尽职尽责，不能推脱给他人，同事若是在工作中遇到难题，年轻人

应该尽自己所能去帮助对方。长此以往，你和同事之间就会建立一种相互信任的关系，这对今后的工作和你的升迁都会有很大的帮助。年轻人要记住，没有能独立完成的事情，即使你觉得可以，也要向有经验的同事多多请教，这样才能赢得他人的尊重。

3. 年轻人要学会宽容大度

工作中难免会遇到同事不小心犯错或是得罪你的事情，你要学会宽容对方。作为职场新人，不要给对方一种小气、计较的感觉，笑着原谅对方，你们之间的关系就会迅速被拉近。当对方获得成功或是升迁的时候，应该由衷表示祝贺，而不是因为一些陈芝麻烂谷子的事斤斤计较。宽容其实是相互的，在他人犯错的时候你宽容了他人，那么，可能下次犯错的就是你，他同样会原谅你。有一颗豁达的心，包容对方的同时，也学会包容自己。

4. 年轻人要学会平等相待

无论作为职场新人的你是从一个普通的小职员做起，还是从一个部门经理做起，你对人对事都要一视同仁。这是年轻人做人做事的基本准则，毕竟不同于私下和朋友间的交往。在工作中年轻人无论在什么位置上都要做到一视同仁，你不喜欢对方的为人，那在工作之余可以不和对方来往，但是在工作上，你不能对他戴有色眼镜看。保持平等相待的态度，才能发挥每个同事的能力创造更大的价值。

年轻人在初入职场之时，要学会多看、多问、多听，把周围的环境看清楚、看透彻再结合自己的意见表达，要学会在新的环境中生存，要适时虚心请教，谦虚的态度会让老员工更加喜欢你，这样才有利于你表达自己的看法，还要多听他人给你的反馈意见，在不断反思中成长才能丰满自己的羽翼。

讲究礼仪的年轻人，更要学会用礼仪为自己铺路。懂得拿捏分寸，懂得应对进退，懂得说话艺术，才能让自己在职场中站稳脚跟，从而获得大展拳脚的机会。古人云："敬人者，人恒敬之。"人与人之间，只有相互尊重，才能建立起和睦融洽的关系。对于职场新人来说，尤其如此。

从办公桌看出你是否懂礼貌

在工作中，办公桌是能直观看出你工作状态的渠道。当我们走进一间办公室的时候，如果映入眼帘的是一张干净整洁的办公桌，我们一定会觉得这张桌子的主人办事有条理，工作效率一定很高；如果我们看到的是一张杂乱无章的办公桌，我们一定会皱起眉头想象桌子的主人在一堆文件中翻找着他需要的东西。如果让你选择同这两个人中的一个合作，我想你一定会微笑着接受办公桌干净的人，而对于办公桌杂乱无章的人你一定会再三考虑。

现代社会中，大部分职场人都有属于自己的办公桌，它是办公室组成中最重要也是数量最多的部分。我们每天的工作基本上都要在这张桌子上完成，所以，办公桌的整洁程度关系到我们每天8小时的工作环境。一个懂礼仪、做事有条理的人，是不允许自己的办公桌乱成一团的，而一个不拘小节，做事、思考跳跃性强的人的办公桌，总会乱糟糟的。办公桌的整洁关系到我们在老板心中的形象，也关系到我们的升迁大事。

李晓明的办公室属于城西一家公司的IT技术部门，全是男人，需要熬夜，程序编不下去了就抽烟、啃泡面。这个办公室几乎常年介于大学男生宿舍和工地工棚之间的模样。本来相安无事，昨天，老板突然组织大清扫，还亲临现场指挥。这下惨了，老板看到脏兮兮的场面，不由大发雷霆。

谁知，还有更劲爆的事情发生了，复印机一打开，后面突然窜出30多只大大小小的蟑螂，惊得几个其他部门的女同事大呼小叫。随后，还从某办公桌角落里扫出了一碗方便面，里面居然残留着几个月前的"残羹冷炙"。老板更怒了，说："这个是谁干的？马上出来。"一开始没人吱声，后来终于有人小声说，是张强，他被派去宁波了，走了一个月了。"马上叫回来，不整理好，不许去。"老板下了通牒。

李晓明事后悄悄说，他那个倒霉同事，本来以为可以拍拍屁股一走了之，谁知道被逮了，昨天下午就被召回来了，被臭骂一顿，罚他每天早上扫地一周。公司还在内部网上发了个通告，说今后要不定期抽查，脏乱差的办公室罚打扫全公司办公室一次，累计达到3次的，打扫全年，个人办公桌附近卫生脏乱差的不予升职考虑。

在如今的职场生活中，办公桌的整洁问题已经不单纯是个人卫生问题。老板在衡量一个员工整体水平的时候，会注意到他们在细节上的一切表现。年轻人也不想每天生活在一个像垃圾堆一样的环境中，那样的话还有什么奋斗的动力呢？所以，我们要先从自己的办公桌收拾起，让他人看你的办公桌就知道你是一个懂礼仪、有条理的年轻人。

那么，在办公室中，我们要注意哪些方面才能将办公桌礼仪做到合乎礼仪规定呢？

1. 工作椅定置标准

（1）人离开办公室（在办公楼内），座位原位放置；

（2）人离开办公室短时外出，座位半推进；

（3）人离开办公室，超过四小时或休息，座位完全推进。

2. 文件资料定置标准

（1）文件资料的摆放要合理、整齐、美观；

（2）各类资料、物品要编号，摆放应符合定置图中的要求，做到号、物、位、图相符；

（3）定置图要贴在文件资料柜内；

（4）保持柜内清洁整齐，随时进行清理、整顿。

3. 办公室定置标准

（1）各职能部门办公室要统一绘制物品摆放定置图，并贴在办公室门后或室内墙壁上。

（2）物品要按定置图的编号顺序依次摆放，做到整齐、美观、舒适、大方。

（3）办公室内与工作无关的物品，一律清除。

（4）文件资料柜要贴墙摆放。

（5）轮流安排值日，负责卫生清扫及检查物品定置摆放情况（或按公司既定安排执行）。

4. 办公桌定置标准

（1）定置要分门别类，分出哪些物品常用，哪些不常用，哪些天天用；

（2）物品摆放部位要体现顺手、方便、整洁、美观、有利于提高工作效率；

（3）办公桌设置摆放要有标准定置图，与工作无关的物品不要放在办公桌内；

（4）桌面定置的（参考）要求：中上侧摆放台历或水杯（烟缸）、电话等；右侧摆放文件筐、等待处理的管理资料；中下侧摆放需马上处理的业务资料；左侧摆放有关业务资料。

按照一定的规范来摆放自己的办公用品，不仅是对公司的尊重，也是对同事、对自己的尊重。一个好的工作环境要靠所有人的努力才能实现，年轻人就要从了解办公桌礼仪开始，从自己的小工作间做起，才能让自己慢慢变得有条理。这既是你体现工作效率的方面，又是你表现良好礼仪素养的时刻。

办公室设施千万别用来做私事

办公室中比较忌讳的是用公家的东西办自己的事情。很多年轻人对此的看法都是无所谓，在他们看来，我为公司效力，偶尔借用一下公共财物，是不会被发现的。就是这种侥幸心理，破坏了我们自身的整体形象，在他人眼中留下爱占小便宜的印象。

在办公室中，我们要彰显出自己的办公室礼仪，对公司的物品不能野蛮对待，挪为私用；定时清理文件，对于未经同意的文件、资料等不得擅自翻看；用过的墨水瓶等易洒的物品要及时盖上盖子；借用他人或者公司的东西，使用完毕要放回原处等。身处在办公室这个小圈子中，出了工作外，尽量不要给他人留下话柄，这不仅对自己的形象不利，更对自己今后的升迁问题有影响。有理想的年轻人应该从这种小事上多注意，别为此赔上自己的未来。

随着社会发展越来越快，我们的办公工作从原来单纯的纸、笔改由电脑代替，而电脑也已经成为了现在工作的重要工具。对于电脑的使用我想大家都不陌生，但它作为我们工作中必备的伙伴，我们对它的使用就不只是开机、关机、上网那么简单，要在运用电脑的时候体现出年轻人的个人素质与教养，表现出我们优秀的办公室礼仪。

电脑虽然是公司配备给每一位员工的，但我们也要倍加爱护，平时要勤擦拭，不要将白色的电脑用成黑乎乎的，也不要因为是黑色的电脑就让它上面盖一层灰。在擦显示屏的时候，不要为了省事，就用湿抹布擦，这样会损害屏幕，长期以往还会导致显示屏导电。电脑用完后，要按照正常的关机顺序关闭电脑，不能不关机就直接下班回家。外接插件时，要正常退出，避免导致数据丢失、电脑崩溃等故障。

大多数公司都连接了网络，这一方面方便了公司与客户之间的联系，另一方面也方便了同事之间讨论一些工作上的事情，可是有些员工利用工作之便用公司的电脑和网络打起了游戏或者和其他人在网上聊天，虽然很多公司都有明文规定，不允许在工作时间上网做一些与工作无关的事情，但是，仍有些钻空子的人趁领导不在偷偷玩，这些都是违反劳动纪律的和办公室礼仪的。对于我们自己的工作来说，总是玩游戏或是浏览与工作无关的网页必然会影响自己的工作效率，在工作休息时轻松一下即可，不过最好还是回家再忙自己的事情为好。年轻人也不要将自己电脑上的东西拷到公司电脑里，或是将公司电脑里的东西拷到自己电脑里，这不仅会增加电脑中毒的可能，也有可能在不经意间泄露公司的秘密。电脑虽然只是我

们的工作工具，但是没有它我们就无法进行正常的工作，让它保持在一个良好的状态，才能确保我们的工作顺利进行。

办公室里，除了电脑之外还有一些其他的公共设施，比如桌子、凳子、文件夹、文具、复印机、打印机、传真机、空调、饮水机等。我们在使用的时候也要倍加小心，不能因为是公司的公共设施就随意浪费，尤其是打印、复印的时候。复印机在每个单位的使用率都是比较高的，同事在使用的时候也比较容易因为谁先用谁后用的问题发生争执，一般来讲，我们遵循先来后到的原则，但是如果后面的人影印的数量比较少，你需要印的数量比较多，可以先让他印。如果碰到需要更换碳粉或处理卡纸等问题，不知道如何处理时，就请别人来帮忙，不要因为怕担责任就默默走掉，把问题留给下一个同事。使用完毕，记得将原稿拿走，以便下次使用，还要记得将复印机设定在节能待机状态。虽说每个公司每天的复印量都很大，没人会察觉你印一张自己的资料，但是年轻人也不要因为私人原因使用复印机，被他人看见没准就会成为不好的流言。

对于一些比较小的公共设施年轻人也需多注意，比如一支笔、一块橡皮、一打便签。可能你只是随手一装就放到自己的包里了，但是在别人眼中就不是这么简单了。爱护、节约公共设施是每一位员工的责任，作为有理想懂礼仪的年轻人更是要从这些小事上严格要求自己。这不仅是为了公司的利益，更是为了你个人的名声，通过对办公设施的使用表露出你良好的个人礼仪。

讲究礼仪的人在办公室里人缘也会不错

办公室是个说起来简单就简单，说起来复杂也复杂的地方。与同事相处融洽，办公室就是一个充满欢乐、充满关爱的工作氛围；同事处处与你作对，想着法地陷害你，那么，办公室就是一个充满硝烟的人际战场。办

公室政治就像一个漩涡，牵扯其中是非常危险的。有很大发展空间的年轻人不能因为他人的原因断送了自己的前程，所以，懂得一些办公室中的人际交往礼仪显得尤为重要。

每个公司的办公室都会有不同的小群体，他们有些是因为工作上的关系走得很近，也有些是因为兴趣爱好相同走到一起，如果你刚进入这个公司，那么，不用急于加入某一个小群体，你要知道他们之间也会存在一些不合的意见，你要学会利用感情投资加入到每一个小群体里，又不能让他人觉得你是两面派，这样你才能扩大自己的人际圈，在工作中游刃有余。工作中虽然用办公软件交流比较多，但是如果想要加快彼此熟悉的步伐，最好还是面对面沟通，可以让你更加清楚同事的想法或是他当时的心情，让你有机会多关心他。如果接受同事帮助，也别忘了致上你的谢意。

在与同事相处的过程中，我们要学会真诚相待、互相尊重，尊重对方的同时，你才会赢得对方的尊重。拉近彼此的关系虽说是很重要的，但是也要和同事保持适当的距离。年轻人懂得公私分明，这也是尊重对方的一个表现。那么，怎样既能和同事保持良好的关系，又和同事保持适当的距离呢？这便要求我们掌握一些办公室社交礼仪。

1. 与他人保持良好的关系

年轻人刚进入一家公司的时候，多少会有些羞涩，不知道怎么向其他同事开口，不知道如何处理同事间的关系，这是很自然的现象，但是为了能尽快和同事们拉近距离，你就要时刻保持微笑，无论对方是公司的保洁阿姨，还是公司的总经理，无时无刻微笑总能帮你很好掩饰那一份羞涩。微笑能让对方觉得你亲和力强，很好相处，所以，即使你不知道如何与他人沟通，对方也会主动上前和你交流。

年轻人在工作中要多与他人合作，多和别人分享你的看法、意见，也要多听听别人的意见，正确的意见要接受并采纳，这样你在工作中才能获得更多的指点，今后的工作也才能顺利进行。和同事的交流逐渐多了起来之后，你就可以慢慢拉近和双方的距离，比如对方感冒的时候递

上一杯热水，路过早餐店帮同事带份早餐等。这些看似平常的小事才能真正打动对方的心。与同事和平相处还有一点年轻人一定要牢记，那就是不要对上司过分阿谀奉承，这样一定会惹怒坐在你身边的同事们，年轻人要懂得运用心理战术拉近同事和上司的关系，而不是单纯地表现出"我想和你拉近关系"。

2. 与他人保持适当的距离

在工作中，有几种人是要年轻人提防的，在和他人保持良好关系的同时，要与这些人保持一定的距离，比如爱搬弄是非的人、爱占小便宜的人、唯恐天下不乱的人、交浅言深的人、被老板视为眼中钉的人等，与这些人保持距离能少为自己招惹麻烦。

初到公司，透过其他同事的言谈，你必然会听到一两个名字是他们一说到就会皱起眉头的，对于这样的人你就要小心了，有些是爱搬弄是非的，他们整天就喜欢挖空心思打听别人的隐私，说公司这不好、那不好。年轻人在这时只要听听就好，千万不要做他们的传播者，还有的人刚一认识你就把自己的苦衷和委屈一古脑儿地向你倾诉，对新到公司的年轻人来讲，碰到这种情况就会以为对方是把你当朋友才说给你听的，其实不然，他在向你诉说之后，还会向其他人诉说，所以，你大可不必也将自己的心事告诉他。

有的人喜欢占点小便宜，爱随手拿走公司的公共财物，虽然值不了几个钱，但上司绝不会姑息养奸，对于这类人年轻人也要能避就避。保持距离不是让你拒绝和这类人说话，而是不要和这类人深交，他们大多都在心里有自己的小算盘，年轻人千万不能成为他口中的"猎物"，与他们交往你应当表现得友善大方，免得被认为是高傲或者不配合。一起吃个午餐、聊聊工作上的事还是可以的，最好避免与这类人独处。

3. 化解同事之间的矛盾

同事之间难免会因为工作有点小摩擦，作为年轻人能忍就忍，能让就让，尽量避免与他人发生冲突。遇到尴尬场面要学会用自嘲法化解尴尬，千万不要因为一点小事就和同事撕破脸皮。如果不触犯原则问题，你也可

以先提出道歉，如果同事误会你了，应向对方说明情况，不要小肚鸡肠，耿耿于怀。大度宽容的年轻人才能赢得更多的人心。

年轻人在办公室中要充分发挥办公室礼仪，这只会让你从中受益。懂礼仪的年轻人，才能拥有更多的好人缘，在工作中也才会更加顺利。

恰当把握与异性同事相处的分寸

在职场生活中，我们总会遇到与异性同事并肩作战的场面，无论男女，如果我们不能与对方保持合适的距离，那很有可能会给自己带来麻烦，从而导致双方的合作无法顺利进行下去。尤其是职场女性，更要掌握好与男同事往来的分寸，保护好自己的同时，也为自己的职场生涯保驾护航。

现代社会分工中，男女处在平等的位置上，那么女性就免不了会和男性同处一个办公室。随着男女同事间的深入了解，女性要把握好自己的言行，不给对方造成不必要的误会。懂得和异性的相处礼仪，让年轻女性在办公室生活中游刃有余，也会让两性关系和谐相处，你的工作也会因此变得顺风顺水。那么，年轻女性在办公室中要注意哪些细节，才能和异性同事融洽相处呢？

1. 办公室衣着需注意

办公室是大家工作的地方，不是随便的约会场所，更不是家中居室。作为女性要懂得自重，在办公室里不要穿得过于暴露，比如无袖背心、低领衣服、超短裙、超短裤等，要严格按照办公室着装礼仪选择服饰，这样就可以避免一些不必要的骚扰，也让大家把目光集中在工作上，而不是你夸张的服饰上。

2. 办公室言语需注意

办公室可以算是个鱼龙混杂的地方，你们坐在同一办公室工作只因为

你们对公司的发展有价值，而对于人品来讲就没有保障了。年轻女性免不了会听到有些男同事爆粗口，或者在闲暇之时开一些黄色玩笑，但这不允许在办公室中发生，如果有男同事这样做了，作为女性你应当马上表示反感，并且开始保持和这个同事的距离，以免给对方产生其他方面的错觉。

3. 办公室不是挑逗他人的场合，动作需注意

在办公室里作为女性不能做一些挑逗性动作，尤其是身体语言，比如在男性面前梳玩头发、触摸男性的衣服、用头发垂打男人的面颊等。尽管无意，但其结果可能会变成是给对方发出的信号，导致误会。

4. 办公室不是谈恋爱的场所，拒绝需注意

职场中，有些时候也会有一些男同事专门喜欢对一些女同事作出一些过分热情的举动或暗示，遇到这种情况时，如果处理不当，则可能会给女性今后的工作带来麻烦。如果遇到这种情况，建议女性找一些机会或借口向对方表明自己的当前身份，也可以多向对方诉说一些与自己配偶之间的甜蜜事情，暗示对方自己现在过得很好，让对方及时主动地打消自己的念头。

办公室里，职场女性与男同事并肩共事，无疑是一门学问。如何做才能与男同事更好地和谐相处呢？其实，答案很简单，既要向对方展现出理性、坚强的一面，还要适时地展现出女人温柔的一面，这样才能给人留下美好的印象，有利于工作的开展。

领导的面子你一定要给

作为职场中一名员工，不论你是普通的小职员，还是管理几个职员的部门经理，在你之上总会有一个更高级别的领导。年轻人无论是在外参加社交活动，还是在办公室和同事相处，无论是当着领导的面，还是背着领导，都要学会给领导留面子，这不仅是对领导的尊重，也是懂礼仪的年轻

人应具备的最基本素质。

有统计显示，在职场中有30.43%的人与领导关系很好，容易沟通；57.97%的人与领导关系一般；10.14%的人与领导关系不好，经常背后抱怨；1.45%的人与领导经常有冲突。从数据上来看，和领导相处不错的人数并不多，关系一般的也只能说明和领导没有冲突，对领导没有抱怨，并不能说明他和领导的关系比较融洽。所以，年轻人要争取在职场中做那30.43%的人，与领导融洽相处从给领导留面子开始，为自己减少和避免与领导间的麻烦。

首先，年轻人要学会服从领导。

在工作中，下级服从上级领导本来就是天经地义的事情，但是现在社会，尤其是年轻人强调的是与众不同，强调的是追求自我。可这就违背了我们服从领导的原则，服从并不是傻傻地听领导的话，而是通过服从领导让领导感受到你的尊重。对于有明显不足的领导，我们要学会积极配合领导的工作，而不是嘲讽或是背地里说领导的不是。当领导交给你的任务有一定难度，其他同事畏手畏脚，而自己有一定把握时，应该勇于出来承担，以此显示你的胆略、勇气和能力。年轻人还要学会多向领导请示。聪明的下属总是善于在关键的地方，恰到好处地向领导请示，征求他的意见和看法，把领导的意志融入正专注的事情。这是下属主动争取领导的好办法，也是下属做好工作的重要保证。这样既体现了自己对领导的重视，也体现了自己工作的严谨、细心。

其次，多替领导考虑，你能更理解他。

虽说人与人都是平等的，当进入一家公司的时候，新同事和新领导都会对你说大家可以放下架子，平等沟通，但是，年轻人你要清楚，自己与领导之间确实存在着不平等的现实。年轻人在工作中要先端正自己的观念，把更多的精力投入到自己能够做好的工作当中，提高自己的工作效率及工作质量。遇到任何事，尤其是与领导有关的，都要学会站在对方的角度上看待问题，不可在没有看清现实的情况下，就对领导妄下评论，如果真的是领导的失误，年轻人要学会给对方找台阶下，尊严对他来讲是非常

重要的，领导毕竟在高人一等的位置上，他还需要去管理别人，所以，你不可直接指出他的错误。

年轻人若想快速拉近和领导的距离，增进你与领导之间的相互理解，就要凡事多沟通，尽可能减少工作中的误会。在工作中，遇到不明白的问题，不要耻于向领导发问，不懂装懂才会令人讨厌。要尽力做好自己的本职工作，力求将自己的强项表现出来，以得到领导的肯定及赏识。

再次，向领导汇报工作，礼数要周全。

年轻人在与领导打交道的时候要恪守时间规定，答应上级的事情要在约定的时间内完成，不可拖延。与领导就工作的事情约定时间见面时，不可迟到，也不可过早到达，以免领导未准备好。在进入领导办公室时，要轻轻敲门，经过允许方能入内。汇报工作时，要注意自己的仪表、姿态，文雅大方、彬彬有礼。汇报工作时，内容要讲究实事求是，有喜报喜，有忧报忧，不可歪曲事实或是隐瞒真相，吐字要清晰，语调平稳，声音大小要适中。汇报结束后，领导如果谈兴犹在，不可有不耐烦的体态语产生，应等到由领导表示结束时才可以告辞。告辞时，要整理好自己的材料、衣着与茶具、座椅，当领导送别时要主动说"谢谢"或"请留步"。

最后，当工作中出现分歧，不可顶撞领导。

在工作中每个人都难免有些小差错，当领导批评你时，不应当立即解释争辩，如果领导说得情况并不属实，你可以单独找他说清楚。但我们也该明白，领导批评你是为了工作，为了帮助你，为了避免造成重大损失，作为下属要理解他的用心。当面顶撞只会激化矛盾，更加有损于自己的形象。

年轻人在工作中，无论处于何种状况下，都要先想到给你的领导留面子。领导有面子，尝到了甜头，自然不会少了你那份。这并不是鼓励年轻人去溜须拍马，而是要你学会站在领导的位置上思考问题。聪明的年轻人懂得和领导相处的礼仪，只有这样你才能逐渐崭露头角，从而实现自己的梦想。

办公室的禁忌不能成为你的绊脚石

人与人的交往总有一些不可碰触的礁石，在办公室中，这些潜在的礁石就是阻碍你前进的绊脚石。年轻人若想越过人际交往中的礁石，就要清楚认识到办公室中的禁忌。俗话说："人在江湖，身不由己。"办公室就好比是一个人际江湖，我们要想在这个江湖中出人头地，就要先摸清办公室的禁忌，这样你才能在办公室中如鱼得水。

在职场中，男性女性都有不可碰触的办公室禁忌。他们之间有相同的地方，也有不同的地方。年轻人要准确地把握男人和女人不同的禁忌，才能维持良好的人际关系。作为男性来讲，首先，你不能比你的老板穿得更好。老板作为你的领导，在任何时候都要将他的脸面放在第一位，如果你是一个讲究礼仪的年轻人，那么你的穿衣品位应该不错，但是恰巧你的老板是一位对衣着不讲究并且没有品位的人，建议你不要穿得过于讲究牌子和剪裁，让自己保持干净整洁的形象就够了。你也不要试图去说服你的老板，企图改变他的穿衣风格。你要知道，他能坐到如今的位子，绝对不是因为外在形象，所以年轻人绝对不可以比老板更加光鲜亮丽。

其次，年轻男性不要与老板的秘书打情骂俏。你这样在老板眼皮下面轻举妄动，简直无异于自寻死路，虽然老板和他的秘书不一定有私人关系，但是老板的秘书是服务于老板的，而不是能让你呼来换去的，所以年轻人要尽量少占用老板秘书的时间，除非工作上有需要，不然就只限于同事关系为妙。

再次，别在办公室里卖弄你的口才。即使你的口才不错，也想在老板面前展示一番，或是通过同事的嘴传到老板耳朵里，你也不要在办公室喋喋不休地发表各种评论。记住，能用3分钟表达完的事情千万别说上3个小时，惜言如金是你应该恪守的最基本的职业素养之一，用最短的句子把你的观点非常职业地表达出来，还有，在别人尤其是老板讲话时，别随便打断。你的口才能力只要你在该说的时候说到点子上，老板自然会清楚。

最后，男人要管住议论老板是非的嘴。如果你实在憋得难受，干嘛不去找个沙袋吊起来，上面写上老板的名字，然后给那个家伙一顿好揍。起码，与你向同事说老板坏话相比，这样没什么危险性。一般说，你背后说老板的那些话会很快传到老板的耳朵里，甚至比你说的那些还要难听几十倍。你就得留点神了，说不定什么时候，你老板会给你一顿好揍，也许没那么糟糕，说不定他只是把你给炒了呢。

相对于男性来讲，女人更容易触到办公室的暗礁，因为女人更感性，遇事常常不会冷静处理，又喜欢和他人倾诉自己的苦闷，说到兴头上的女人又怎么会在意办公室的禁忌呢？

首先，女性在办公室的衣着不能过于性感。一个人的视觉印象只需要短短的7秒钟就会形成，女性的衣着和外表也是人际交流的一种形式，如果一位职业女性脚穿高跟鞋，身着锻衫和迷你裙并化浓妆，那么她表示的是性挑逗而不是职业上的交流。如果一个女性想在工作中取得一定的成绩，那么你的穿着应该符合你的职场身份，你不必丢弃女子的温柔气质，但也不要穿得过于招摇。你的穿着可以效仿比自己职业高一层的人，比如你是管理人员，那么不妨穿得像个经理。

其次，女性员工要和自己的异性老板保持一定的距离。女性员工一定要牢记，老板就是老板，你不要想着利用他飞上枝头做凤凰，也别因为他夸奖你几句就飘飘然了。你要清楚，老板想维护你的时候就会站在你这一边，不想维护你或是发生与他利益相关的事情时，你只不过是他手中的一颗棋子而已。尊重他、服从于他，但又要与他保持一定的距离，私人时间尽量少与之接触，这样才会给女性员工减少很多麻烦。

再次，调低你说话的音量，别做办公室大喇叭。打电话是件小事，但却关系到你的形象。女性如果经常在办公室中大声打电话，而且眉飞色舞，是非常影响女性形象的。在一句话末尾突然提高音调，给人的感觉好像是要提出什么问题以表现出自己对此事的不相信。办公室里打电话一定要顾及同事的感受，不可太张扬。

最后，下班前5分钟，你要站好最后一班岗。在一天工作的最后5分钟

里，女性朋友不要因为马上就回家或者将要参加聚会就利用这5分钟为自己补妆。你要清楚，即使是最后的时间你也是在上班，没准你的老板就通过这5分钟选择可以晋升的名额。我们可以在最后5分钟整理备忘录，拟定明日的工作计划，将办公桌收拾整齐，轻轻松松下班。

年轻人在职场生活中一定要谨防自己触犯办公室禁忌，说话、办事讲究分寸，懂得办公室相处礼仪，才能让自己在办公室拥有好人缘。

第九章　商务会谈"情礼兼到"

☞ 年轻人要知道的商务礼仪

成功商务人员必修礼仪这一课

在商务会谈中，我们除了谈工作以外，重要的就是看对方的修养和礼仪。这虽然看起来和工作没有关系，但其实从一个人的品行就能看到他在工作中是否诚实守信。成功的商务人员不仅在业绩上有非凡的成就，更重要的是在做人、做事方面，让与之合作的对方心悦诚服。有礼仪的年轻人在商务会谈中才会赢得尊重。

商务人员在想尽办法让自己在事业上获得成功的同时，还要注重礼仪修养的培养。在与他人进行商务往来的每个阶段都需要年轻人懂得礼仪规范。商务礼仪的核心是一种行为的准则，用来约束我们日常商务活动的方方面面，也是为了体现人与人之间的相互尊重，是商务活动中对人的仪容仪表和言谈举止的普遍要求。

年轻的商务人士，无论从哪个方面讲，在你成功的道路上一定少不了礼仪的陪伴。在参加商务会面时，我们要知道什么场合该穿什么衣服，这就要求我们要懂服饰礼仪；在与他人交谈的过程中，我们的举止要大方得

体，这就要求我们要知道举止礼仪；在邀请对方参加会谈或商务聚会时，你要正确邀请对方，这就要求我们了解邀请礼仪；在谈判的过程中，即使是涉及各自的利益关系，也要求我们处理好双方的人际关系，这便要我们知道谈判的礼仪；在接送对方的过程中，我们作为主办方要将对方的衣食住行安排妥当，这就要求我们懂得迎送的礼仪等。

商务会谈对于年轻人来说是一个很好的展示自己能力的机会，穿着得体的衣服，按场合和时间的要求化妆，不能让自己的穿着或妆容过于生活化，商务会谈毕竟是比较正式的场合。举止要优雅，这是塑造良好社交形象的关键，一个人的外在举止行动可直接表明他的态度。做到彬彬有礼、落落大方，遵守一般的进退礼节，尽量避免各种不礼貌、不文明习惯。

元朝有个文人叫胡石塘，虽然很有才华，在当地也非常有名气，但他是个不拘小节的人。后来，他胸有成竹地到京城应试，元世祖忽必烈听闻他的才华便亲自召见了他。

上朝时，胡石塘的斗笠戴歪了，自己并没有察觉。元世祖问他："你平常所学的是哪些学问？""全是治国平天下的道理。"胡石塘自豪地回答。忽必烈笑道："你连自己的斗笠都戴不好，还谈什么治国平天下呢？"

结果，忽必烈没有任用他。

胡石塘是有才华、有能力的人，否则忽必烈也不会亲自召见他。可他却因为不拘小节，斗笠戴歪了也没注意，才让他的才华因为失礼而贬值。这就要给年轻人敲响警钟，像这种自己稍微注意下就可以避免的事情，我们绝不能允许因失礼掩盖自己的才华。

在与他人交流的过程中，年轻人要注意自己的谈吐礼仪，光会客气说话还不够，还需要掌握一些正式的交际用语，比如：初次见面要说"幸会"；看望他人要说"拜访"；等候他人要说"恭候"；不用他人送要用"留步"；对方来信应称"惠书"；麻烦他人要说"打扰"；请别人帮忙要用"烦请"；求给方便应用"借光"；托别人为自己办事要说"拜

托";请对方指导应说"请教";求他人指点应用"赐教";称赞他人见解应说"高见";归还物品应说"奉还";请人原谅应用"包涵";欢迎顾客用"光顾";询问老人年龄要用"高寿";好久未见应说"久违";客人光顾应说"光临";中途离席要用"失陪";与他人告别应说"告辞";赠送作品应用"雅正"等。这些都是年轻人平时会用到,又可以有很多词来替换的交际用语。它们与其他词语的区别在于把对方的意见或是地位放在自己之上,让对方有被尊敬的感觉,这在商务会谈中是非常重要的。对方只有感觉到你的尊重和诚意,才会有跟你合作的勇气,才会给你带来发展的空间。

礼仪在商务会谈中有着重要的位置。有时当你和你的竞争对手有相等的实力时,那么你们竞争的合作伙伴一定会在心里有把衡量礼仪的标尺,不注重礼仪的一方,在和合作方出现分歧时肯定会先保证自己的利益不受到损失,合作方还要想着和人"斗智斗勇",在工作中就难免会分神;相反,懂礼仪的一方即使在今后的合作中出现分歧,也不会让人有不愉快的感觉,与这样的一方合作自己才会更专注于工作上。作为商务人士,懂礼仪讲规矩才是诚实守信的基础,才是对方选择你的关键。

商务会谈从迎送礼仪开始

迎宾是商务会谈中不可忽视的一个环节,也是我们将美好的第一印象留在对方心里的机会。迎来送往本身就是用来表达主人对客人的情谊、体现良好的礼仪素养的方式,而对方也会从这一迎一送中,看到主人的诚意和敬意。所以,年轻人一定要掌握迎送宾客的礼仪,尤其是迎宾的礼仪,让对方一下子就捕捉到你用心的一面。

年轻人在迎接宾客前,需要做一些准备工作,要有条有理地迎接对方的到来,正所谓"不打无准备的仗",提前做好准备既安抚了自己的紧张

和慌乱，又是向对方表示尊重的途径。年轻人要先掌握迎宾对象的基本情况，尤其是主宾的个人简况，姓名、性别、年龄、籍贯、民族、单位、职务、职称、学历、学位、专业、专长、偏好、著述、知名度等。必要时，还需要了解其婚姻、健康状况，以及政治倾向与宗教信仰。在了解来宾的具体人数时，不仅要务求准确无误，而且应着重了解对方由何人负责、来宾之中有几对夫妇等。要注意来宾此前有无正式来访的记录。如果来宾尤其是主宾此前前来进行过访问，则在接待规格上要注意前后协调一致。无特殊原因时，一般不宜随意在迎宾时升格或降格。来宾如能报出自己一方的计划，例如，来访的目的、来访的行程、来访的要求等。在力所能及的前提之下，应当在迎宾活动之中兼顾来宾一方的特殊要求，尽可能地对对方多加照顾。

在了解了对方的基本情况后，我们就要制定相应的计划。一定要详尽制定迎接来宾的具体计划，可有助于使接待工作避免疏漏、减少波折，更好地、按部就班地顺利进行。根据常规，它至少要包括迎送方式、交通工具、膳宿安排、工作日程、文娱活动、游览、会谈、会见、礼品准备、经费开支以及接待、陪同人员等各项基本内容。一定要精心选择迎接来宾的迎宾人员，数量上要加以限制，身份上要大致相仿，职责上要划分明确。在迎宾工作中，现场操作进行得是否得当是关键的一环。

我们作为迎宾的一方要从宾客到达本地的那一刻开始就展现出欢迎的姿态。要提前到达机场或是车站迎接宾客，绝不能迟到让客人久等。客人看到有人来迎接，内心必定感到非常高兴；若迎接来迟，必定会给客人心里留下不满。为宾客准备好交通工具，不要等到客人到了才匆匆忙忙准备交通工具，那样会因让客人久等而误事。我们还要为宾客提前准备好住宿等相关事宜，帮客人办理好一切手续并将客人领进房间，同时向客人介绍住处的服务、设施，将活动的计划、日程安排交给客人，并把准备好的地图或旅游图、名胜古迹等介绍材料送给客人。将客人送到住地后，主人不要立即离去，应陪客人稍作停留，热情交谈，谈话内容要让客人感到满意，比如客人参与活动的背景材料、当地风土人情、

有特点的自然景观、特产、物价等。考虑到客人一路旅途劳累，主人不宜久留，让客人早些休息。分手时将下次联系的时间、地点、方式等告诉客人。

这些还都只算是迎宾的准备工作，正式的迎宾应该是在双方正式会面之前。而正式的迎宾，主办方一般都要向客人献花，若来宾不止一人则需要向每位来宾逐一献花。宾主双方其他人员见面，依照惯例，应当首先由主人陪同主宾来到东道主方面的主要迎宾人员面前，按其职位的高低，由高而低，将其介绍给主宾。随后，再由主宾陪同主人行至主要来访人员的队列前，按其职位的高低，由高而低，将其介绍给主人。主人还需陪同来宾与欢迎队伍见面。

迎宾看得不是排场有多大，噱头有多足，最主要看的是主方有没有诚意。即使没有大排场，但是你为客方想得周全、安排得妥当，他自然也能体会到你对他的尊敬与欢迎。

邀请对方也看你礼数周到不周到

社交中免不了要邀请他人或是接受邀请，向一些对象发出邀请就代表着你希望从对方身上获取些什么，那么，既然是希望从对方身上得到什么，我们就要讲究邀请的礼仪，用你尊重他的心意去盛情邀请他的到来，从而达成你的目的。无论是商务谈判，还是商务聚会，年轻人总有一天会有主动邀请他人的意愿，那就用你的礼仪去赢得别人的同意吧。

虽然说邀请是你单纯向对方发出的，但是若没有得到对方的反馈也不能形成真正意义上的邀请。实质上，邀请是个双向的约定行为。当一方邀请另一方或多方人士，前来自己的所在地或者其他某处地方约会，以及出席某些活动时，不能仅凭自己的一厢情愿行事，而是必须取得被邀请方的同意。作为邀请者，不能不自量力，无事无非，自寻烦恼，既麻烦别人，

又自讨没趣。作为被邀请者，则需要及早地做出合乎自身利益与意愿的反应。不论是邀请者，还是被邀请者，都必须把邀约当作一种正规的商务约会来看待，对它绝对不可以掉以轻心。

对邀请者而言，发出邀请如同发出一种礼仪性很强的通知一样，不仅力求合乎礼貌，取得被邀请者的良好回应，而且还必须使之符合双方各自的身份以及双方之间关系的现状。一般情况下，邀约有正式与非正式之分。正式的邀约，既讲究礼仪，又要设法使被邀请者备忘，故此它多采用书面的形式。非正式的邀约，通常是以口头形式来表现的。相对而言，它要显得随便一些。正式的邀约，有请柬邀约、书信邀约、传真邀约、电报邀约、便条邀约等具体形式。它适用于正式的商务交往中。非正式的邀约，也有当面邀约、托人邀约以及打电话邀约等不同的形式，多适用于商界人士非正式的接触之中。前者可统称为书面邀约，后者则可称为口头邀约。

根据商务礼仪的规定，在比较正规的商务往来之中，必须以正式的邀约作为邀约的主要形式。因此，有必要对它作出较为详尽的介绍。在正式邀约的诸形式之中，档次最高也最为商界人士所常用的当属请柬邀约。凡精心安排、精心组织的大型活动与仪式，如宴会、舞会、纪念会、庆祝会、发布会、单位的开业仪式等，只有采用请柬邀请嘉宾，才会被人视之为与其档次相称。

请柬又称请帖，它一般由正文与封套两部分组成。不管是上街购买印刷好的成品，还是自行制作，在格式和行文上都应当遵守成规。请柬正文的用纸，大都比较考究。它多用厚纸对折而成。以横式请柬为例，对折后的左面外侧多为封面，右面内侧则为正文的行文之处。封面通常讲究采用红色，并标有"请柬"二字。请柬内侧，可以同为红色，可采用其他颜色。但民间忌讳用黄色与黑色，通常不可采用。在请柬上亲笔书写正文时，应采用钢笔或毛笔，并选择黑色、蓝色的墨水。红色、紫色、绿色、黄色以及其他鲜艳的墨水，则不宜采用。目前，在商务交往中所采用的请柬，基本上都是横式请柬。它的行文，是自左向右，自上

而下地横写的。除此之外，还有一种竖式请柬。它的行文，则是自上而下的，自右而左地竖写的。作为中国传统文化的一种形式，竖式请柬多用于民间的传统性交际应酬，因此在这里将它略去不提。在请柬的行文中，通常必须包括活动形式、活动时间、活动地点、活动要求、联络方式以及邀请人等项内容。

我们对于比较熟悉的商务伙伴，或是不太正式的商务会面也可以使用口头邀请。口头邀请，一般用于普通性事宜，可以当面邀请、电话口头邀请或托人带口信邀请。口头邀请形式简单、方便，但语言要庄重、严肃、真挚、诚恳，否则对方会以为你并不认真、没有诚意或仅是客套而已。

年轻人要会看清场合，选择最合适的邀请方式，在邀请他人的时候，切记要显示出自己的真诚，只有用诚意打动对方，对方才肯接受你的邀请。

商务谈判既是战场也是舞台

商场如战场，每一次商务谈判都犹如一场看不见硝烟的战争。年轻人想在这样的战争中取得胜利，往往会不惜付出一切代价，然而若你利用不好谈判这场战争的话，可能谈判如你所愿成功，但你未必会获得他人的认可，相反，即使你没有赢得谈判的成功，但是你在谈判桌上所展现出来的风采也会让对手折服，反而能赢得最后的胜利。谈判既是战场又是舞台，就看你能否在这场战役中展现礼仪风采。

首先，谈判人员要注意自己的仪容仪表。通常情况下，谈判队伍由主谈人、助手、专家和其他谈判人员组成。作为谈判的一方，如果想在这场谈判中取得成功，必须注重谈判人员的选定。选定谈判人员时，要考虑身份与职务，应该与对方相当。同时，作为谈判人员，应注重个人

的形象。在商务谈判时，服装穿着要求庄重、高雅。对于男士，可以穿深颜色的西服套装和中山装套装，配白色衬衫和黑色皮鞋，同时系单色领带，以示庄重。对于女士而言，职业套装是最佳选择，且要注意不能佩戴过多的配饰。无论男女都应注重自己的形象，避免给他人传递错误的信息。

其次，要确定谈判时间、地点，还有会场布置。谈判时间的选择要经过双方协商以后才能确定下来，不能一方面作主。原则上，要选择对自己最有利的时间进行谈判。选择谈判地点的时候，也应首先考虑自己熟悉的环境。如果实在无法争取到的话，也应考虑双方都不熟悉的场所，如果需要进行多次谈判的话，谈判的地点也应依次互换，以示双方公平对等。谈判地点选定以后，要对会场进行布置，可以选用长方形或椭圆形的桌子作为谈判桌，应横放于室内，同时放置座椅，但注意谈判时的座次礼仪，如果是多边谈判的话，最好能在座位上摆放座位牌。

再次，当我们见面时，见面礼仪也不能忽视。作为谈判各方，在谈判初期见面时，要进行介绍，介绍的时候应遵照礼仪顺序，先尊后卑，先长后幼。介绍到某人时，应起立向对方微笑示意，并使用礼貌用语跟对方打招呼。同时，还应注意目光礼仪及举止礼仪。商务谈判的过程，就是谈判各方洽谈的过程。任何成功的谈判，都是各方洽谈的结果。而任何洽谈都应遵过一定的礼仪。因而，商务谈判中，如果想要取得谈判成功的话，就必须遵守洽谈礼仪。

（1）语言礼仪。在商务谈判中，作为谈判人员，要做到语言既恰当又礼貌。在谈判过程中，首先要确保语言文明，不说粗话、脏话，更不说侮辱人格的话。若双方意见不一时，要注意说话的语气，注意保持风度，说话时应心平气和，求大同，存小异。谈话内容要围绕着目标进行，在表达看法时，多使用委婉的语言，避免言辞过于激烈或追问不休，但是如果是原则上的问题，则应据理力争。遇到特殊情况，要反应灵活，根据谈判需要，该明确时要明确，该模糊时候就要模糊。

（2）非语言礼仪。非语言的礼仪包括目光礼仪、面部表情礼仪、手

势礼仪及身体礼仪。在谈判过程中，遇到困难时，学会用一些非语言的礼仪及其他手段来处理问题。如表示赞同的时候用点头或微笑，未听懂时则显示出困惑的表情等。在使用手势或身体语言时，应注意地域的区别，以免因此而造成双方误解。另外，在谈判场上，如果遇到一时无法回答的问题，要学会冷处理或采用转移话题等方法来处理。

（3）谈判中要多听少说，给他人说话的权力。在谈判过程中，要学会倾听对方，这样一来，既可以体现出对对方的尊重，又可以从倾听他人说话中获取有效信息，了解对方意图，找到解决问题的办法。

最后，谈判虽然结束了，但是礼仪不能忽视。商务谈判有时并不仅仅局限于谈判桌上，越重要越困难的谈判，则越重视私下的交流。通过私下的交流，可以增加双方的感情，可以对谈判的成败产生影响。通常情况下，可以为谈判对手安排一些酒会、舞会等活动，作为谈判主方可以通过这些私下的活动与对手多接触一些，利用这些活动充分向对方展示公司的形象，加深对方的印象，有助于谈判成功。

谈判在如今的商场上并不少见，能赢得谈判又赢得人心的谈判者却少之又少。年轻人要记住，成功的谈判是建立在友好互利的基础之上，一心只为赢得一时胜利的人，成不了商场上的赢家。时刻牢记礼仪带来的力量，只有它才能让你成为谈判场上的不败将军。

赢得签约也要将礼仪保持到最后一刻

商务谈判取得胜利的标志就是签约。经过双方的协商，最终将彼此的名字签在合同上，并盖上公章，你们的谈判成果才会生效。签约是见证合同生效的一个形式，也算是谈判结束的标志。虽然双方达成了一定的协议，但是在此刻我们也不能松懈，要将礼仪贯穿始终。有始有终完成一件事，才是成熟的年轻人该做的事情。

签约仪式不同于谈判场，它象征着谈判的结束，也代表着双方的合作就此开始，所以，对于签约仪式我们一定要加以重视。恰当的会场布置以及正式的服装要求，才是尊重这场签约仪式的表现。

1. 签字厅的布置要合乎礼仪要求

在商务交际中，用于双方签字的签字厅可以是专用的，也可以临时用会议厅或会客室代替，但是在布置选择的时候要遵守原则。对签字厅的要求如下：室内铺满地毯，除了签字用桌椅以外，其他一切陈设都不需要。签字桌横放于室内，可在桌子两侧摆放适量座椅。座椅的数量可根据具体情况来改变。作为签字人，在就座的时候，通常情况下，应面对正门。

2. 签字桌的物品摆设及座位的次序

签字桌通常情况下应选择长桌，桌面上应铺上深绿色的台面。在签字桌上同时要放上待签的合同文本及签字所用的笔、吸墨器等其他文具。当然，如果是涉外签约的话，还应在双方桌面上插上各国国旗，但应注意摆放的位置顺序，必须按照礼宾的序列而行。

3. 参与签字仪式人员的服饰礼仪

签字仪式是一件非常庄重、严肃的事情。因而，按照规定，无论是签字人员，还是助签人员及随员都应注重服饰礼仪。所有人员都应选择一些礼服性质的服装，如女士穿着深色套裙，男士则应选择一些深色西装套装或中山装套装，且配白色衬衫与深色皮鞋，同时男士还应系单色领带，以示正规。同时，即使在签字仪式上露面的礼仪人员，也应注意自己的服饰礼仪，可以选择工作制服，也可以是旗袍一类的礼仪性服装。

4. 遵守座次礼仪

在正式签署合同时，作为主方将代为先期安排各方代表的座次，因各方代表对于礼遇问题均非常在意，因而，主方在安排座次时应遵循礼仪。具体要求为：请客方签字人员入座时，应在签字桌右侧入座，主方应位于左侧。其他的助签人员则应分立于双方的外侧，对于随行人员，既可以按照顺序入座，也可以站于主签字人员的身后。

如果是签署多边性合同，则轮流上前签字，顺序上则可以按照事先协商好的顺序。作为助签人员，则随着签字人员一同行动。签字时，助签人员按照"右高左低"顺序，站立于签字人的左侧。

5. 对于即将待签的合同文本有几点要求

合同文本不能是一些正在协商或是各方还在为某些细节存在争议的文本。签署合时，应拟定合同的最终文本，不能再有任何更改；关于合同文本的定制，应由签合同的主方会同有关各方一道指定专人，共同负责合同的定稿、校对、印刷与装订工作。原则上，需要为即将签字的各方提供待签合同，若需要的话，还应提供一份副本。若是涉外商务合同的话，应使用有关各方语言，或是国际上通行的语言进行撰写。在使用外文撰写合同时，要反复推敲，慎用词汇。

6. 签署合同时的礼仪要求

在签订合同时，各方先在己方保存的合同文本上签署姓名，然后签署他方保存的合同文本。这样一来，可以使签字各方都可以有机会名列首位，以显示出"机会均等"、"各方平等"；双方签字完成后，正式交换已经有各方正式签署的合同文本。交换完成以后，作为签字各方应热烈握手，互相祝贺建立合作关系。同时，签字人员还应把方才使用过的签字笔进行交换，以作纪念。届时，全场人员都应以热烈的掌声表示祝贺；双方交换完成以后，签约各方需要共饮香槟以示祝贺。按照国际惯例，交换已签的合同文本后，有关人员尤其是签字人员应当场把香槟饮尽，以此来增添喜庆色彩。

签约是双方合作建立关系的最关键的一步，所有的合约都只有在白纸黑字上才会显示出它的效果。所以，年轻人要重视这最后一个环节，不能有一点差错。掌握一定的签约礼仪，才能让这场商务谈判画上圆满的句号，也才能和对方建立良好的合作关系。

商务会谈免不了礼尚往来

　　我国自古以来就被称为礼仪之邦，自是重视礼尚往来。在商务交往中，互赠礼物也是一件很常见的事。交际的双方通过互赠礼物，可以增进双方的感情，也是一种很礼貌的行为。不同的物品传达着不同的意思，赠送礼物时选择什么样的物品也是很有讲究的。年轻人一定不能忽视礼物的重要，它的珍贵与否不是重点，重要的是要赢得对方的心。

　　礼物的选择对于我们来说是一大难题，过于贵重的礼物对方不一定肯欣然接受，太过寒酸的礼物我们也拿不出手。想要权衡这两点的话，只有送对方喜欢的礼物最为合适。在商务往来中，如果双方存在一定的地域差异，那么在礼物的选择上可以倾向于带有本地特色的，像本地特产、有意义的纪念品等。也可以根据对方的年龄、身份和地位选择，比如可以送给女士鲜花、香水、饰品等，而男士则可以赠送香烟、酒类、茶叶、手表、打火机等。这些选择都要从对方的兴趣爱好出发，只有他喜欢才能达到送礼的目的。

　　但是在选择礼物的时候，我们也要注意一些细节。比如，不能拿别人送来的礼物转增出去；不能赠送一些特殊的礼物，谐音类的，如钟和"终"同音、梨和"离"同音。对于涉外馈赠的礼物，不能用药品、保健品和营养品，因为在外国人看来，健康属于个人隐私；馈赠的礼物不能触及各地禁忌，如在意大利人看来，手帕是不能作为礼物送人的，因为在他们看来，手帕是亲人离别时擦眼泪的不祥之物，同样，在法国人看来，如果送对方餐具的话，则表明与对方断绝关系。在香港人看来，送红木制成的小型棺材摆件，寓意为"升棺发财"，这在其他地方，则是无法接受的事情。

　　年轻人在向他人馈赠礼物时，除了礼物本身的选择，还要选择赠送的时机、礼物的包装和赠送的方式。商场上最讲"天时地利人和"，送礼作为商务往来中重要的一环也是如此，如果占尽天时地利人和，礼物将会发

挥大于本身的影响；如果没有选择恰当的时机和方式，送礼不仅没有达到预想中的效果，也许还会把事情弄糟糕。

在商务馈赠中，不论礼品贵贱都应包装起来送人，可以体现出对受礼者的尊重之情。如果是涉外馈赠礼物的外包装，要在色彩、图案、形状乃至缎带结法方面尊重受礼人的风俗习惯。送礼中，因宾主双方关系不同，送礼的目的不同，送礼的具体时机自然也不相同，把握送礼的时机最为关键。通常情况下，在会见或会谈结束告辞时，如果是向对方道贺，可选在双方见面之初相赠。总之，对于各种不同的场合应选择适当的时机赠送给对方。对于送礼的方式，我们多采用当面赠送给对方，也有托人代转的情况，如碰上这种情况，年轻人则要在送礼时附上一张送礼人的名片，或附带一个写有受礼人的信封在礼品中，内放送礼人的名片，并附带一些祝福之类的话。

当然，我们在作为送礼一方的同时也会作为受礼的一方。我们要欣然接受对方赠送的礼物，并表达自己的感谢。作为受礼的一方，如果接到他人赠送的礼物时，态度要大方，没有必要推来推去，也不必过分的客套。在接受礼物时要站起来，微笑着接过对方手中的礼品，然后向对方握手，并且向对方明确地表达自己的感谢。作为受礼方，无论是面无表情，还是用一只手去接礼物，或接完礼物后不致谢都是失礼的表现。许多西方人接到对方的礼物后，都会马上打开，认真研究后，适时地赞赏对方几句。因而，在涉外交际中，如果接到对方的礼物，务必要注意到这点。在接受礼物之后，我们还要选择时间正式向对方表达感谢，这样才能让馈赠者感到愉悦。

商务往来中，合作双方互赠礼物本来就是一种尊重对方的体现，这是一种礼仪，也是一种相互合作的感情。随着商务活动的频繁发展，馈赠礼物已成为商务活动中不可缺少的一项。年轻人不论是作为馈赠一方还是受礼一方，都要遵守互赠礼物的礼仪，这样才会让你手中的礼物发挥出更大的效果。

换位思考能帮你

现代社会的竞争对年轻人的要求越来越高，我们不仅要为自己设身处地地着想，还要学会站在他人的立场换位思考。换位思考既是人与人交往中宽容的基础，又是你寻找对方弱点的良方。在商务会谈中，能做到换位思考的年轻人往往会成为谈判的主导，并赢得最终的谈判。学会换位思考，体谅了他人，成就了自己。

换位思考在职场生活中非常重要，当我们在和不同的人打交道前，如果能先做到换位思考，那么，你就会产生同理心，才能发现对方的需求，才能更准确地理解别人、帮助别人，进而让自己的付出能完全作用于对方。换位思考不仅仅是把你的身份从甲方变成乙方、从领导变成员工、从父母变成孩子、从男人变成女人等，而是要你从本质上换位到对方的位置上，从他的立场出发考虑问题的利弊关系。

过去有一个农民在田间劳动，感到非常辛苦，尤其是在炎热的夏天，感到更是苦不堪言。他每天去田里劳动都要经过一座庙，看到一个和尚经常坐在山门前的一株大树下，悠然地摇着芭蕉扇纳凉，他很羡慕这个和尚的舒服生活。一天他告诉妻子，想到庙里做和尚。他妻子很聪明，没有强烈反对，只说："出家做和尚是一件大事，去了就不会回来了，平时我做织布等家务事较多，我明天开始和你一起到田间劳动，一方面向你学些没有做过的农活，另外及早把当前重要农活做完了，可以让你早些到庙里去。"

从此，两人早上同出，晚上同归，为不耽误时间，中午妻子提早回家做了饭菜送到田头，在庙前的树荫下两人同吃。时间过得很快，田里的主要农活也完成了，择了吉日，妻子帮他把贴身穿的衣服洗洗补补，打个小包，亲自送他到庙里，并说明了来意。庙里的和尚听了非常诧异，说："我看到你俩，早同出，晚同归，中午饭菜送到田头来同吃。家事，有商有量；讲话，有说有笑，恩恩爱爱。我看到你们生活过得这样幸福，羡慕

得我已经下决心还俗了,你反而来做和尚?"

在这个故事中,农民只是把自己换位到在树下乘凉的和尚身上,觉得每天只用摇着芭蕉扇就好,所以他想出家;而和尚不仅是换位到农民的位置,并且站在农民的位置上思考问题,他每天和妻子早同出,晚同归,同吃饭,同商量,有说有笑,恩恩爱爱,体会到了幸福的味道,所以决定还俗。他们两者乍一看都是换到对方位置上思考,但是农民显然只是换到了这个位置上,并没有想在这个位置上该想的事情,而和尚就实现了换位思考的本质,不光位置变了,连思考方式也变了,才体会出了这种平常生活中的幸福。

我们若能在商务谈判中灵活运用换位思考,一定会带来许多惊喜。很多时候,当我们觉得谈判进入一个误区,走进了死角,我们就会使劲钻牛角尖,而越钻越找不到好的解决方案,这时我们就不如换个角度和思路,重新考虑一下问题,没准就能找到解决问题的好办法。

年轻人都知道,换位思考是对别人的一种心理体验过程。将心比心,设身处地,是达成理解不可缺少的心理机制。它客观上要求我们将自己的内心世界与对方联系起来,站在对方的立场上体验和思考问题,从而与对方在情感上得到沟通,为增进理解奠定基础。它既是一种理解,也是一种关爱。那么,我们要如何把换位思考付诸行动呢?

(1)要知道这个世界上每个人是不一样的。对同一件事情有不同的看法是很正常的,即使是最相爱的人也不可能意见完全一致。

(2)要有同情之心和宽容的心态。这个世界无论科技如何进步,物质条件如何提高都改变不了一个事实即"做人不易"。高官不易,富豪不易,老师不易,学生不易,老板不易,员工也不易。既然大家都不易,那我们就应当对别人的失意、挫折、伤痛不幸灾乐祸,而应要有关怀、了解的心情,要有宽容的心。

(3)换位思考实际上指设身处地地替别人考虑。

换位思考作为商务会谈中非常重要的技能之一,是年轻人开创思路、主导会谈的关键。学会换位思考、了解对方的心思才能赢得对方的尊敬。

懂礼节的商务拜访才会看到成效

商务拜访是商务活动中不可忽略的一个环节，不论是商务会谈前去拜访，还是会谈后去拜访都是体现对方的重要性。有效的拜访既可以体现拜访者的素质，又可以联络感情，增进双方的友谊。要想让自己的拜访达到效果，前去拜访他人时必须讲究礼仪。有礼仪的年轻人才能获得对方的欢迎。

1. 你要确定拜访的时间

商务拜访非常看重时间的选择，一般来讲，比较合适的时间是在对方的上班时间，但是最好不要选择在对方刚刚上班或者将要下班的时候，在对方正在用午餐的时间也不太合适，这样对方会来不及接待你。

2. 在拜访前要做一定的准备工作

拜访前一定要事先和对方约定，以免扑空或扰乱主人的计划，电话预约时要向对方告知事由、时间。拜访前应当准备好相应的资料，比如公司介绍、产品目录和名片等。拜访时要准时赴约，要提前确认前往所需要的交通工具和路上会花费的时间。尽量比约定的时间早10分钟。如果有急事不得不晚，必须通知你所见的人（打不了电话让别人代为通知）。如果交通阻塞，要通知对方说晚到一点。如果是对方晚到，你可以利用这些时间整理一下文件，仔细想想需要办理的事情，或者问一下接待员能否到休息室先休息一下。拜访的时间长短应根据拜访目的和主人意愿而定，通常宜短不宜长。

3. 在拜访中有一些注意事项

（1）当你到达时，告诉接待员或者助理你的名字和约定的时间，递上你的名片以使助理方便通知。

（2）如果接待者因故不能马上接待，可以在接待人员的安排下在会客厅、会议室或前台安静地等候。如果接待人员没有说"请随便参观"之类的话，就不能随便地东张西望。伸着脖子"窥探"房间里面的动静是非常

失礼的。

（3）有抽烟习惯的人，要注意观察周围有没有禁止吸烟的警示。即使没有，也要问问工作人员是否介意抽烟。

（4）在等待时要安静，不要通过谈话来消磨时间，这样会打扰别人工作。尽管你已经等了20多分钟了，也不要不耐烦地总看手表，你可以问接待或者助理约见者什么时候有时间。如果你等不及那个时间，可以向助理解释自己有事另外再约定一个时间。不管你对要见的人有多么不满，都不要对助理或者接待员发火。

（5）进入主人的办公室时，一定要用食指敲门，力度适中，间隔有序敲三下，等待回音。如无回音可稍加力度，再敲三下；如有回音，再侧身立于右门框一侧，待门开时再向前迈半步，与主人相对。

（6）当你被引荐到接见者办公室时，如果是第一次见面，就要先作自我介绍；如果已经认识了，只要相互问候并握手就行了。

（7）进屋后等主人安排后坐下。如果主人是年长者或者上级，主人不坐自己不能先坐，主人让座后要说谢谢，然后采用规矩的礼仪坐姿坐下。后来的客人到达时，先到的客人可以站起来，等待介绍或点头示意。

（8）一般情况下对方都很忙，所以你要尽可能快地将谈话进入正题，而不要闲扯。清楚直接地表达你的事情，不要说无关紧要的事情。说完后，让对方发表意见，并要认真地听，不要辩解或不停地打断对方讲话。你有其他意见的话，可以在他讲完之后再说。

（9）即使和接待者的意见不一致，也不要争论不休。对接待者提供的帮助要适当地致以谢意。要注意观察接待者的举止表情，适可而止。当接待者有不耐烦或有为难的表现时，应转换话题或口气；当接待者有结束会见的表示时，应识趣地立即起身告辞。

（10）告辞时要同主人和其他客人一一告别，说"再见"、"谢谢"；主人相送时，应说"请回"、"留步"、"再见"。

如果是陪同上司去做商务拜访，除了以上提到的注意事项外，还有一些特别要注意的地方：要有良好的精神风貌，陪同上司进行商务拜

访，上司代表公司形象，你也一样代表公司形象，所以不可马虎，应该给对方留下豁达开朗、大方自然、谦恭和蔼、坦荡潇洒、淳朴热情的印象；摆正自己的位置，既然是陪同上司做商务拜访，那么首先应该突出上司的重要地位，而不应该突出自己，这样不仅使上司难堪，也会给对方留下不好的印象。

年轻人在拜访客户或是合作伙伴时，一定要有时间观念，这是重中之重，去拜访他人一定不能让对方等着你。商务拜访是商务活动中一件经常性的工作，无论有求于人还是人有求于己，都要从礼节上多多注意。

年轻人要懂得邮件礼仪才好生存

在这个信息飞速发展的社会，消息的传递有了多种渠道，邮件就是其中一种又快又被大家广泛使用的传递信息的方式。虽然发送邮件并不能和对方面对面，但是对方也会从你发的邮件中读出你的情绪，所以，利用好邮件，让对方透过你的邮件就能看到彬彬有礼的你。

1. 关于主题

主题是接收者了解邮件的第一信息，因此要提纲挈领，使用有意义的主题行，这样可以让收件人迅速了解邮件内容并判断其重要性。

（1）一定不要空白标题，这是最失礼的。

（2）标题要简短，不宜冗长，不要让标题栏用省略号才能显示完你的标题。

（3）标题要能真反映文章的内容和重要性，切忌使用含义不清的标题，如"王先生收"等。

（4）一封信尽可能只针对一个主题，不在一封信内谈及多件事情，以便于日后整理。

（5）可适当使用大写字母或特殊字符来突出标题，引起收件人注意，

但应适度，特别是不要随便就用"紧急"之类的字眼。。

（6）回复对方邮件时，可以根据回复内容需要更改标题，不要"RE"一大串。

2. 关于称呼与问候

（1）恰当地称呼收件者，拿捏尺度。

邮件的开头要称呼收件人。这既显得礼貌，也明确提醒某收件人此邮件是面向他的，要求其给出必要的回应；在多个收件人的情况下可以称呼大家。

如果对方有职务，应按职务尊称对方，如"××经理"；如果不清楚职务，则应按通常的"×先生"、"×小姐"称呼，但要先把性别搞清楚。

不熟悉的人不宜直接称呼英文名，对级别高于自己的人也不宜称呼英文名。称呼全名也是不礼貌的，不要逮谁都用个"Dear×××"，显得很熟络。

（2）电子邮件的开头结尾最好要有问候语。

最简单的开头是写一个"HI"，中文的写个"你好"；结尾常见的写个"Best Regards"，中文的写个"祝您顺利"之类的也就可以了。俗话说得好，"礼多人不怪"，礼貌一些，总是好的，即便邮件中有些地方不妥，对方也能平静看待。

3. 正文

（1）电子邮件正文要简明扼要，行文通顺。

电子邮件正文应简明扼要地说清楚事情；如果具体内容确实很多，正文应只作摘要介绍，然后单独写个文件作为附件进行详细描述。正文行文应通顺，多用简单词汇和短句，准确清晰地表达，不要出现晦涩难懂的语句。最好不要让人家拉滚动条才能看完你的邮件。

（2）注意电子邮件的论述语气。

根据收件人与自己的熟络程度、等级关系，邮件是对内还是对外性质的不同，选择恰当的语气进行论述，以免引起对方不适。尊重对方，

"请"、"谢谢"之类的语句要经常出现。电子邮件可轻易地转给他人，因此对别人意见的评论必须谨慎而客观。

（3）电子邮件正文多用列表，以清晰明确。如果事情复杂，最好列几个段落进行清晰明确的说明。保持你的每个段落简短不冗长，没人有时间仔细看你没分段的长篇大论。

（4）一次邮件交待完整信息。

最好在一次邮件中把相关信息全部说清楚，说准确。不要过两分钟之后再发一封什么"补充"或者"更正"之类的邮件，这会让人很反感。

（5）尽可能避免拼写错误和错别字，注意使用拼写检查。

这是对别人的尊重，也是自己态度的体现。如果是英文电子邮件，最好把拼写检查功能打开； 如果是中文电子邮件，注意拼音输入法带给你的弱智同音别字。在邮件发送之前，务必自己仔细阅读一遍，检查行文是否通顺，拼写是否有错误。

（6）合理提示重要信息。

不要动不动就用大写字母、粗体斜体、颜色字体、加大字号等手段对一些信息进行提示。合理的提示是必要的，但过多的提示则会让人抓不住重点，影响阅读。

（7）合理利用图片、表格等形式来辅助阐述。

对于很多带有技术介绍或讨论性质的邮件，单纯以文字形式很难描述清楚。如果配合图表加以阐述，收件人一定会表扬你的体贴。

（8）不要动不动使用 ":) "之类的笑脸字符，在商务信函里面这样显得比较轻佻。商务电子邮件不是你的私人信件，所以表情符号之类的最好慎用。只用在某些你确实需要强调出一定的轻松气氛的场合。

4. 附件

（1）如果邮件带有附件，应在正文里面提示收件人查看附件。

（2）附件文件应按有意义的名字命名。

（3）正文中应对附件内容做简要说明，特别是带有多个附件时。

（4）附件数目不宜超过4个，数目较多时应打包压缩成一个文件。

（5）如果附件是特殊格式文件，应在正文中说明打开方式，以免影响使用。

（6）如果附件过大，应分割成几个小文件分别发送。

5. 语言的选择和汉字编码

（1）只在必要的时候才使用英文邮件。

英文邮件只是交流的工具，而不是用来炫耀和锻炼英文水平的。如果收件人中有外籍人士，应该使用英文邮件交流；如果收件人是其他国家和地区的华人，也应采用英文交流，由于存在中文编码的问题，你的中文邮件在其他地区可能显示成为乱码天书。

（2）尊重对方的习惯，不主动发送英文邮件。

如果对方与你的邮件往来是采用中文，请不要自作聪明地发送英文邮件给他；如果对方发英文邮件给你，也不要用中文回复。

（3）对于一些信息量丰富或重要的邮件，建议使用中文，因为你很难保证你的英文表达水平或收件人中某人的英文理解水平不存在问题。

（4）选择便于阅度的字号和字体。

中文就用宋体或新宋体，英文就用Verdana 或 Arial 字型，字号用5号或10号即可。这是经研究证明最适合在线阅度的字号和字体。不要用稀奇古怪的字体或斜体，最好不用背景信纸，特别是公务邮件。

6. 结尾签名

每封邮件在结尾都应签名，这样对方可以清楚知道发件人的信息。虽然你的朋友可能从发件人中认出你，但不要为你的朋友设计这样的工作。

（1）签名信息不宜过多。

电子邮件消息末尾加上签名档是必要的。签名档可包括姓名、职务、公司、电话、传真、地址等信息，但信息不宜行数过多，一般不超过4行。你只需将一些必要信息放在上面，对方如果需要更详细的信息，自然会与你联系。引用一个短语作为你的签名的一部分是可行的，比如你的座右铭，或公司的宣传口号。但是要分清收件人与场合，切记一定要得体。

（2）不要只用一个签名档。

对内、对私、对熟悉的客户等群体的邮件往来，签名档应该进行简化。过于正式的签名档会让对方觉得疏远。你可以在邮件中设置多个签名档，灵活调用。

（3）签名档文字应选择与正文文字匹配的简体、繁体或英文，以免出现乱码。字号一般应选择比正文字体小一些的。

年轻人在如今这个年代一定要掌握发送电子邮件的礼仪，无论你从事的是什么行业都会用到它来帮你传达信息。那么，在我们传达信息的时候，也别忘了将我们的礼仪一起传到对方手里。

第十章 涉外交往"爱礼存洋"

☞ 年轻人要多懂点涉外礼仪

学点涉外礼仪在交际场上不吃亏

随着时代的进步，年轻人的社交圈越来越大，很多人都已经将人际关系发展到国际交往中。与外国人交往时，我们不仅代表我们自己，更重要的是代表着我们国家的形象。所以，为了维护国家的尊严，我们在与外国人交往时更要注重自己的言行举止以及礼仪规范，给对方留下完美的印象。

不管你身在什么行业，随着全球化趋势的加剧，你都会或多或少与国外有些往来，所以我们除了要在语言上加强学习外，更要在涉外礼仪方面有所注意。

与外国人交往时，如果在公众场合遇到熟人的话，要举起右手打招呼并应同时点头致意。在有些国家，双方见面时，如果男士戴帽子的话，还会行脱帽礼，等到离别的时候再把帽子戴上。如果有一面之交或是不相识者在社交场上相遇的话，只要目光对视或点头微笑致意就可。在大多数国家，双方见面时都会握手，这在社交场上也是很普遍的事情。通常情况

下，两个陌生人经过介绍会面时会握手。如果是关系亲近的两人则边握手边问候；如果双方是朋友关系的话，则会先打招呼，然后相互握手并寒暄致意。握手时间的长短可以根据两人之间的关系来定，如果是关系亲近的人可以长时间地紧握在一起。一般情况下，只需要轻握一下就可以了。在握手的时候，如果对方是一位年长者或者是身份高的人则应稍稍欠身，握手时应以双手握住双方，以示尊敬之情。

在社交活动中，年轻人在与外国人谈话时一定要让自己的表情自然，语气亲切。谈话过程中，要目光注视对方，以示专心。对方发言的时候要细心聆听，集中精力，不能左顾右盼，更不能做一些无聊的事情。需要做手势的时候，可以适当地做出一些手势，但是要注意动作幅度，不能过大，更不能在社交场上手舞足蹈。与对方说话时应注意双方之间保持适中距离，不能离得太近，但也不宜太远。说话的时候要表达得体，通常情况下选择通用的语言进行交流。

谈话时，要给予他人说话的机会，不能只顾着自己。别人说话时，如果你要发表意见，可以等到对方表达完自己的观点再发表看法，不要轻易打断别人的发言。如果在场谈话人数超过三人的话，应和在场的所有人攀谈，不能冷落任何人。多使用一些礼貌用语，见面时应多问候别人。同时，谈话过程中，对于对方不愿谈及的话题不能过多纠缠，更不能在情绪激动的时候恶语伤人。如果在谈话过程中，双方出现争执，则要平静对待，既不能高声辩论，也不能指责对方、辱骂对方；谈话结束时，双方还须握手告别。

在西方的一些国家，还有一些见面拥抱、亲脸、贴面颊等礼节，这些礼节根据不同的对象礼节不同。

在国外，人们都非常重视守约遵时，无论你是和对方相约谈公事，还是私人聚会，都不能过早到达或是迟到。如果事出有因，预料到自己会迟到，要提早打电话通知对方，并表示歉意。你答应对方的事情一定要信守承诺，不可出尔反尔。年轻人在与外国人交往的过程中，一定要时刻提醒自己，你代表的是国家的形象，而不能任你的性子来办事，当然这也不需

要我们自卑或是过分谦虚，只要和对方保持平等人格，不卑不亢的交往就能让你在和外国人的交往中游刃有余。

涉外礼仪中尊重是关键

在人际交往中，尊重永远是社交礼仪最重要的一点，在和外国人交往时更是如此。中国自古就是礼仪之邦，讲究的就是和其他国家和平相处，我们在与外国人交际的时候无论对方持什么态度，我们都应以尊重对方为前提，不可贸然行事。

在与外国人接触中，我们每个人都要时时刻刻注意维护自己的形象，尤其是在正式的场合。年轻人要怎么做才能显示出你对对方的尊重呢？

首先，尊重国格，不卑不亢。

在国际交往中，我们有责任有义务维护自己的国家、民族、所在单位的尊严和形象。因此，言行应当从容得体，堂堂正正。在外国人面前既不畏惧自卑，也不狂妄自大。

其次，知己知彼，入乡随俗。

世界上的各个国家、各个地区、各个民族，在其历史发展的具体进程中，形成各自的宗教、语言、文化、风俗和习惯，并且存在着不同程度的差异。这种"十里不同风，百里不同俗"的局面，是不以人的主观意志为转移的，也是任何人都难以强求统一的。同时，注意尊重外国友人所特有的习惯，容易增进双方之间的沟通，有助于更好地、恰如其分地向外国友人表达我方的亲善友好。

再次，热情有度，避免琐碎。

人们在直接同外国人打交道时，不仅待人要热情而友好，更为重要的是，要把握好待人热情友好的具体分寸，否则就会事与愿违，过犹不及。要做到"关心有度"、"批评有度"、"距离有度"、"举止有

度"。

最后，尊重隐私，有礼有度。

在国外，个人的收入与支出是最不宜直接打探的，因为人们的普遍看法是：收入与支出通常与其个人能力、社会地位存在着一定的因果关系，就如同人的脸面一般，忌讳别人的关注；年纪大小，外国友人普遍忌讳"老"，他们的愿望是自己应当永远年轻，尤其是"白领丽人"和老年人，尤其忌讳被人问年纪或被人尊为"长者"；恋爱婚姻，外国友人的见解是，家家有本难念的经，随意向外人打探此类家庭问题，极有可能触动对方的伤心之处，伤害其自尊、自信之心，令对方感到难堪；健康状态，在国外，由于市场经济的影响，人们普遍将个人的健康状态看作是自己的重要"资本"，如果身体欠佳，则意味着自己"日薄西山"，前途渺茫，失去个人发展的许多机会，因此与外国友人交谈时，要"讳病忌医"，不可与之交流"求医问药"的心得体会；个人经历，"英雄莫问出处"一说在国外普遍流行，若是对对方的经历再三刨根问底，往往给人居心叵测之感，特别是籍贯、学历、学位、技术职称或行政职务以及职业经历更不宜打听；政见信仰，国家之间的合作讲究的是求同存异，有鉴于此，我方人员在与外方人士交谈时，不宜对对方的政治见解、宗教信仰品头论足；在外国友人眼里，个人习惯与别人毫不相关，完全没有为外人了解的必要；不要深究对方最近在忙些什么，外国人会担心此类问题一旦被人深究，可能会泄漏行业秘密，使自己的工作与事业受损；家庭住址，绝大多数外国友人都将私人居所看作是神圣不可侵犯的"个人领地"，一般情况下，若非亲属、至交、知己，外国友人都不可能邀请外人到自己家中做客，必要时，他们宁肯花钱去饭店、餐馆请客吃饭。

在外国人眼里，只要你对他是尊重的，你们的交往是以尊重为基础的，那么，对方会很乐意把你当作朋友看。如果在交际过程中遇到一些举棋不定的问题，年轻人要尽量回避，不要急于发问。

女士优先的国际惯例你要牢记在心

一谈论到国际惯例，"女士优先"一定是绝大多数人的第一反应。"女士优先"是国际社会公认的一条重要的礼仪原则，它主要用于成年的异性进行社交活动之时。"女士优先"的含义是：在一切社交场合，每一名成年男子都有义务主动而自觉地以自己的实际行动去尊重妇女、照顾妇女、体谅妇女、保护妇女并且想方设法、尽心尽力地为妇女排忧解难。

在马路上行走时，男士须走在靠近车辆之外侧，而让女士走在近墙壁或商店之内侧。这一点源自古老时代，每当下雨必定满地泥泞，过往马匹车辆奔驰而过常会溅起污水及污泥，男士则刚好以身护花，现代虽然这种情况已很少见，但男士走在外侧的习惯已经根深蒂固传下来了。

进入餐厅时，女士应走在前面，依序是:领位人员—女士们—男士们。待侍者替女士们安顿好座位后，男士们方才坐下。若无侍者替女士服务时，男士应先走到女士的座位旁，替她们拉出椅子，排开餐巾后方才走回自己的座位再坐定。席间有女士离席，此时在其身旁之男士也应立即起身为其拉开椅子，让她方便离去，然后自己再坐下来，而女士返回时，同样程序就会重复一次，这一点我们看起来好像很麻烦，似乎没有必要，但在正式场合若这位应当服务的男士端坐不动的话，一定被其他在场人士视为粗鲁无礼、没有教养。自助餐会时主人多会宣布：请自取佳肴，OK! Ladies first! 这时男士须待在原位，待女士取完首轮后，男士再依序取用。

进入汽车时，男士应先行打开最近的一扇车门，待女士坐定后，关上车门，绕过车后，再自己开门坐进车内。下车时，也是男士先开门下车，绕过车身，替女士开门，待女士完全离开汽车后，再关车门，然后跟上。在公共场所，如巴士、轮船、火车上，一般来说男士不必让座给女士。

进入电梯时，男士也须先行替女士档住电梯门，女士进入后，自己才进入并按下欲去的楼层。抵达该楼层时，也须用手档住电梯门，待女士完全走出后方才跟上，此点不仅适用女士们，一般对待客户或重要的人均如是。上楼梯或是电扶梯时，男士应走在女士后，以防万一女士跌倒时可以搀扶她；下楼时则相反，应由男士领前，其道理与上楼梯相同。进入旋转门时，若门仍在旋转，则女士优先走入，若是处于静止状态，则男士先入以便为女士转动旋转门。

我们常说：让座老弱妇孺是美德。但国外情形大不相同，他们是以权利与义务之观念为出发，既然已花了钱买了票，则自己的权利与他人是一样的，没有让座的义务。一般比较有可能看到的情形是让给孕妇、怀抱小婴儿之妇人、残障人士以及真的十分老弱的人。从来没看见有人让座给小孩子（孺）的，在他们的心中是不可能有买票的让位给没有买票的这个道理的！

"女士优先"并非说明妇女属于弱者，值得怜悯、同情；也不是为了讨好妇女别有用心。从根本上来说，之所以提出"女士优先"的要求，是因为妇女乃是"人类的母亲"。在人际交往中给予妇女适当的、必要的优待，实际上就是要表达对"人类的母亲"所特有的感恩之意。年轻男士无论在什么样的场合，都要牢记"女士优先"的原则，别因为小小的一步，毁掉了自己在他人心中的形象。

不同国家的礼仪特点

不同的国家、不同的民族都有各自的礼仪规范。在国际进程快速发展的今天，我们免不了要与越来越多的外国友人接触，那么，礼仪就是我们对其表示尊重的方式。能根据不同国家表示出不同的礼仪规范也是年轻人展现自己能力的一个重要方面。

美国人算是国际友人中相对随和，礼数也是相对简单的，但是也有些不同于其他国家的礼仪需要年轻人知道。美国人与客人见面时，一般都以握手为礼。他们习惯手要握得紧，眼要正视对方，微弓身，认为这样才算是礼貌的举止。一般同女人握手美国人都喜欢斯文。美国人在社交场合与客人握手时，还有这样一些习惯和规矩：如果两人是异性，要待女性先伸出手后，男性再伸手相握；如果是同性，通常应年长人先伸手给年轻人，地位高的伸手给地位低的，主人伸手给客人。他们另外一种礼节是亲吻礼，这是在彼此关系很熟的情况下施的一种礼节。美国人大多信奉新教和罗马天主教，其次为犹太教、东正教、伊斯兰教，印度教和佛教只有少量信徒。美国人忌讳"13"、"星期五"、"3"，认为这些数字和日期，都是厄运和灾难的象征，还忌讳有人在自己面前挖耳朵、抠鼻孔、打喷嚏、伸懒腰、咳嗽等，认为这些都是不文明的，是缺乏礼教的行为。若喷嚏、咳嗽实在不能控制，则应避开客人，用手帕掩嘴，尽量少发出声响，并要及时向在场人表示歉意。他们忌讳有人冲他伸舌头，认为这种举止是污辱人的动作。他们讨厌蝙蝠，认为它是吸血鬼和凶神的象征。

英国人在与客人初次见面时的礼节是握手礼；女子一般施屈膝礼。英国男子戴帽子遇见朋友，有微微把帽子揭起"点首为礼"的习惯。对英国人称呼"英国人"他们是不愿意接受的。因为"英国人"原意是"英格兰人"，而你所接待的宾客可能是英格兰人、威尔士人或北爱尔兰人，而"不列颠"这个称呼则是所有的英国人都能感到满意的称呼。英国人同别人谈话时，不喜欢距离过近，一般以保持50厘米以上为宜。他们还特别不喜欢大象及其图案，认为大象笨拙，令人生厌。他们忌讳把食盐碰撒，哪怕你是不小心的，也会使人非常懊丧，认为这是引发口角或与朋友断交的一种预兆。他们忌讳有人打碎玻璃，认为打碎玻璃就预示着家中有人要有不幸。他们忌讳在餐桌上使水杯任意作响，或无意碰响水杯而又不去中止它作响，认为这样既有失观瞻，又会给人招来不测。英国人忌讳百合花，并把百合花看作是死亡的象征。他们忌讳在众人面前相互耳语，认为这是

一种失礼的行为。他们忌讳有人用手捂着嘴看着他们笑，认为这是嘲笑人的举止。

法国人热情开朗，初次见面就能亲热交谈，而且滔滔不绝。法国人讲究服饰美，特别是妇女穿得非常时尚，特别喜欢使用化妆品，光口红就有早、中、晚之分，是世界上最爱打扮的妇女。法国是世界上最早公开行亲吻礼的国家，也是使用亲吻礼频率最多的国家。和法国人约会必须事先约定时间，准时赴约是有礼貌的表示，但不要提前。送鲜花给法国人也是很好的礼品。法国人在公共场所不能有懒散动作，不能大声喧哗，忌讳黑桃图案，认为不吉祥；忌讳墨绿色，因"二战"期间德国纳粹军服是墨绿色；忌讳仙鹤图案，认为是蠢汉和淫妇的象征。不送香水或化妆品给恋人、亲属之外的女人，因为他们认为这些象征着过分亲热或是图谋不轨。

澳大利亚人与朋友偶会于途中或相逢在其他场合，只习惯轻声地说个"哈罗"的"哈"字，有时干脆连"哈"字也不讲，向你挤一下左眼，就算向你打招呼了。与宾客相见时，总喜欢热烈握手，彼此以名相称。大多数澳大利亚人，不论其地位多高，都很平易近人，肯定会真诚而专注地倾听你的意见。他们讨厌任何仗地位来摆架子的作风。在澳大利亚，体力劳动者受到较多的尊重。澳大利亚人在提供服务或接受个人服务时极为随便——出租汽车的司机接待单身男乘客时欢迎他坐在自己旁边。在澳大利亚必须注意不乱掷东西，因为他们希望来访的客人尊重澳大利亚人高标准的整洁要求。他们大多数人有强烈的社会责任感，倾向于高度重视集体的努力。在澳大利亚，即使是很友好地向人眨眼（尤其是妇女），也会被认为是极不礼貌的行为。他们对兔子特别忌讳，认为兔子是一种不吉祥的动物，人们看到它都会感到倒霉，因为这预示着厄运将要临头。他们对"13"很讨厌，认为"13"会给人们带来不幸和灾难。他们忌讳"自谦"的客套语言，认为这是虚伪和无能或看不起人的表现。

日本人通常以鞠躬作为见面礼节。在鞠躬的度数、时间的长短、次数等方面还有其特别的讲究。行鞠躬礼时手中不得拿东西，头上不得戴

帽子。日本有时还一面握手一面鞠躬致敬。一般日本妇女，尤其是日本的乡村妇女只是鞠躬。在日本送别亲友往往还会向对方行跪礼或摇屐礼。妇女所行的为跪礼，即屈膝下跪；男子所行的摇屐礼，手持木屐在空中摇动。日本人与他人初次见面时，通常都要互换名片，否则即被理解为是不愿与对方交往。在交际场合，日本人的信条是"不给别人添麻烦"，因此，忌讳高声谈笑，但是在外人面前则大都要满脸笑容，日本人认为这是礼貌。日本人很喜欢猕猴和绿雉，并且分别将其确定为国宝和国鸟。同时，他们钟爱鹤和乌龟，认为两者都是长寿、吉祥的代表。一般而论，日本人大都喜爱白色与黄色，厌恶绿色和紫色。在日本，绿色与紫色都具有不祥与悲伤的意味。日本人有着敬重"7"这一数字的习俗，可是对于"4"与"9"却视为甚为不吉。日本人很爱给人送小礼物。日本人觉得注视对方双眼是失礼的，因此，他们绝不会直勾勾地盯视对方。

韩国人一般都采用握手作为见面礼节，妇女一般不与男子握手，而往往代之以鞠躬或者点头致意。韩国人在不少场合有时也同时采用先鞠躬后握手的方式；同他人告别时，若对方是有地位、身份的人，韩国人往往要多次行礼达三五次之多。一般情况下，韩国人在称呼他人时爱用尊称和敬语。韩国人非常讲究预先约定，遵守时间，并且十分重视名片的使用。韩国人大都珍爱白色，崇拜熊虎。以木槿花为国花，以松树为国树，以喜鹊为国鸟，以老虎为国兽。韩国人的民族自尊心很强，他们强调"身土不二"，反对崇洋媚外，倡导使用国货。在韩国，一身外国名牌的人往往会被韩国人看不起。需要向韩国人馈赠礼品时，宜选择鲜花、酒类或工艺品。但是，最好不要送日本货。在接受礼品时，韩国人大都不习惯于当场打开包装。韩国民间仍讲究"男尊女卑"，男女一同就座时，女人应自动坐在下座，并且不得坐得高于男子，女子不得在男子面前高声谈笑等。

在了解了不同国家在礼仪上的差别之后，年轻人与外国友人的交往也会变得有的放矢。只有尊重对方国家，才能表现出你对对方的尊敬之情。

敬酒不劝酒才是待客之道

　　酒在社交场合扮演着非常重要的角色，无论是正餐，还是单纯的商务聚会，都少不了酒的影子。中国是酒的故乡，在中华民族五千年的历史长河中，酒作为一种特殊的食品出现在各种场合上。外国人对于酒有着更多的讲究，吃不同食物要搭配不同的酒，在不同的场合中也要饮不同的酒。酒对世界各国的影响力都不能忽视，所以，年轻人在有酒的场合一定要把持住分寸，敬酒不劝酒，别让这共同的文化失去尊敬的味道。

　　劝人饮酒有如下几种方式："文敬"、"武敬"、"罚敬"。"文敬"，是传统酒德的一种体现，也即有礼有节地劝客人饮酒。酒席开始，主人往往在讲上几句话后，便开始了第一次敬酒。这时，宾主都要起立，主人先将杯中的酒一饮而尽，并将空酒杯口朝下，说明自己已经喝完，以示对客人的尊重。客人一般也要喝完。在席间，主人往往还分别到各桌去敬酒。

　　"回敬"，是客人向主人敬酒。"互敬"，是客人与客人之间的"敬酒"，为了使对方多饮酒，敬酒者会找出种种必须喝酒的理由，若被敬酒者无法找出反驳的理由就得喝酒。在这种双方寻找论据的同时，人与人的感情交流得到升华。"代饮"即不失风度，又不使宾主扫兴的躲避敬酒的方式。本人不会饮酒，或已经饮酒太多，但是主人或客人又非得敬上以表达敬意，这时，就可请人代酒。代饮酒的人一般与他有特殊的关系。在婚礼上，男方和女方的伴郎和伴娘往往是代饮的首选人物，故酒量必须大。为了劝酒，酒席上有许多趣话，如"感情深，一口闷；感情厚，喝个够；感情浅，舔一舔"。

　　相对而言，敬酒就显得婉转得多，它不要求对方必须喝酒，只是为了表达自己的心意。干杯前，可以象征性地和对方碰一下酒杯；碰杯的时候，应该让自己的酒杯低于对方的酒杯，表示你对对方的尊敬。用酒杯杯底轻碰桌面，也可以表示和对方碰杯。当你离对方比较远时，完全可以用

这种方式代替。

一般情况下，敬酒应以年龄大小、职位高低、宾主身份为先后顺序，一定要充分考虑好敬酒的顺序，分明主次。即使和不熟悉的人在一起喝酒，也要先打听一下身份或是留意别人对他的称号，避免出现尴尬。假使你有求于席上的某位客人，对他自然要备加恭敬，但如果在场有更高身份或年长的人，也要先给尊长者敬酒，不然会使大家很难为情。

如果在社交场合自己真的不能喝酒就不要先去开口，举起酒杯和对方点头示意一下即可。在社交场合没有人会喝醉，大家都是点到为止，所以，年轻人也不要一味劝酒。酒只能是助兴的饮品，能让大家在陌生的环境中放松下来，达到良好交流的目的才是饮酒的真正用意。

与外国友人交谈需注意的礼仪

在与外国友人进行社交时，对自己的言行举止要格外注意，要知道你的行为代表的是国家的形象。在和外国友人交谈时我们需要迎合他们交谈时的习惯，这是对他们的尊重，也是为了方便双方的交流。除了交谈过程中那些我们不能触碰的禁忌以外，我们还要知道对方的交谈习惯，才能发挥礼仪的作用。

1. 妥善安排见面的时间

在外国人眼中，守时是一切交谈的前提，他们的时间观念可以用严苛来形容，所以，年轻人想拜访对方或是和对方商谈公事时，都要提前告知对方。如果是临时决定的，也要在第一时间通知对方，好让他有做准备的时间。

2. 时刻展现出你的尊敬和善意

如果是你向对方提出见面，那么你要为对方提供一切的方便，使双方从交谈开始时就在友善的气氛下进行。尤其是对于远道而来的国际友人，

你要热心地告诉他，你会为其安排好一切。这不但表现了你的诚意，也让对方在不必顾虑琐碎事的情况下专心和你沟通。

3. 不能随意被其他事打断沟通

在和别人交谈的过程中，被外界的一些事情打断，是不礼貌的行为。所以，在双方沟通的过程中最好不让别人干扰你们，否则既破坏了良好的沟通气氛，又会给外国友人留下不被尊重的印象。

4. 不可忽略的礼仪规范

沟通时，仍然要遵守一般奉行的礼仪和保持良好的仪态，这样可以增加人们对你的好感，提高你的沟通效率。此外，坐姿不良、在对方讲话时左顾右盼，都足以使人对你产生不良的印象，从而减低与你洽谈的兴致。

5. 有过失时要及时道歉

如果你明显地犯了错，并且对别人造成或大或小的伤害，一句充满歉意的"对不起"通常能够获得对方的原谅。就算他实在很懊恼，至少也能稍微缓和一下情绪。做无谓的辩解只能火上加油，扩大事端。

6. 缓和紧张的气氛

当会议因时间久而陷于沉闷、紧张的气氛时，做无意义的僵持是无法获得令人满意的结果的。如果能在不打断对方的情形下提出休息一下，对方必能欣然接受，紧张的气氛也能立刻得以缓解，当你们再回到会议桌时，也能以清晰的思路继续沟通。

7. 做个周到的人

如果沟通是在你的公司进行，除了应向沟通对手提供舒适的场所以外，更应该尽量配合对手，向他提供有助于进行沟通的服务与设备。协助对手对沟通内容做正确的衡量，其结果也是对己方极为有利的。

8. 多征求对方的意见

每个人都希望自己的意见受到重视。当你和他人进行沟通时，除了说出自己的想法以外，可以征询一下对方的意见，这不但能让对方感受到重视，更能使你们因思想的交流而逐渐达成协议。

9. 解决问题时拿出你的诚意

当外国友人向你提出抱怨时，你应该做的是设法安抚他，最好的办法就是对他提出的抱怨表示关切。这样对方会觉得你有责任感，也会恢复对你的信任。

10. 听不懂对方说的话时，务必请他再重复一遍

英语不是我们的母语，听不懂又装懂，那才会让人瞧不起，其实请对方再重复一遍、讲清楚些并不难，相信对方不但会再说一遍，而且连速度都会放慢些。如果你还是没听懂，那么仍然需要让对方再解释一遍。

11. 坏消息要委婉表达

要向他人透露坏消息也需要一点技巧。老师在公布成绩之前，总是只透露有多少人不及格，以使得考得不好的同学先做好心理准备，同样，在向对方透露坏消息时，先告诉他"恐怕是坏消息"，也能起到同样效果。

年轻人在和国际友人交谈时，不能因为交谈中的这些小事影响了自己的形象。我们要将自己的礼仪风范贯穿交谈的始终，让对方在与你交谈的时候感到舒适和自在，这样才能在你们之间架起友谊的桥梁。

出境旅游要了解的礼仪

随着经济水平的提高，年轻人会在自己闲暇的时候选择走出国门，到世界各地去观光旅游。我们在别的国家生活，自然要遵循别国的礼仪规范，不能拿我国的礼仪规范来行事，毕竟我们有着不同的文化背景以及相处禁忌。在外国给他人留下美好的印象不仅给自己争光，更会给国家带来荣誉。

在准备出国旅游时，一定要将出国前的准备工作做好，带好各种证件、准备要带的行李、调查对方国家的一些禁忌，最好还能学几句要去的国家的语言，以备有需要的时候能用上。坐飞机和入住酒店的礼仪和在国内是一样的，只要礼貌用语并配以微笑就能显示出自己的礼仪。在这里特

别要说的是，在国外大部分地区都是要收小费的，这和国内大不相同，所以，年轻人在出境游的时候一定要了解当地给小费的礼仪。在国外旅行，随时随地都会遇到这样一个问题——支付小费(亦称服务费)的问题。因各国、各地区收小费的比例不一，差距较大。初到一地，应事先向有经验的人了解有关情况，并与同行者研究一下付小费的合理办法，应以"入乡随俗"的态度认真对待，以免带来不好的影响。

1. 小费的种类

（1）饭店、餐厅的小费。如果过去是根据服务招待人员的态度、服务质量好坏给小费的话，那么现在的情况就不同了，收小费已成为一种规定。

（2）在世界各地，饭店里的侍者可算是拿小费数最多的行业。在欧洲，所有的饭店在算账时都要收10%～15%的"服务费"(即小费)。收小费的方式各地也不一样，有的让顾客自己在账单上写上服务费的百分比数目(一般为10%~15%)，然后侍者凭顾客在账单上的签字，从收款处取出钱作为服务费。目前更多饭店、餐厅采取直接在账单上列明加收10%～15%的服务费，这笔外快是饭店工作人员平分的，其中也包括那些不直接同顾客打交道的人。顾客除了必须交纳包括账单内的服务费外，在欧洲一些国家，还要多少给侍者一些零钱(约5%)，因为15%左右的服务费也许不能落到招待人员的手中。

（3）在饭店里演出的歌手、拉小提琴或弹吉他的乐师，一般都不是饭店里的雇员，他们没有固定的工资收入(在某些情况下，为获准让他们演出和收小费，他们还得付钱给饭店)。给不给他们小费完全出于自愿。如果你没有点唱或点奏，就不用破费。很多饭店里的厕所都由专人看管。如果你只是到盥洗室洗手，可不必在托盘里放钱。

（4）旅馆里的小费。在国外住旅馆动不动要付小费，旅馆越大，小费种类就越多，除了旅馆账单上有10%～15%的服务费外，还有其他额外的服务也要付小费。刚进旅馆，有几个服务员来搬行李，不必一个个付小费；对给你打开房间门，放好行李的服务员，可付给1美元左右的小费。

服务员送早点、茶、饮料都要收小费。此外，还要给打扫房间卫生的清洁工小费，旅客住宿的时间长应多给，住的时间短可少给。在美国，高级旅馆的习惯则每天给清洁工留下2美元，但在欧洲，付给房间服务员的小费都要放在桌子上，服务员一进房间就会收去，一般来说，中等房间每天要付相当于1英镑的小费。至于旅馆门口的服务员应该给多少小费还得看其服务的程度。

（5）出租汽车的小费。在国外，出租汽车小费一般占车费的15%，如果拒绝支付出租汽车司机索取的小费就可能招致危险。 美国的出租汽车司机1／3的收入靠小费，因此乘客得付15%以上的小费。伦敦的出租汽车司机对小费不太苛求。如果你决定租用一辆汽车由自己来开，应该记住汽车加油时，通常得给替你加油和擦挡风玻璃的工人付少量小费。但英国例外，英国加油站的工人不收小费。

（6）其他场合的小费。在国外大多数国际机场里，搬运工是按件收小费，每件行李收25美分，在纽约肯尼迪机场，单件行李一般小费小低于1美元。如果件数多，每件不少于50美分。在火车站，搬运工同样是计件收小费的。在欧洲的影剧院，如果你接受了节目单，一般给门口分发节目单的服务员25美分的小费。在公共场所存取衣物要给小费。帮助你开关车门的人要给小费。

2. 给小费的方式

在饭店、旅馆等地方，除应交付账单上公开列明的服务费外，在国外还有很多场合付小费是私下进行的。一般将小费放在茶盘、酒杯底下；或在感谢招待服务人员时直接塞在其手里；或在付款时，只将找回的整款拿走，零钱就算作小费；或者多付钱，余钱不拿走。对代表官方的接待人员，因其不收小费，可酌情赠送小纪念品。

给小费还要有点艺术。给钱过多，超过了一般标准或拿着钞随便乱给，会被看成是故意炫耀自己的富有；给得太少又会被看成是小气，甚至会被骂成吝啬鬼，一些游客还会由于给少了小费而得到低劣的服务。给小费的时机也很重要，假如你在临别时才给，是不能补偿所出现的种

种不快的。如果你刚一到达就递过去一张钞票，以此表示自己对服务员的一点心意和对他工作的鼓励是比较合适的。对进房间清扫卫生的服务员，可用礼貌的眼色、手势或简明短语表示一下小费所放的位置，让对方领会其意为佳。

3. 不同国家收小费的区别

在奥地利，尽管各项费用中已经包括了服务费，但餐厅服务员和司机们希望能额外得到几个先令的小费；瑞士明文规定，司机可以要求得到数额为车费10%的小费。大餐馆中，虽然小费很受欢迎，但未有公开收取小费的；意大利人虽然很乐意得到小费，但他们却都闭口不谈。在餐馆里，当服务员给客人送去账单时，客人会默默地将小费放入在端账单的小盘子上，再在上面盖上餐巾或餐纸；在法国，财政部在税收方面也把小费收入统计在内，规定餐馆等服务行业起码收取10%的小费；东欧有的国家政府不准收取小费，但这些国家里的服务员对小费是乐意接受的，如能得到一些西方货币就更好了；美国有些人简直靠收小费发财，总是来者不拒；在墨西哥，100个比索的小费可使一个普通工人的日收入至少提高1/7，收到这样的小费会使其感激不尽；北非及中东几乎干什么都收小费：擦鞋匠、搬运工、导游、海关人员、签证官员、甚至警察也不例外。

无论走到哪个国家，年轻人都要先了解对方在礼仪方面的注意事项，才能度过一个美好的旅程。不同的文化造就不同的礼仪规范，走在别的国家的土地上就要遵循当地的规矩，不仅为了自己的安全，也为了表示你的尊重。

礼仪是开启年轻人幸福生活的金钥匙

第十一章　家庭和睦"识礼知书"

☞ 年轻人要明白的家庭礼仪

有礼才能让婚姻保持新鲜

很多人都会对婚姻生活抱有这样的疑问：为什么刚开始的时候双方和平相处，但随着时间的推移感情却变得越来越淡，难道婚姻真的是爱情的坟墓？其实不然，有很多的感情都是在婚姻中越来越甜蜜，越来越亲近，这就要看双方怎么经营。

很多人走进婚姻生活后就觉得松了一口气，两个人不用再像恋爱时那样小心翼翼，都各自露出了"本来面目"，这样一来就会暴露出一些缺点，时间久了就会积累成一次次的争吵。其实归根结底，这都是我们在结婚后没有重视家庭礼仪的结果。对于走入婚姻家庭的年轻人来说，无论男女，在家里都应继续保持良好的仪容，在生活的细节上有所注意，也要偶尔精心打扮一番给对方个惊喜，这样充满悬念和神秘感的生活才能让婚姻保持新鲜。

首先，年轻人即使在家里也要穿戴整齐。

大多数人在家里会穿得比较随意，或者可以说是想穿什么就穿什么，

这是无可厚非的，毕竟家里和外面不同，家里是放松，是属于自己的地方。但是即使是穿居家服也需要整齐和干净，尽量不要穿过于暴露的睡衣在客厅里活动，更不要穿睡衣出门和下楼，这些都是对他人的不尊重。家里如果有老人和小孩的话，更加要注意。

其次，个人的卫生和形象不可忽视。

个人的清洁和卫生对于年轻人来说在任何时候都是不能忽略的，千万不要不刷牙、不洗脸，蓬头垢面的就在家里活动。那一定会让你另一伴后悔怎么和你这样一个表里不一的人结婚。在家里吃饭的时候也要注意不要吧唧嘴，不要随意打嗝，这些都会让你身边的人觉得厌恶。

再次，生活中的小细节你不得不留心。

有很多女人在家里上厕所的时候不仅开着门，还在里面打电话，我们都知道再优雅的女人在如厕的时候都优雅不起来，你不能把自己最不雅观的一面给你的爱人，而厕所里的气味对于爱你的人来说也是一样的难闻。同样，当你的爱人上厕所的时候，你也最好不要为了节省时间，进到厕所里刷牙、洗脸和进行其他的活动，这也是会引起他内心反感的举动。

最后，偶尔的惊喜是婚姻的必需品。

如果你是个职业女性，你在家里更要保持良好的形象，因为你的另一半最不能容忍的事情一定是你光鲜亮丽去上班，却灰头土脸地面对他。要想让夫妻关系持续升温，女人也需要和法定的伴侣不定期外出约会，并且精心打扮自己，这样才能让他觉得因为他让你更加美丽，而不是魅力全无。

年轻人在婚姻生活中一定不要完全松懈下来，你面对的是你的爱人，不是宠你纵容你的父母，在爱人面前表现出你良好的一面是你婚姻生活中最应该注意的礼仪。你表现出来的态度与行动就是你对他的尊敬和爱的程度，别因为生活中这些不拘小节的小事，毁了你来之不易的幸福家庭。

别让批评成为婚姻的"掘土机"

每个人的内心深处都渴望他人对自己的认可与尊重，婚姻中的男女更是如此。当对方拖着疲惫的身心回到家时，他需要的是一句温暖的问候，而不是你的冷言冷语。现实生活中，不管男人还是女人都有自己的工作，看到对方时不要把工作中的坏情绪发泄到对方身上，有可能他今天也经历了同样不高兴的事情，给彼此一个微笑，才是让婚姻长久的法宝。

如果你在工作中是个普通的小职员，那么我想你已经承受过批评给你带来的伤害；如果你在工作中是个努力升迁的小领导，那么我想你一定不希望因为批评下属错失好人缘；如果你在工作中是个运筹帷幄的总统领，那么我想你已经认识到批评对你的未来并没有好的影响。既然如此，年轻人在回到家时要以同样的心态对待你的另一伴，不让批评成为你工作中的绊脚石的同时，也别让批评成为你婚姻中的"掘土机"。

夫妻之间本来是要互相尊重的，没有一个人愿意每天都活在一片责备声、批评声中，唠叨和抱怨只会把婚姻送进坟墓。消极的情绪会杀死一个人，而总是生活在消极的语言中会杀死两个人的婚姻。每个人都有自己的缺点，也都有自己的优点，婚姻是一面镜子，你总是能看到对方身上的优点，对方也自然能看到你的；你希望对方赞美你，你当然也要先去赞美你的伴侣。即使是夫妻，很多事情也并不是理所应当的，作为夫妻应当对伴侣的关爱和付出表示感谢和感激，否则长时间的付出而没有回报，婚姻就会真的走向死亡了。

夫妻之间相处，最珍贵的是谅解，最可爱的是了解，最难得的是理解，最可悲的是误解。夫妻不可能事事统一、处处一致，争吵是难免的。争吵时情绪激动，容易口出秽言，说"过头话、"做"过头事"，所以夫妻争吵有"四忌"：忌口出秽言、忌翻旧账、忌回娘家搬人、忌人身攻击。一定要记住在家庭日常生活中产生的矛盾，是不可以用粗暴的方法来解决的，对于伴侣不对的地方，女性要提出来，但是不能无休止地没完没

了地唠叨，否则最后只能让对方离自己越来越远。

年轻人要清楚地知道，你的另一伴不是你的敌人，不是你的下属，更不是你的佣人。每个人都有做得不尽如人意的事情，你要学会去宽容他、鼓励他，这样对方才能感受到你的重视和爱。

有些人总以自己是保守的、传统的来作为借口，现在的时代已经不像从前那样"一切尽在不言中"，你若是爱着对方你就要告诉他，没有什么比表达爱意更让人觉得真实的事情了。生活中一些小的过错就让它慢慢淡去，不要总是揪住对方的过错不放。在和对方争吵的过程中，你一句严厉的批评，可能在争吵过后用一百句的甜言蜜语也弥补不了。为了不让自己在愤怒的时候恶语相向，平时就少批评对方，有话好好讲。

俗话说："良言一句三冬暖，恶语伤人六月寒。"少一句批评，多一句赞美，让他感受到你发自内心的爱，这就是持久的婚姻生活中最好的润滑剂。在婚姻中多一点理解、多一点尊重、多一点微笑就能让彼此体会到婚姻的乐趣和幸福。

尊重对方，你的婚姻才能一帆风顺

尊重是夫妻双方一个永恒的话题。我们在外面与人相处都知道要尊重对方，那么回到家里我们不是更应该尊重你爱的人吗？在婚姻中，学会尊重对方，在平等的关系上享受婚姻的乐趣，才是双方能长久维持良好婚姻生活的保障。

每个人都渴望赢得他人的尊重，在婚姻生活中的双方更是如此，你若想赢得对方的尊重，首先就要学会尊重对方。婚姻生活不同于你们恋爱的时候，恋爱只想着如何讨对方欢心，如何让你们的每一次约会都充满浪漫的色彩。在现实婚姻中，你就会发现对方生活中的一些不好的习惯，你会每天除了上下班还要为家里人操心，你会发现婚姻不是你想象中的样子。

确实是这样，婚姻是恋爱与生活的结合体，在恋爱时谁都看不到对方生活中的样子，只有生活在一起了才能看清完整的对方。

那么，在婚姻生活中的年轻人要怎么做才能体现出你尊重对方呢？

1. 相敬如宾

夫妻中的双方应该意识到，配偶不是自己的附属品，更不是自己的仇人，应该相亲相爱、相敬如宾。平时说话、做事，要注意方式，说话做事要多考虑对方的感受，对待自己的伴侣，要像对待自己的亲密朋友一样去对待。相敬如宾不是让你虚情假意地对待对方，而是要你恭恭敬敬地对待他、爱护他、关心他。他是你的爱人，是你可以倾尽所有去守护的对象，那么，既然你爱着他，就要学会公平地对待他，相敬如宾才是厮守到老的保证。

2. 爱他就给他自由的空间

夫妻之间除了相互尊重、相互爱护之外，还要相互信任，给彼此相对独立的空间。现代社会的竞争非常强烈，人与人之间的交往也非常密切，这是社会生存的必要，也是人类情感交流的必要。夫妻双方中的每个人，都有自己的生存与发展空间，都有各自的行为方式，这就要求夫妻双方尊重彼此的想法及选择，给自己的爱人充分的信任，让彼此都能自由、友好地发展下去。要相信自己的爱人，同时也相信自己的选择，毕竟自己的爱人是自己选择的，相信他就是相信自己。不论自己的爱人在外面做了什么事，即使是单独和异性接触，也不要胡思乱想，要对自己有信心；当听到别人对自己的爱人评头论足，特别是有一些不好的言论的时候，要沉住气，千万不要由此对自己的爱人产生怀疑，乱了方寸，同时还要对于污蔑自己爱人的人，予以恰当的反击，如："我的爱人我知道，我相信他，谢谢您的忠告。"相信对方也会知趣而退，不再述说。如果自己实在是有点生气或者怀疑，也不要当着外人的面争吵或者质问，回到家里再平心静气地沟通，是一个不失涵养的做法。

3. 在他朋友面前给足他面子

男人在家里可以是妻管炎，但是在外面他希望全世界都知道自己的

太太是温柔贤淑的。当他的朋友来家里做客的时候，作为妻子一定要热情地招待，让他的朋友羡慕他有个好太太。当和他的朋友聊天的时候，即使他有再多错误，即使你对他有再多不满，也不能当众数落他，否则，男人可能会恼羞成怒。在什么时候该说什么话，本来就是有礼仪的女人该懂得的，但是别忘记了在你的爱人身上也一样适用。

4. 公共场合成为让他骄傲的伴侣

成功的男性有很多需要应酬的场合都需要携带女伴出席。作为他的合法伴侣如果女性懂得修饰自己，言谈举止非常得体大方，会让男人非常有面子。夫妻本是一体，他的面子也是女人的面子。如果每次出现在众人面前，女人都是邋遢和不修边幅的，他以后一定不愿意带你出去，这点男女并没有区别。

无论是男人还是女人，在婚姻生活中都要学会尊重对方，感情只有建立在尊重之上才能走得长久。用你的辛苦体会对方的不易，多一点理解，多一点温柔，你就能看到尊重他是多么重要的事情，只有感受到家庭的重要他才能在事业上更加自信。

相互理解，你的婚姻才能甜甜蜜蜜

爱情可以是一个人的事，只要你爱他就没有人能阻拦你的心，但婚姻却是两个人的事，一方的小心呵护、无条件付出是换不来生活的幸福的。只有双方相互理解、相互包容、相互体贴的情况下，婚姻生活才能甜甜蜜蜜。婚姻中的理解就是一个眼神、一个拥抱、一句"我懂"。

现在的年轻人大多数都是独生子女，从小就被家里宠着、惯着，从来都是别人理解自己，很少主动去理解他人。当我们有了自己的家庭，有了自己要保护、要守护的人时，我们不能再一味地让对方去理解自己。你要先学会理解他，用你的心去包容、爱护他，他才肯在婚姻中为你倾注所

有。理解是你们心灵的碰撞，是相爱的见证，是你们不需要言语、不需要接触、不需要沟通就能体会对方的心思。只有在生活中相互理解的人，才会体会到婚姻的真谛。

在"二战"中拥有"热血铁胆"之称的美国军事统帅乔治·巴顿，在战场上骁勇善战，在私下风趣幽默，就连找对象这件事也是如此。巴顿的个人条件算是不错的，但是他的择偶条件非常特殊，就是"要找一个能理解死的人"。每当他有心仪的姑娘时，只要一谈到这个问题，姑娘们便会找各种理由离开。

当巴顿在圣卡塔利娜岛遇上阿特丽丝时，一切发生了改变。在他们相处的日子里，巴顿一如既往地提到了自己想找一位能理解死的人，这次阿特丽丝没有吓跑，反而饶有兴致地问道："你认为自己怎么死才光荣有趣呢？"巴顿乐滋滋地回答："我认为最美好的死法是让结束战争的最后一发子弹打在我的脑门上。"阿特丽丝会心一笑说："那么我希望战争永不结束。"说到这里，这对绝配情侣都开怀大笑起来。1909年，巴顿从西点军校毕业，打算与阿特丽丝结婚，却遭到未来岳父的阻止，不论阿特丽丝怎么向老人撒娇，巴顿怎么向老人求情，老人都无动于衷。后来，巴顿登门向老人说："我之所以当一名军人，就像呼吸那么自然……实际上公民的最高义务和权力就是拿起武器保卫祖国。"老人最终还是妥协了，这对新人在谢里登堡的军营中举行了婚礼。

婚后的阿特丽丝随巴顿来到军营，她放下大家闺秀的架子，在军营中成为巴顿的贤内助。她帮助丈夫把粗鲁的言辞变得温和顺耳，提醒他如何待人接物，还帮助他克服自卑感。她献身于他的事业，克制他的脾气，安慰他受伤的感情，培养他的外交手腕和敏锐的眼光。她还带巴顿出席上流人士的酒会，结交了不少军界高官，使巴顿在军界获得了很好的人脉。

在阿特丽丝的支持下，巴顿在战场上建功立业，扬名世界。"二战"结束不久，在1945年12月9日，巴顿所乘车辆与一辆卡车相撞，颈部受重伤。阿特丽丝以最快的速度从外地赶来，昼夜守候在病房里。同年12月21

日下午，巴顿心满意足地长眠在妻子的怀中。

乔治·巴顿和阿特丽丝就是一对能相互理解的恋人，在他们相伴的日子里，阿特丽丝包容巴顿的一切，并帮他与军方官员建立良好的关系，使得巴顿的前程更加光明，而巴顿也甘心让阿特丽丝这样改变自己，因为他了解她的良苦用心。他们的爱情、他们的婚姻正是有相互的理解、相互的包容才能一直甜蜜，直到生命的终结。

现在年轻的夫妻就是缺少这种相互理解，总是因为一些小事吵个不停，总是觉得对方不理解自己，那么你又理解对方多少呢？人都是只愿收获不愿付出，但没有付出哪有收获。想要有什么收获，就要有什么样的付出，有时候甚至是加倍付出。生活中会有很多数不清的别扭事，谁都有个脾气，有时自己跟自己还较劲呢，更别提两个人在一起生活了。两个不同个性的人相处在同一屋檐下是需要技巧和艺术的，凡事多互相体谅、多安慰对方、多考虑自己的不足，两个人白头到老不是很难实现的。

年轻人在婚姻生活中一定要明白，现在是两个人一起过日子，不是你为所欲为的时候了，要学着去理解对方、包容对方，你设身处地地为他着想，他才能休会到你的用心。婚姻中只有爱情是不够的，再深刻的爱也会被残酷的现实慢慢磨平，唯有理解、体谅对方，你们的爱才能保持原来的样子，婚姻生活也才会甜蜜，长久。

对待孩子有"礼"才能教导有方

每个孩子都被家长寄予厚望，这不仅需要孩子自己的努力，更重要家长的教导。言传不如身教，作为家长的你在生活中如何对待你的孩子，你的孩子在今后也会以同样的方式对待他身边的人。不得不承认，孩子的很多不良习惯都是从家长那学来的。作为父母首先要学会在孩子面前显示出自己的礼仪，这样他才能耳濡目染。

事实上，父母的言行对孩子的修养影响是最大的，你也不想自己的孩子长大之后被人用鄙视的眼光打量吧？那就不要在孩子面前争吵；不要对孩子撒谎；不要对孩子表示出自己的不耐烦；夫妻双方要相互体谅、相互关怀；孩子的朋友来家里做客你要表示出欢迎和尊重；在孩子的朋友面前不要说他的过错，哪怕是用开玩笑的口吻；不要在自己的朋友面前把孩子说得一无是处；不要老对孩子说"你看某某某，多懂事"；孩子有值得表扬的地方一定称赞他；与孩子保持亲密无间的关系。这些说起来大家都会觉得很平常，可就是这些平常的小事你一不留神的瞬间就会伤了孩子的心。

在家庭生活中，总有一家人围坐在一起看看电视、聊聊天的情况，在孩子面前不要与家人争看自己喜欢的节目，这样会破坏本来很和谐的家庭气氛，即使作为妻子也不可以和老公撒娇争抢电视。要有节制、有选择地观看电视节目。要求孩子在家中观看电视，必须是在每日完成作业之后再看，可以看新闻节目、动画片以及科教片等。但是不宜长时间地看多集电视连续剧，既浪费时间，牵扯精力，影响学习，又于视力不利。独自看电视时，不要影响家人的工作、学习或休息。不管何时，收看电视节目都要以自己家能听清为宜，不要影响左邻右舍的安宁。

随着通讯时代的到来，电话在家中已经全面普及。家庭电话常常会出现一些接听和拨打的错误，作为父母在孩子面前一定要把握好自己的言语，别因为一个电话，给孩子的心理造成无形的影响。除急需或特殊情况外，白天最好在8点以后（假日9点以后），夜间10点以前，中午避开休息时间，避开用餐的时间，而且最好别在节假日打扰对方。公务电话避开临近下班的时间，除非急事不能打到家里。查清对方号码，拨错了号码，要说"对不起"表示歉意。在请总机接转时，应当致谢。如暂无人接，应多等片刻。电话接通后，首先通报自己的姓名、身份。必要时，应询问对方是否方便，在对方方便的情况下再开始交谈。无论是在家还是在办公室，你的音色以及表达的能力是至关重要的。

电话用语应文明、礼貌，电话内容要简明、扼要，一次电话不应长

于3分钟，即所谓3分钟原则。通话之初，宜说"你好！我是某某某"，以自我介绍作为开场白，不要让对方"猜一猜"。注意一定要用"请问"、"麻烦您"、"谢谢"等谦词。请受话人找人或代转时，应说"劳驾"。通话完毕时应道"再见"，然后轻轻放下话筒时，要先行道别，随后轻放。如果对方询问自己的姓名或单位，应如实相告，如受话本人不在，又不便说出，可婉转回答。如是朋友、同事、同学可以说，"改日再来电话吧"等，切忌反问"你是谁"。电话的收话器应当拿在离你的嘴唇一英寸左右的距离，听筒应靠近你的耳朵。由于电话的技术设计，你要以自然的音量和音高传播讲话。打长途电话时如果提高音量，声音会扭曲。打国际长途时，在你开始说话之前要等对方把话说完。因为声波完全传送过来需要一二秒钟，如果你太早开口，会打断对方的声音。

接电话时，应该在电话铃响了两声之后接起，最好不要让铃声响过三遍。不要有意拖延，怠慢对方。也不要拿起听筒后，还和别人继续谈话，把发话人放在一边。电话用语应文明、礼貌，态度应热情、谦和、诚恳，语调应平和，音量要适中。不要开口便问"你是谁"，或"喂"个不停，说"喂"则显得既突然又略粗鲁。还要教育孩子不能在家里没大人的时候随便透露信息给陌生人打来的电话。

总之，年轻的父母要在这些小事上提高自己的觉悟，不能将自己的不良习惯影响到自己的下一代，既然你将希望和美丽的憧憬寄托在下一代身上，就要给他们一个良好的成长环境，让礼仪充满生活的每一个细节，他才能感受到礼仪对他生命的重要，才能成长为一个懂礼仪的人。

你是孩子人生中的第一位礼仪老师

在孩子的一生中，对其影响最大的莫过于父母。无论孩子长大后是

谦虚有礼的人，还是蛮不讲理的人，或多或少都映射出父母的为人。父母作为孩子人生中的第一位老师，在日常生活中的点点滴滴都被孩子看在眼里，尤其是他们的人生观尚不成熟的时候，他们会认为，父母做的一切都是正确的，今后自己也要这样做。那么，你的言行无形之中就影响了孩子的一生。

为人父母的年轻人，在与子女相处的时候一定不能懈怠，即使面对咿呀学语的孩子也要讲究方法、讲究礼仪。父母是孩子的启蒙老师，对孩子性格的形成、心理的成长都有潜移默化的影响。你的脾气暴躁，你孩子的脾气也不会很平和；你性格内向，你孩子的性格也不会太开朗；你做事谨慎，你孩子遇事也会反复思考。孩子就像你的缩影，他很好呈现了你的性格特征。

蓉蓉的妈妈从她几个月开始就培养她的待人接客之道。当家里有客人来时，蓉蓉妈就带她一起跟客人打招呼、握握手，让蓉蓉知道这是一种欢迎宾客的礼节。当蓉蓉会走路说话后，蓉蓉妈让蓉蓉有了更多的行动，当客人按门铃时，妈妈就抱着蓉蓉在门口等候，亲自迎接客人的到来，并热情地和客人打招呼，然后请蓉蓉将客人带到客厅。当客人来家里做客时，家里的其他成员无论手上在忙什么事情，都会出来和客人打声招呼，再去做自己的事情。整个家里所表现出来的真诚和热情，都让孩子切身感受到。

如今的蓉蓉已经学会了更多待客礼仪，当家里有客人到访时，蓉蓉妈妈已经不用再提醒蓉蓉该如何去做，她会主动问客人好，在客人说话时不打断对方。

正是由于蓉蓉的妈妈对她从小的影响与引导，才让小小年纪的她懂得了待客之道。蓉蓉的妈妈深知，只有在孩子小的时候就用自己的礼貌言行影响她，才会让她慢慢长成一个知礼仪、懂分寸的人。年轻人在孩子面前一定要将自己的礼节贯穿在生活的每一个细节中，因为你的一个动作、一句话都会影响他的一生。

那么，年轻人要怎么做才能让自己的孩子学习到礼仪呢？

第一，和孩子玩招待客人的小游戏。妈妈可以把一些礼仪知识融会到游戏中去，孩子也能更好地理解。只要孩子有兴趣，游戏可以每隔一段时间玩一次。当真正的客人来时，为了消除孩子的紧张，也可以告诉他，今天的招待客人小游戏增加了新成员。需要让孩子当小助手时，最好是先从他拿手的活儿做起，这样不仅增加他的自信，也更能让他在客人面前表现得自在轻松。最好不要让孩子端热茶、咖啡一类的饮料，以免烫伤孩子。

第二，平时注意收集孩子感兴趣的卡通片、故事角色，这样才能准确无误地找到孩子喜欢的话题，让孩子不会抗拒和客人一起交流。不爱跟小客人玩、不舍得拿玩具给客人玩的孩子，都说明孩子的内心世界里对小主人的意识不够强，妈妈要做的是引导孩子学习做小主人，并让他们明白，分享并不意味着失去，而是会让他们得到更多友谊与快乐。

第三，因为来客人，家里的气氛一下变得热闹，这对孩子是一个强有力的刺激，因此他可能会表现得兴奋、活跃。这实际上也是孩子的一种表现欲望，渴望得到客人的表扬和肯定。当孩子出现这种状况时，不要生硬地制止，可以转移孩子的注意力，或是让家人带他暂时离开现场去做他喜欢的事，让他平静下来。孩子出现这种情况，常常是由于缺少机会表现自己，妈妈可在平时适当地增加孩子展示自己的机会。

第四，当家有客人来时，父母的重心往往放在了客人身上。此时孩子提出一些要求，为了息事宁人，父母总会很快答应他们的要求。孩子有了一次甜头，就会尝试第二次，甚至一次比一次要求更多。想要杜绝这种事发生，必须不管有没有客人，对孩子的要求都不能放松，也不要因为他哭闹就无原则地迁就他。刚开始时，可能会有些困难，但几次交手下来，只要父母能坚持下来，聪明的孩子一定能牢记游戏规则，不会再做徒劳的争吵，反而会乖乖配合你。

用自己的行动与表现让孩子感受到父母的礼仪，在潜移默化中影响他们的言行举止。一个负责任的家长，不会让自己不好的言行影响到孩子。不在孩子面前说违背社会道德的话；不在孩子面前做违背社会道德

的事；夫妻间相敬如宾；爱戴、尊重父母……这些小事都将左右孩子的心，从而影响他成为一个怎样的人。每个父母都希望自己的孩子成为人上人，那么，就从你的言行开始，让他感受到父母是个有礼仪、有教养的人。

孩子有自己的交友观，请学会尊重他

大多数父母在自己的孩子面前都会有这样的想法：你是我的孩子，我有权利有义务帮你选择你身边的朋友，保护你的安全和美好的生活环境。每个家长对自己的孩子都是负责的，但是若孩子连选择朋友的机会都没有，那么他还能有什么事情是自己做主的呢？家长可以想象自己的小时候，你的朋友也是你的父母帮你选择的吗？是不是总有一些小朋友是自己与其相识，并开开心心一起长大的？又或者如果是自己的朋友或同事，自己会乐意别人去妄加评论吗？

小薇现在是一家公司的部门经理，在小的时候当老师的妈妈就对她管教甚严，妈妈最常说"朋友如镜子，你交什么样的朋友就能看出你是什么样的人"，所以小薇身边的朋友都是通过妈妈千挑万选选出来的。

每天小薇放学回家，妈妈总是跟在她后面不停地问："今天都和谁一起玩了？玩什么啦？有没有一起学习？放学和谁一道回来的？"一旦出现妈妈不熟悉的名字，她都会把对方最详细的信息告诉她，让她来评判这个同学到底是好还是不好。时间一长，小薇的身边几乎没有要好的朋友，到初中、高中，甚至大学毕业了，她的朋友也屈指可数。

如今小薇参加工作了，可是她却没有知心的朋友，也没有男朋友，下班或是过节的时候，也没有同事约她一起出去玩，她也想多交些朋友，可总是受妈妈的影响，不自觉得在挑剔着别人的缺点，并害怕和他们走得过近让其他人看到自己不好的一面。

　　小薇的苦闷和她母亲有直接的关系，有这样经历的年轻人不在少数，那么，若不想将这样的事情发生在下一代身上，就少批评他们的朋友。如果你已经习惯评判孩子身边的朋友，那么就要学着改变自己。首先，害怕子女乱交友是对的，给子女建议也是应该的，但要注意方式，且语气要委婉，即使要去说子女同学的不好，但表达你意见的时候也要注意。其次，帮助孩子去发现同学的优点，并鼓励孩子去学习同学的这些优点。再次，鼓励孩子大胆地去和同学交流，当孩子发现同学有不足之处时，一方面要教会孩子宽容和理解；另一方面，要让孩子去避免那些不足。最后，多让孩子讲讲和同学相处时好玩的事情，让孩子多讲讲同学的优点，以此培养孩子正确的价值观，多从积极的方面去教导孩子，能对孩子的人际交往起到很大的作用。

　　在孩子面前挑剔地评价他的朋友，或是挑剔地评价自己的朋友都会给孩子的心理造成一定影响，这不仅会引来子女的反感，影响和子女之间的感情，还会影响到子女对同学的态度，影响子女在学校的人际关系。身为父母，不要总喜欢在茶余饭后评点孩子的同学和朋友并去限制他们，让他们学着自己去评判好坏，树立自己的是非观，这样他们才会真正成长。

　　身为父母的年轻人，不要直接去批评孩子的朋友是好是坏，这样会打击孩子对待生活和学习的积极性，甚至会影响他的一生。用你爱去引导孩子树立正确的交友观，才是一个合格的家长该做的事情。

百善孝为先，面对父母更要讲究礼仪

　　尊老爱幼是中华民族的传统美德，也是从古至今延续下来的礼仪规范。当我们面对父母时，无论你有多少的不满，都不能和父母发脾气。懂得礼仪的年轻人无论在家还是出门在外，都会给老人尊重，因为是他们含

辛茹苦地把你养大，你才能有今天这样的成就。百善孝为先，懂得尊重老人的年轻人，才能懂得礼仪的真谛。

虽然现在的年轻人大多都知道父母的不容易，都知道要孝顺父母，可他们用的方式却不被父母接纳。其实，父母对你的要求非常简单，就是多陪在他们身边。我们要做的不仅是陪在他们身边，更要体谅他们、尊重他们，别让他们觉得自己是你的累赘。

张晓华的父亲退休后不肯在家闲着，于是晓华就在小区里给爸爸找了份花匠的工作。晓华的父亲是个负责的人，每天都很精心地照顾那些花花草草。有一个冬天的早上，刮着很大的风，晓华下楼上班时，就看见父亲已经站在花坛边修剪花草了。晓华走到父亲身边轻声说："爸，歇会儿吧，这么冷的天气。"父亲转过头，晓华却忽然看见他的皮袄后背上有一条约半尺长的口子，晓华当即皱了皱眉说："爸，您的衣服都破了，怎么还穿呢？"父亲脸上掠过一丝微笑，说："这衣服是麂皮的，挡风，还是前些年你给我买的呢！""我不是给您买新的了吗？"晓华有些不悦。父亲说："穿着新衣服，干活不方便。"

那天晚上晓华出差去上海了，一走就是一个星期，回来的第二天，她没有看到本应该在小区工作的父亲，于是给家里打了个电话，电话是妈妈接的，她说爸爸病了，因为着凉引起了感冒。我说："天这么冷，他怎么就不多穿点衣服呢？"母亲沉默了好一会儿才说："那天，你爸从你那儿回来，脱下那件旧皮袄就冲我发脾气，说我不该让他穿那件破衣服去上班，害他丢了女儿的脸。第二天，他硬是不肯再穿那件衣裳，我让他穿新的皮衣他又舍不得，最后只穿了一件薄袄去，回来就病倒了。"

晓华的父亲只是因为怕丢了晓华的面子，才不穿那件破旧的大衣。父母已经习惯站在子女的角度去考虑问题，而子女还没有习惯站在父母的角度去思考。父母极力地配合越来越成熟的孩子，而孩子也心安理得地在他们慷慨的支持和宠爱下成长，渐渐地忽略了他们的想法，将物质上的给予和孝顺画上等号，忘记了为人女子对父母最起码

的孝顺就是尊重。

那么，除了我们从心里尊重父母外，还需要怎么做，才能让父母体会到我们的尊重呢?

1. 对父母说话要有礼貌

有很多人在外面非常有礼貌，但是回到家里对父母就非常不耐烦。父母是你生命的根，善待父母就是善待这个家族的血缘和生命，千万不要伤害最爱自己的人，一定要对父母有礼貌。《弟子规》里说"呼尊长，勿呼名"，在和父母打招呼的时候一定要用敬语，要说"请"和"您"。

2. 对长辈说话声音要低

"尊长前，声要低，低不闻，却非宜"，在尊长的面前说话一定要低声，要态度温和，但是声音低到尊长听不见却又是不合适的。

3. 别把父母当保姆

父母对子女的爱是无怨无悔地付出，子女对父母最重要的就是要守人子的本分，尊重父母，孝顺长辈。因此，成年的子女一定要帮父母分担家务，而不能把父母当成保姆一样的使唤。每个聪明的女子都该明白，使唤父母的人是最丑陋的，因为他连自己最亲的人都不尊重，更不可能尊重别人。

对于父母，我们要重视每一个细节，给予他们更多的关注和尊重。只有把父母的事放在心里，你才能更注意父母的变化。从前都是父母为我们考虑，为我们着想，那么从现在起，开始学着为他们着想，从他们的角度去看待问题。尊重父母，体谅父母，让他们有一个美好的晚年吧。

大事情别自己拿主意，多听听父母的意见

人们通常认为，年轻人独立的标志就是自己可以为自己的事情做主，

无论是生活中还是工作中都是如此，但是年轻人往往会作一些令自己后悔的决定。其实在做重大决定的时候，我们可以多听听父母的意见，他们虽然没有与时俱进的思想，但是他们毕竟经历了几十年的风浪，相对于你来讲他们有更丰富的人生经验。多听听他们的意见，再结合你现代的思维，才能在很多事情上取得不俗的成绩。

父母经历了许多世事，处世经验也比我们丰富，看待问题会更深入和全面。凡事与父母商量总会有好处的，这些也许只有等你经历了才会明白。当你回首往事时，你会发现有许多由于年轻时的冲动而作出的决定是多么草率和缺乏周全的考虑，自己也曾经说过"早知道听爸爸妈妈的了"之类的话语。

每个父母都是爱孩子的，出于对子女的爱护，很多父母都十分乐意处理子女面对的难题。虽然有些处理方法也可能不得当和不合时宜，但是为了尊重父母，在我们遇到麻烦时，尤其是大事时，务必记得要和父母商量。商量可以让你学会站在别人的角度思考问题，这正是商量的魅力所在。两代人的沟通，最重要的是相互理解和相互尊重，而实现相互理解、相互尊重的途径就是要学会商量。

相互协商在人与人交往过程中非常重要，它能让人感觉受到尊重。根据马斯洛的需要层次理论，受尊重的需要是人类较高层次的需要。一旦这种需要无法得到满足，人类就会产生沮丧、失落等负面情绪。

如果已经习惯自己拿主意，不妨换个方式来耐心倾听父母的意见。比如：多回忆小时候父母无所不能、无所不懂的高大形象，想想父母帮你解决难题的情景，再次建立对父母的崇拜心理；不要将事憋在心里，应该经常向父母说一说，不然的话，父母没法理解你，也不知怎么去帮你，从而自己会产生父母不帮你的误解；遇事和父母商量解决的方法，不要认为父母总是那样蛮横霸道，以势压人而不愿去协商。

只要你愿意与父母共同解决问题，父母会非常高兴的；学会理解，要站在父母的角度好好想一想，不要只顾埋怨；要学会宽容，父母可能会犯错，但你不要因此就对父母全盘否定，当父母出错时，也要以谦恭

的态度去对待父母，不要顶撞，更不要嘲笑；把父母当成良师益友，敞开心怀，真诚地与父母交友，和父母分享你的快乐和烦恼，充分信任父母；要学会检讨自己，不要总是认为父母的思想跟不上时代潮流，要扪心自问，父母的闭塞有多大程度是你造成的，再想想自己几十年后也有可能跟不上孩子的思维，多检讨自己，才能更好地理解父母，才不会对父母轻易否定。

只要我们诚心诚意，愿意投入部分时间和精力与父母进行交流、沟通，你就会发现小时候印象中父母那高大、光辉和睿智的形象并不会随着岁月的流逝而消失。听完父母的建议后，你也许会恍然大悟，他们的生活经历以及他们对社会和人生的认识和见解绝对比你成熟。这些宝贵的财富，也许你走了很多弯路才能获得，甚至永远都不可能获得。诚心诚意和父母交流，虚心向父母请教，你会发现，原来父母能给予你的是如此之多。

亲戚朋友要处好，感情才能细水长流

中国向来是个注重亲戚关系的国家，尤其是过年过节的时候，家家都要走亲访友，这不仅拉近了与亲戚之间距离，还能让整个家族间的关系更加融洽，更加温馨。虽然亲戚不会因为你给他送没送礼而决定你们之间的感情，但是懂得礼数只会让彼此的感情更加稳固。

亲人间的感情可能不像友情那样无话不谈，可能不像恋人那样亲密无间，可能不像与父母之间那样随意散漫，但是亲人间的感情却是这样在若近若离间又不可斩断。亲戚间大多都有一些血缘关系，但没有血缘关系的亲戚我们也要常走动，亲戚之间的感情相处好了，你慢慢会感受到家庭的温暖胜过一切。

兄弟姐妹间要团结友爱，和平相处。要讲究宽厚谦让，不要以自我

为中心，能够听得进逆耳忠言，能够容得下逆己之事，不在兄弟姐妹之间搞攀比，更不应该争风吃醋、挑拨离间。当兄弟姐妹之间发生利益冲突的时候，要能够相互间作出适当的谦让，兄弟姐妹之间的团结是最宝贵的财富，你们之间的爱应该是无条件、不求回报的，不仅仅是物质利益的支援方面，还包括精神情感的沟通方面。与兄弟姐妹说话也要考虑对方的感受，虽然你说的可能是对他有益的，但是他也是有自尊心的，你对待兄弟姐妹的态度也要像对待外人一样恭敬有礼。我们的目的不是羞辱手足，而是为了他能够接受你的建议，所以，婉转地表达才会让对方感觉到你的尊重，也更能够接受你的建议和批评。

姐娌之间的相处总会让人眉头一皱，它自古以来就是亲人之间比较难相处的一种关系。家庭中兄弟间的关系是好是坏，透过姐娌间的关系就能略知一二。姐娌没有在同一个家庭中共同成长，他们只是因为爱人的原因才有了亲戚的关系，如果两兄弟间关系不错，那么姐娌间的关系也不会太差；如果兄弟间的感情本来就不好，那么姐娌间也会看对方不顺眼。如在遇到一些涉及各家利益的事，谁都会先为自己家考虑，完全不会顾及对方的家庭。其实，能生活在同一个屋檐下本来就是一种缘分，谁都想过和和美美的生活，那么就要学着去理解对方。你们能和谐相处就不用你们的丈夫为难。做个明智的妻子，才会换来幸福的生活。

年轻人在与长辈相处的过程中总是显得有些拘谨，有时是因为畏惧他们的严厉，有时是怕和他们在某些事情上发生分歧，引起对方的不快。其实，长辈是最容易讨好的亲人，只要你给他们一点甜头，他们就会觉得你对他们是非常尊敬的。想要讨好长辈最有效的方法不是给他送多重的礼，而是能记住他们的生日，并在当天送去自己的祝福，我想这比你在过年过节时大包小包往他家拎东西更让他高兴。对长辈来说，他们在乎的当然不是一个生日，他们在意的是晚辈对他们的关心。在这样一个特殊的日子，即使没有蛋糕，没有礼物，没有一大桌子的饭菜，只要你一句简单的问候，对于他们来讲就是最大的安慰了。

亲戚之间经常走动、经常联络是维系亲情最好的方法，也是表示对对

方尊重的礼仪。周末也好，节假日也罢，年轻人都要找出双方都有空的时间去登门拜访。在对方家庭有喜事的时候，要第一时间祝贺；在对方需要帮忙的时候，你也要毫不犹豫地伸出援手，这样一来，亲戚关系再加上我们的用心经营，一定会让整个家族相处得非常融洽。

第十二章　与人共餐"以礼相待"

☞ 年轻人不可不知的餐饮礼仪

中餐礼仪最讲究座位的顺序

中国人有句古话"民以食为天"，在这样一个有着悠久历史的国家里，饮食自然成为文化的一部分，而在饮食文化中占据很大位置的自然是饮食礼仪。不同层次的人对于饮食的需求造就了礼仪的诞生，对于年轻人来讲，一些基本的饮食礼仪常识是我们必须要了解的。

"礼仪之邦"的名号不仅体现在对外礼仪上，而是体现在方方面面，餐桌上的礼仪自然少不了。对于座次的排序显示出你对对方的尊重，也显示出你宴请宾客的诚意。除自助餐、酒会以及茶会外，在一般的中餐宴会上，主人需要对席宴的座位席次进行安排，在中餐礼仪中这是一项非常重要的工作。那么，如何巧妙安排宾客的座位就显得非常重要了。

首先，桌次的排序。

圆桌因为能够方便宾客之间的交谈而常被使用。一般只有在非常正式的场合或者用餐人数超过50位时才会使用长方形桌。

如果宴会设在饭店或礼堂等比较正式的场合，圆桌两桌或两桌以上时，就需要给它们的主次进行定位。其定位的原则：以背对饭厅或礼堂为正位，以右旁为大，左旁为小；如场地排有三桌，则以中间为大，右旁次之，左旁为小。桌数较多时，要摆桌次牌，还要考虑桌位的间距，一般桌距在140~183厘米。桌距应以行人来往方便为原则，桌距不宜过大，否则会造成客人之间的疏远。桌椅的排列应根据客人人数来决定。一般来说，宾客人数不足36人时可采用直线形，超过36人时可采用"U"字形或"口"字形；如果人数超过60人，则一般采用"E"字形。无论人数多少，采用何种排列方式，都要注意主桌的安排，不宜离客桌太近，也不宜离客桌过远，要恰到好处才行。

如果餐宴比较大，桌位排列讲究首席居前居中，左右并列依次摆放次席位。餐桌的具体摆放还要依据宴会厅的地形条件来决定。餐桌摆放与座位安排总体上要整齐对称，给人以和谐美。

其次，座次的排序。

对于席次，以圆桌为例，有中式及西式两种安排。这两种安排都需要注意以下原则：

桌位与席次的安排都是尊崇"尚左尊东"、"面朝大门为尊"的原则。如果是男女主人并坐的话，一般是男在左、女在右，以右为大。如果是男女分开两桌，则以右桌为大，对于宾客席次，也是以男女主人右侧为大，左侧为小。宴会席位主要是根据出席人员到场顺序来安排的，同时还要综合考虑来宾之间的政治关系、语言因素、宗教信仰和专业领域等因素。如双方关系不好的可以尽量不要把他们放在一起，在社会上拥有同等的社会地位或者处于相同的专业领域的人可以尽量把他们的桌位排到一起。

一般的家庭宴请，以主人的位置为中心，如有女主人参加，则以主人和女主人为中心，以靠近主人者为上，依次排列；要把主宾和夫人安排在最主要的位置上，遵循以右为上的原则，离门最远的、面对着门的位置是上座，离门最近的、背对着门的位置是下座，上座的右边是第二

号位，左边是第三号位，依次类推；在遵从礼宾次序的前提下，以尽可能使相邻者便于交谈为原则；陪客应尽可能插在客人之间，以便与客人交谈。

再次，身份的排序。

如果主宾身份高于主人，为表示对他的尊重，可以让他来坐首席首位的位置，主人坐在他的左手边。有女宾时，习惯把女宾安排在一起。如主宾带夫人，则主宾坐男主人右侧，主宾夫人坐女主人右侧。根据国际一般惯例，不安排夫妇坐在一起，通常是将男女掺插安排，以女主人为准。主宾带夫人，而主人的夫人又不能出席，通常可请其他身份相当的妇女作第二主人。如无适当身份的妇女出席，也可以把主宾夫妇安排在主人的左右两侧。

最后，不同桌型的不同选择。

（1）长桌：一桌6人、10人或14人时，男女主人可坐在餐桌两端的传统位置上。如果一桌8人或12人时，男女主人就宜坐在长桌两端。

（2）圆桌：正对大门的为主客，左手边依次为2、4、6、…右手边依次为3、5、7、…直至汇合。

（3）方桌：若有正对大门的座位，则正对大门一侧的右位为主客；如果没有正对大门的座位，则面东的一侧右席为首席，然后首席的左手边坐开去为2、4、6、8（8在对面），右手边为3、5、7（7在正对面）。

（4）大宴：桌与桌间的排列讲究首席居前居中，左边依次2、4、6席，右边为3、5、7席。首席以外的各桌，首位可以与首席主位同向，也可以面向首席主位。席位根据主客身份、地位、亲疏分坐。

在宴会上让宾客坐到属于自己的位子时，不能让对方心里有不满意的感觉，年轻人一定要学会权衡宾客间的身份地位，不要在座次的安排上掉以轻心。宾客满意才是宴请人对对方尊重的表现。

小筷子也有大学问

有人开玩笑说：中国其实有五大发明，除了众所周知的四大发明以外，第五大发明就是筷子。对于筷子的发明可以追溯到远古时期，从文献记载来讲，应该是在商代最早发明，但是一些考古资料证明，中国在更早的时候就发明了筷子。小小的一双筷子，不仅承载了历史的变迁，更是中国饮食文化的见证。年轻人只有了解它，才能尊重它。

在中餐中，筷子作为主要的进食工具，有着明确的礼仪标准。比如握筷姿势的规范、放下筷子的规范、摆放筷子的规范等，这些都说明筷子是餐桌礼仪不可忽视的一个角色。都说细节决定成败，年轻人不能将自己的面子丢在这一双不过几寸长的筷子上，所以，年轻人要清楚用筷子的礼仪，才能从细节中透露出自己的修养与礼仪。

1. 握筷的姿势

握筷子时，一般用右手握筷子，手的位置要适中，不可握得过高或过低，一般应是拇指捏按点在上距筷头约占筷长1 / 3或略少于1 / 3处为宜。这样的握姿不仅看起来雅观大方，也便于筷子的张合。取位过高或者过低，筷子张合的灵活度不够，使用起来比较费力。

2. 筷子的摆放

在餐桌上，筷子都是一双双出现的。同一双筷子应使用等长、同色、同质的筷子，摆放时应将它们头对头、尾对尾摆放整齐。筷子摆放时应小头向里，大头与桌沿并齐，搁在筷架上。席间如果要暂时放下筷子时，不能放在杯子或盘子上，不能把筷子插在碗里，应把它轻放在筷子架上。

3. 筷子的使用

在席间，筷子要轻拿轻放；不用筷子时，应将其对齐，放在自己的碗碟上面，或放在自己的杯子右侧，不可随便乱放。在用餐过程中，已经举起筷子，但不知道该吃哪道菜时，这时不可将筷子在各碟菜中来回移动

或在空中游弋。不要用筷子叉取食物放进嘴里，或用舌头舔食筷子上的附着物，更不要用筷子去推动碗、盘和杯子。吃饭时，须等坐正中间位置的人动第一筷后，众人才能跟着各动其筷。 用筷子夹菜时，不要"举筷不定"，不要从碗里挑菜拣食，不要用筷子来撕口中的鱼肉，更不能用筷子来回戳食菜肴，不要在用汤匙盛汤时手里还同时拿着筷子。中国人喜欢多人从一大盘菜中取食，在夹菜时，要注意避开其他客人的筷子，免得伸到盘内时与别人的筷子相交叉。不要伸胳膊去夹取对面较远的菜肴，这是失礼的表现。在餐桌上谈话时要放下筷子，绝不可用筷子做手势，举筷在别人面前指来划去，使筷子在餐桌上乱舞，这是粗鲁和缺乏教养的表现。用餐时，应先用公筷或汤匙将所需菜肴夹到自己餐盘中，然后再用自己的筷子慢慢食用。

4. 筷子的禁忌

在人们长期的生活实践中，对使用筷子也形成了一些礼仪上的禁忌：

（1）忌敲筷：即在等待就餐时，不能坐在餐边，一手拿一根筷子随意敲打，或用筷子敲打碗盏或茶杯。

（2）忌掷筷：在餐前发放筷子时，要把筷子一双双理顺，然后轻轻地放在每个人的餐桌前；距较远时，可以请人递过去，不能随手掷在桌上。

（3）忌叉筷：筷子不能一横一竖交叉摆放，不能一根是大头，一根是小头。筷子要摆放在碗的旁边，不能搁在碗上。

（4）忌插筷：在用餐中途因故需暂时离开时，要把筷子轻轻搁在桌子上或餐碟边，不能插在饭碗里。

（5）忌挥筷：在夹菜时，不能把筷子在菜盘里挥来挥去，上下乱翻，遇到别人也来夹菜时，要有意避让，谨防"筷子打架"。

（6）忌舞筷：在说话时，不要把筷子当作刀具，在餐桌上乱舞；也不要在请别人用菜时，把筷子戳到别人面前。

筷子虽平常，但是越平常的东西越能看出年轻人的礼仪。这些不是年轻人提高自己的注意力就能纠正过来的，而是要通过长时间的积累以及自身的修养所表现出来的。筷子作为中餐桌上的主角，我们可

不能怠慢。

进餐时的礼仪显示出你的好修养

中国人虽然对吃非常讲究，但是却没有像西餐中吃得那么复杂，我们的就餐礼仪很重要的一部分就是点菜和吃法。年轻人之间的聚会可能不太讲究这些，一旦到了正式的社交场合这些不起眼的小事都是最能体现你的礼仪风采的。

中餐中一般普通的宴席通常会有8~10个菜，而这几个菜色的选择是有一定讲究的。如果时间允许，你应该等大多数客人到齐之后，将菜单供客人传阅，并请他们来点菜。当然，作为公务宴请，你会担心预算的问题，因此，要控制预算，最重要的是要多做饭前功课，选择合适档次的请客地点是比较重要的，这样客人也能大大领会你的预算。况且一般来说，如果是你来买单，客人也不太好意思点菜，都会让你来作主。如果你的老板也在酒席上，千万不要因为尊重他，或是认为他应酬经验丰富，酒席吃得多，而让他来点菜，除非是他主动要求。否则，他会觉得不够体面。如果你是赴宴者，你应该知道，你不该在点菜时太过主动，而是要让主人来点菜。如果对方盛情要求，你可以点一个不太贵又不是大家忌口的菜。记得征询一下桌上人的意见，特别是问一下"有没有哪些是不吃的"或是"比较喜欢吃什么"，让大家感觉被照顾到了。点菜后，可以请示"我点了菜，不知道是否合几位的口味"，"要不要再来点其他的什么"等。

在点菜时年轻人要做到心中有数，首先要看宴请的人员组成，人均一菜是比较通用的方法，如果男士居多可以适当加量。其次要看菜肴的组成，点菜一般要做到有荤有素，有冷有热，男士偏多的时候可以多点几个荤菜，女士偏多的时候可以适当多点几道清单的菜色。再次要看你这次宴

请人员的重要程度，如果是普通的商务宴请平均每道菜的价格在40~80元就可以了，如果宴请的对象是比较关键的人物，那么一定要在点菜的时候选择几道比较有分量、相对比较奢华的菜色。最后要注意的是，年轻人在点菜时不能向服务员询问菜肴的价格，这样会让宾客觉得你很小气，对方也不会吃得踏实。

在中餐宴席开始，服务员送上的第一道毛巾是用来擦手的，年轻人不要拿它去擦脸或是别的地方。如果菜肴中有虾、鸡、水果时，服务员还会送上一碗透明的水，上面飘着柠檬片或是玫瑰花瓣，这可不是用来喝的，而是洗手用的，洗手时只需用几个手指头来回刷洗即可，然后用小毛巾擦干，不可随意乱抹或是乱甩。用餐时要注意礼貌，客人入席后，不要立即动手取食，而应待主人打招呼，由主人举杯示意开始时，客人才能开始；对外宾不要反复劝菜，可向对方介绍中国菜的特点，吃不吃由他。有人喜欢向他人劝菜，甚至为对方夹菜。外宾没这个习惯，你要是一再客气，没准会惹怒对方。

在吃饭的过程中，夹菜要注意，应等菜肴转到自己面前时再动筷子，不要抢在邻座前面，一次夹菜也不宜过多。要细嚼慢咽，这不仅有利于消化，也是餐桌上的礼仪要求。绝不能大块往嘴里塞，狼吞虎咽，这样会给人留下贪婪的印象。不要挑食，不要只盯住自己喜欢的菜吃，或者急忙把喜欢的菜堆在自己的盘子里。用餐的动作要文雅，夹菜时不要碰到邻座，不要把盘里的菜拨到桌上，不要把汤泼翻。不要发出不必要的声音，如喝汤时"咕噜咕噜"，吃菜时嘴里"叭叭"作响，这都是粗俗的表现。不要一边吃东西，一边和人聊天。嘴里的骨头和鱼刺不要吐在桌子上，可用餐巾掩口，用筷子取出来放在碟子里。掉在桌子上的菜，不要再吃。进餐过程中不要玩弄碗筷，或用筷子指向别人。不要用手去嘴里乱抠。用牙签剔牙时，应用手或餐巾掩住嘴。不要让餐具发出任何声响。用餐结束后，可以用餐巾、餐巾纸或服务员送来的小毛巾擦擦嘴，但不宜擦头颈或胸脯；餐后不要不加控制地打饱嗝，在主人还没示意结束时，客人不能先离席。

　　若是参加酒会和茶会，年轻人可以提前离席，但是要注意方式法。常见一场宴会进行得正热烈的时候，因为有人想离开，而引起众人一哄而散的结果，使主办人急得跳脚。欲避免这种煞风景的后果，当你要中途离开时，千万别和谈话圈里的每一个人一一告别，只要悄悄地和身边的两三个人打个招呼，然后离去便可。中途离开酒会现场，一定要向邀请你来的主人说明、致歉，不可一溜烟便不见了。和主人打过招呼后，应该马上就走，不要拉着主人在大门大聊个没完，也不要拉着其他人和你一同离开，这样会让主人觉得你很没有风度。

　　不管年轻人是宴请他人，还是去赴宴，都要在进餐时注意自己的礼仪素养。一个有修养的人不会在吃饭这件事情上丢掉自己的面子的，所以，重视吃饭过程中的每一个细节，在餐桌上给他人留下好印象。

西餐中了解餐具你才能会使用它

　　西餐相对中餐来讲，在菜品上没有太多种类，但是它在一餐中要使用的餐具可比中餐要多得多。在生活中，年轻人可能接触西餐的机会比较少，所以，我们要了解西餐中的礼仪及复杂又讲究的餐具，才能在吃西餐的正式场合展现自己的礼仪。随着全球化的趋势越来越强烈，懂得西餐中的礼仪是十分必要的。

　　西餐的餐具主要包括主餐刀、主餐叉、前菜刀、前菜叉、牛排刀、汤勺、牛油刀、甜品勺、咖啡叉。正规的摆放是，所有的银器、玻璃器皿、杯子、碟子等都是放在桌面上的，所以通常很难知道哪支叉子或哪个水杯是你的。通常的规律是，银器是按照人们使用的顺序排放的，从外边往里排。例如，吃色拉所需的刀叉是摆放在最外边，离盘子最远的（勺子例外）。如果甜品没摆出来，装甜品的银器就放在主菜盘。玻璃器皿、杯子和碟子放在右手边，而餐巾、面包盘和奶油刮刀则放在左边。已设置好的

餐具不可随意改变位置，不过如果你是左撇子，在吃的时候可将刀叉互相更换使用。只是在用餐完毕后，餐具必须依习惯用右手的人的用法放置，将刀叉的柄向右放置于餐盘上，这么做的原因主是要为了不造成服务人员的困扰。

在西餐桌上每个餐具都有不同的用途，也有不同的使用姿势，西餐使用刀叉最基本的原则是：左叉右刀。宴席上最正确的拿刀姿势是：手握住刀柄，拇指按着柄侧，食指则压在柄背上。可不要把食指伸到刀背上啊，因为，除了用大力才能切断的菜肴，或刀太钝之外，食指都不能伸到刀背上；另外，不要伸直小指来拿刀，尤其是女性以为这种姿势才优雅，其实这是错误的。刀是用来切割食物的，不要用刀挑起食物往嘴里送。记住：右手拿刀。如果用餐时，有三种不同规格的刀同时出现，一般正确的用法是：带小小锯齿的那一把用来切肉制食品；中等大小的用来将大片的蔬菜切成小片；而那种小巧的，刀尖是圆头的、顶部有些上翘的小刀，则是用来切开小面包，然后用它挑些果酱、奶油涂在面包上面。

叉子的拿法有背侧朝上及内侧朝上两种，要视情况而定。背侧朝上的拿法和刀子一样，以食指压住柄背，其余四指握柄，食指尖端大致在柄的根部，若太靠前方，外观不好看，太往后，又不太能使劲，硬的食物就不容易叉进去。叉子内侧朝上时，则如铅笔拿法，以拇指、食指按柄上，其余三指支撑柄下方；拇指和食指要按在柄的中央位置，如果太向前，会显得笨手笨脚。左手拿叉，叉齿朝下，叉起食物往嘴里送，如果吃面条类软质食品或豌豆叉齿可朝上。动作要轻，捡起适量食物一次性放入口中，不要拖拖拉拉一大块，咬一口再放下，这样很不雅。叉子捡起食物入嘴时，牙齿只碰到食物，不要咬叉，也不要让刀叉在齿上或盘中发出声响。吃体积较大的蔬菜时，可用刀叉来折叠、分切。较软的食物可放在叉子平面上，用刀子整理一下。

在正式场合下，勺有多种，小的是用于咖啡和甜点心的；扁平的用于涂黄油和分食蛋糕；比较大的，用来喝汤或盛碎小食物；最大的

是公用于分食汤的，常见于自助餐。汤匙和点心匙除了喝汤、吃甜品外，绝不能直接舀取其他主食和菜品；不可以将餐匙插入菜肴当中，更不能让其直立于甜品、汤或咖啡等饮料中。进餐时不可将整个餐匙全部放入口中。

在西餐用餐中，餐具为八字形，如果在用餐中途暂时休息片刻，可将刀叉分开放在盘中，刀头与叉尖相对成"一"字形或"八"字形，刀叉朝向自己，表示还是继续吃。如是是谈话，可以拿着刀叉，无须放下，但若需作手势时，就应放下刀叉，千万不可手执刀叉在空中挥舞摇晃。应当注意，不管任何时候，都不可将刀叉的一端放在盘上，另一端放在桌上。刀与叉除了将料理切开送入口中之外，还有另一项非常重要的功用。刀叉的摆置方式传达出"用餐中"或是"结束用餐"之讯息。而服务生是利用这种方式，判断客人的用餐情形，以及是否收拾餐具准备接下来的服务等，所以一定要记住正确的的餐具摆置方式。

用餐结束的摆置方式有两种：用餐结束后，可将叉子的下面向上，刀子的刀刃侧向内与叉子并拢，平行放置于餐盘上。接下来的摆置方式又分为英国式与法国式，不论哪种方式都可以，但最常用的是法国式。尽量将柄放入餐盘内，这样可以避免因碰触而掉落，服务生也较容易收拾。出席结婚餐宴时，不论怎么将餐具摆成"用餐中"的位置，只要主要宾客用餐结束，就应立即把所有的料理收起。所以宴会时，切记皆以主要宾客为中心进行。

西餐大多用于有外宾出现的场合，年轻人在这种场合一定不能失礼，先对西餐礼仪有一个全面的了解才能表现得体。餐具无疑是西餐礼仪中重要的一部分，年轻人也只有知晓了每个餐具的真正用法，才能将它使用得当，在正式场合你才不会出丑。

吃西餐时不可忽略的小细节

餐桌礼仪中，总有些细节容易被大家忽视，但正是这些细节才是对方评价你好坏的根本。在西餐桌上，也有一些年轻人该注意的地方，它可能是你平时的不良习惯，也可能是彼此文化间的差异。无论如何，在吃西餐的时候，我们还是要多多注意，比如刀叉的使用，喝汤、吃面包、吃沙拉、切牛排时要知道的餐具用法等。

在西餐桌上，每吃一道菜用一副刀叉。对摆在面前的刀叉，是从外侧依次向内取用，因为刀叉摆放的顺序正是每道菜上桌的顺序。刀叉用完了，上菜也结束了。中途需要谈话或休息时，应该将刀叉呈八字形平架在盘子两边。反之，刀叉柄朝向自己并列放在盘子里，则表示这一道菜已经用好了，服务员就会把盘子撤去。前菜或是甜点等，如果是可以直接用叉子叉起食用的料理，没有必要刻意地一定使用刀子。在家庭内的餐会或是与朋友之间的轻松聚餐，像沙拉或是蛋包饭之类较软的料理也可以只使用叉子进餐。但是在正式的宴席上使用刀叉，能给人较为优雅利落的感觉。另外，在欧洲等地，常可看见有人右手拿叉子，左手则拿着面包用餐。不管吃得怎么利落优雅，这样用餐也只能在家庭或大众化的店中，在高级餐厅内是绝对行不通的。

没用过的刀子，就这样放在桌上即可，服务生会自动将它收走。虽说将刀与叉放在餐盘上并拢是代表结束用餐的讯息，但是没有必要把干净刀子特地放入弄脏的餐盘内。没有用过的餐具保持原状放在原处即可，硬要追求形式的规则反而显得奇怪。随机应变，依当时的状况处理事物才是最正确的。即使掉了也不算出丑，但是自己弯下腰去捡就满丢脸的。所以，东西掉了的时候最好请服务生过来替你捡起。服务生随时都在注意客人的情况，所以会很快地再拿新的餐具过来，万一服务生没有注意到，可以面向服务生稍微地将手抬高一下，尽量不要引起其他人侧目注视。服务生的工作是为了使客人能更愉快地用餐，所以尽可向他

们提出要求。

西餐的上餐顺序为头盘、汤、副菜、主菜、蔬菜类菜肴、甜品、咖啡或茶。汤作为西餐中的第二道菜被分为清汤和浓汤,较正式的餐厅在供应清汤时使用椭圆形汤匙及汤杯,供应浓汤时使用圆形汤匙及宽口汤盘。拿汤匙的姿势是由内经外侧舀食,在喝汤时不能发出声音,用汤时,不可用嘴将汤吹凉,可轻轻摇动使其稍凉。使用完毕后把汤匙放在靠自己身前的底盘上,将汤匙的柄放在右边,而汤匙凹陷的部分向上,汤杯与汤盘都是如此。

通常水产类菜肴与蛋类、面包类、酥盒菜肴品均称为副菜。面包的位置应位于主菜的左侧,使用时刻用左手拿面包,再用右手把面包撕成小块,用右手涂抹奶油。在意大利餐厅中,有时会以橄榄油取代奶油,可将面包用手撕一小块蘸加了调味料及香料的橄榄油吃。面包切忌用刀子切割。食用半只龙虾时,应左手持叉,右手持刀插进尾端,压住虾壳,用叉子将虾肉拖出再切食,龙虾脚可用手指撕去虾壳吃。吃鱼片以吃一片切一片为原则,可用右手持叉进食,或用鱼刀。若食用整条鱼,全鱼吃完上层,切勿翻身,应用刀叉去除鱼骨再吃下层的鱼肉。有些海鲜类的菜会附带柠檬片,应该用刀叉挤压。

主菜是以肉、禽类菜肴为主的第四道菜。肉类菜肴的原料取自牛、羊、猪、小牛仔等各个部位的肉,其中最有代表性的是牛肉或牛排。牛排的熟度分为:带血的是rare;半生的是medium rare;七分熟的是medium;熟透的是welldone。切牛排应该由外向内切,一次未切下,再切一次,不能像拉锯方式切,也不要拉扯,勿发出声响,吃肉时宜切一块吃一块,勿将肉全部一次切成小块,会导致肉汁流失及温度下降,肉的大小以一口为宜。嚼食肉时,两唇合拢,不要出声也不要说话或以刀叉比划。烤鸡或炸鸡,在正式场合用刀叉吃。

蔬菜类菜肴可以安排在肉类菜肴之后,也可以与肉类菜肴同时上桌,所以可以算为一道菜,或称之为一种配菜,蔬菜类菜肴在西餐中称为沙拉。沙拉盘一般放在主菜盘的左边,沙拉用叉子吃,如菜叶太大,可用刀

在色拉盘中切割，然后再用叉子吃。美国人通常将沙拉供应于主菜前，而欧洲人如法国人，通常将沙拉放于主菜后供应。

西餐的甜品是主菜后食用的，可以算做是第六道菜。从真正意义上讲，它包括所有主菜后的食物，如布丁、煎饼、冰淇淋、奶酪、水果等。蛋糕及派、饼，用叉取食；较硬者用刀切割后，用叉取食；冰激凌、布丁等，用匙取食；小块的硬饼干，用手取食；粒状水果如葡萄，可用手抓来吃，如需吐籽，应吐于掌中再放在碟里；多汁的水果如西瓜、柚子等，应用勺取食。

看似简单的一顿西餐却包含着如此多的小细节，年轻人要一一掌握才能显示出自己的礼仪，才能让对方看到你对他的尊重。

西餐与酒的搭配你知道多少

酒在西餐中占有着特殊的位置，它的种类多种多样，并且不同种类的菜肴所搭配的酒也不一样。洋酒与菜式的搭配有一定的规律，它遵循一个简单的道理：酒与菜肴的搭配要风味对等、对称、和谐，并为包含者所能接受和欢迎。年轻人可以不懂酒，但要清楚在吃什么菜肴时要搭配什么酒，不仅是对对方的尊重，也是对西方餐饮文化的尊重。

西餐中的酒大致分为餐前酒、餐中酒和餐后酒，其中又以红葡萄酒、白葡萄酒、香槟、雪莉酒、白兰地最为常见。具体来说，色香味淡雅的酒品应与色调冷、香气雅、口味纯的菜肴相结合；香味浓郁的酒应与色调热、香气馥、口味杂的菜肴相结合。一般来说，白酒常被采用调配海鲜类或白肉烊菜式，红酒则是烹调牛肉、红肉类、野味类菜肴。咸食选用干、酸形酒类，甜食选用甜形酒类，辣食选用强香型酒类。在菜肴制式难以确定时，则选用中性酒类。

餐前酒：大约在餐前30分钟左右时饮用。餐前酒大多在客厅里饮用，

主要目的是为了开胃，也是为了等待万一有事迟到的宾客，以免尴尬。喝餐前酒比较随意、可以坐着也可以走动。先生们喝的餐前酒一般是马丁尼（Martini）而女士一般喝雪莉酒(Sherry)，这是一种非常清淡的白葡萄酒，不太能喝酒的先生一般选择鸡尾酒。即使你是一位滴酒不沾的人你也应该点一杯矿泉水、可乐之类的饮品，千万不要手中空空如是，那是会令人尴尬的事，也会使你自己有失风度。

餐中酒：是在用餐过程中饮用，专门为主菜而配，有红酒和白酒之分，指的都是葡萄酒。红酒是配"红肉"喝的，如牛肉、羊肉、猪肉等。红酒是不可以加冰喝的。餐桌上那个粗一些的酒杯是红酒杯。白酒是配"白肉"喝的，如海鲜、鱼肉、鸡肉等。白酒要冰过喝。白酒杯的杯跟要比红酒杯高一些。红酒和白酒开瓶以后都不能保存，所以都是大家商量好是找出一种品牌共饮，一次尽量喝完，客人一般以喝三杯酒为宜。

喝餐中酒之前还有试酒的过程，它是一种增加用餐情调的优雅西餐礼仪。试酒者也该由主人亲自担当，酒瓶被托在高雅的托盘中由服务员送到主人面前，一边向来宾展示，一边说出酒的品牌和生产年份，然后把盖打开，把瓶盖放在主人的桌前，先倒四分之一杯给主人。主人先举着酒杯欣赏酒的颜色（大家可一并欣赏），然后主人将酒杯放在鼻下深深嗅一下酒的香气，并小抿一口含在嘴里品味酒的味道，之后徐徐咽下，满脸是陶醉的神情，还可以发出"好酒"之类的由衷赞叹，同时主人点头以示服务员可以向客人倒酒，并以"感谢大家光临"拉开饮酒序幕。

餐后酒：一般的餐后酒是白兰地，用一种杯身矮胖而杯脚短小的酒杯喝。喝餐后酒可以用手心温杯，这样杯中酒就更能散发出香醇的味道，也有先生女士喜欢在白兰地中加少许的糖或咖啡，但不能加牛奶。

对于酒杯的使用有一项通则，即是不论喝红酒或白酒，酒杯都必须使用透明的高脚杯。由于酒的颜色和喝酒、闻酒一样是品酒的一部分，一向作为评断酒的品质的重要标准，有色玻璃杯的使用，将影响到对酒本身颜色的判定。使用高脚杯的目的则在于让手有所把持，避免手直接

接触杯肚而影响了酒的温度。用拇指、食指和中指并持杯颈，千万不要手握杯身，这样既可以充分欣赏酒的颜色，手掌散发的热量又不会影响酒的最佳饮用温度。基本上，大部分类型的葡萄酒都可以用郁金香型的杯子，杯颈长、杯碗圆、杯身向上收窄。但讲究的饮酒者不仅根据葡萄酒的种类选用不同酒杯，甚至同类的酒，由于产区、年份不同，酒杯也要有所区别。

大致说来，红酒杯的类型主要有三种：波尔多酒杯、勃根地酒杯和全用途的酒杯。波尔多酒杯比较高，杯口较勃根地酒杯窄，以保留杯内波尔多红酒的香味，容量从12~18盎司不等，有时还会更大。勃根地酒杯的特色则是大而圆，高度和宽度都大约相等，其杯口较波尔多酒杯宽，适用于气味香醇的酒，容量大约在12~24盎司之间，有时也会更大。喝白葡萄酒的杯子，杯身较高，因为白葡萄酒的香气不会像红酒那么强烈，它不需像红酒那样经"呼吸"而醇化。较小的空气接触，可令香气、口感更持久。

年轻人在餐厅用餐时，若看到服务生将面前的酒杯加满了，可别以为这是好意，这只表示了这家餐厅对酒的概念非常缺乏。其实，只有香槟是可以倒到全满的。饮用的若是白酒，一次倒半杯就可以了；若是红酒，四分之一就是适当的量了，倒得太满将无法欣赏到酒的香味与颜色。酒作为西餐中不能忽视的一部分，我们要提前做些准备以备不时之需。

宴会上的自助餐不可大快朵颐

在当今社会，自助餐已经是一种被大家熟知并认可的聚会形式，它也是国际上所通行的一种非正式的西式宴会，在大型的商务活动中比较常见。由此，有心的年轻人不难发现，自助餐慢慢成为社交活动中比较重要的一个环节，了解自助餐并掌握其礼仪要点，是年轻人的当务之急。

自助餐以其对客人无拘束、菜色选择性大的特点占据着各种大型聚会餐宴的首选位置。自助餐可以免去排座次的需要，还可以便于用餐者自由进行交际。用餐者还可以随意挑选自己喜欢吃的东西，完全不会因为大家坐在一张桌子上而影响享受。一般的自助餐都会在比较宽阔的场地举办，这样招待的人数多了，也因为菜品多而避免了众口难调的尴尬场面，自助餐多以冷餐为主，故可以大大地节约主办者的开支。

年轻人在参与有自助餐的社交活动时要记住几点自助餐礼仪，虽然享用自助餐和与陌生人交际才是主要的，但是我们也不能忽视这些小细节给我们带来的影响。

（1）取餐要排队。在取菜之前要先准备一只食盘，按顺序排队取菜，应以公用的餐具将食物装入自己的食盘之内，然后即应迅速离去。切勿在众多的食物面前犹豫再三，让身后之人久等，更不应该在取菜时挑挑拣拣，甚至直接下手或以自己的餐具取菜。

（2）取菜要有顺序。一般自助餐都是以西餐为主，我们要按照标准顺序取食：冷菜、汤、热菜、点心、甜品和水果。如果取菜时乱装乱吃一通，难免会使本末倒置，咸甜相克，只会令自己吃得既不畅快又不舒服。

（3）吃菜要适量。在自助餐会上碰到自己喜欢吃的东西时，可稍微多吃一点，但不能吃得太撑。虽然自助餐是不限数量，保证供应，他人也不会注意到你究竟吃了多少，但是为自己的健康考虑，还是量力而行为好。

（4）要多次少取。在吃自助餐时年轻人要遵守"多次少取"的原则。当你遇到自己喜欢的菜色时可以多次取食，但每次不能取太多，以免给他人留下没见过世面的感觉。"多次少取"的好处还在于你可以尝试更多的菜肴，都品尝过一遍之后再有选择性地挑选自己爱吃的菜色，否则你可能只尝过一小部分菜肴就吃饱了。

（5）要拒绝外带。无论是由主人亲自操办的自助餐，还是对外营业的正式餐馆里所经营的自助餐，都不允许食客外带。年轻人在这种场合也不

要想着往自己的包里装点什么回去，别因为一点小东西遭到他人鄙视，这样只会降低自己的身份。

（6）要积极交际。一般来说，参加自助餐时，商务人员必须明确，吃东西往往属于次要之事，而与其他人进行适当的交际活动才是自己最重要的任务。在参加由商界单位主办的自助餐时，情况就更是如此。在自助餐上，交际的主要形式是几个人聚在一起进行交谈。为了扩大自己的交际面，在此期间不妨多换几个类似的交际圈。只是在每个交际圈，多少总要待上一会儿时间，不能只待上一两分钟就马上走，好似蜻蜓点水一般。介入陌生的交际圈，大体上有三种方法，其一，请求主人或圈内之人引见；其二，寻找机会，借机加入；其三，毛遂自荐，自己介绍自己加入。不管怎么说，加入一个陌生的交际圈，总得先求圈内之人的同意。楞头楞脑地硬闯进去，未必会受到欢迎。

参加自助餐会的年轻人不仅要会吃，还要懂得利用自助餐会的便利条件扩大自己的交际圈。这样一个充满人际机会的社交活动是年轻人推荐自己、展现自己最好的时机，用你的礼仪修养为自己的魅力加分吧。

闲暇时的一杯咖啡看出你的教养

品尝咖啡对于很多西方国家来讲是每天的例行公事之一，而对于我们中国人来讲它算是才兴起的一种休闲方式。年轻人会发现，现在越来越多的公务都要在咖啡馆里商讨，越来越多的客户都是在咖啡馆里接触。咖啡馆不仅单纯地作为一种休闲场所，更是我们在工作中必要的会客场所，那么，年轻人懂得一点咖啡礼仪才会让自己看起来优雅从容。

喝咖啡的时候可以加入牛奶和糖，被称为"牛奶咖啡"；也可以选择不加牛奶和糖，被称为"清咖啡"。 咖啡的美味总是与温暖的心意并存的，一杯好咖啡应该是清澈明亮和透明度好的。咖啡的味道

有浓淡之分，所以不能像喝茶或可乐一样，连续喝几杯。普通喝咖啡以80~100毫升为适量，有时候若想连续喝几杯，就要将咖啡的浓度冲淡，或加入大量的牛奶。在糖份的调配上也不妨多些变化，使咖啡更具美味。趁热喝是品美味咖啡的必要条件，即使是在夏季的大热天中饮热咖啡也是一样的。

我们平时饮用的咖啡大概有几种：黑咖啡、意式浓缩咖啡、卡布奇诺、拿铁咖啡、玛奇朵、摩卡咖啡、美式咖啡、爱尔兰咖啡、维也纳咖啡、越南式咖啡等。虽然喝咖啡通常是作为一种休闲方式出现，但是年轻人也要将一些不成文的咖啡礼仪牢记在心。

1. 在咖啡馆中的礼仪

在咖啡馆里，有一些不成文的咖啡传统礼仪。首先，举止要文明，不要盯着他人。其次，交谈的声音越轻越好，千万不要不顾场合而高谈阔论。饮咖啡是一种文化，只有讲究礼节，才能体味它的温馨。例如：不可一直端着杯子说个不停，或者端着咖啡满屋跑，此时应将杯子放下。在没有征得别人允许之前，不可替别人的咖啡加糖或奶精，在未征得女主人同意之前，不可为自己或别人斟咖啡，因为这是女主人的义务与权利。

在饮用咖啡时，应适时地与交往对象进行交谈。说话要细雨柔声，千万不要大声喧哗，更不要与人动手动脚，追追打打。这样做，会破坏饮咖啡的现场气氛。不要在他人饮咖啡时，向其提出问题。自己饮过咖啡要讲话以前，最好先用纸巾抿一抿嘴，免得咖啡顺嘴流淌，或是弄脏嘴角。刚刚煮好的咖啡太热，可以用咖啡匙在杯中轻轻搅拌使之冷却，或者等待其自然冷却，然后再饮用。用嘴去把咖啡吹凉，是很不文雅的动作。

如果自己的座位离桌子稍远，不便用双手端着杯子饮用，此时可以稍微做一下变通：左手将咖啡碟子端至齐胸处，右手从碟中端起咖啡杯饮用，但注意，喝完应当立即把咖啡杯子放在咖啡碟子中，不要使杯、碟二者"分家"。

2. 咖啡杯与咖啡碟的使用礼仪

盛放咖啡的杯碟都是特制的，它们应当放在饮用者的正面或者右侧，杯耳应指向右方。饮咖啡时，可以用右手拿着咖啡的杯耳，左手轻轻托着咖啡碟，慢慢地移向嘴边轻饮。不宜满把握杯、大口吞咽，也不宜俯首去就咖啡杯。喝咖啡时，不要发出声响。添加咖啡时，不要把咖啡杯从咖啡碟中拿起来。

在餐后饮用的咖啡，一般都是用袖珍型的杯子盛出。这种杯子的杯耳较小，手指无法穿出去。但即使用较大的杯子也不要用手指穿过杯耳再端杯子。咖啡杯的正确拿法，应是拇指和食指捏住杯把儿再将杯子端起。

咖啡匙的使用。咖啡匙是专门用来搅咖啡的，饮用咖啡时应当把它取出来。不要用咖啡匙舀着咖啡一匙一匙地慢慢喝，也不要用咖啡匙来捣碎杯中的方糖。

3. 品尝咖啡的礼仪

（1）正式开始喝咖啡之前，先喝一口冰水。冰水能让口腔完成清洁，帮助咖啡味道鲜明地浮现出来，让舌头上的每一颗味蕾都充分做好感受咖啡美味的准备。

（2）喝咖啡请趁热，因为咖啡中的单宁酸很容易在冷却的过程中起变化，使口味变酸，影响咖啡的风味。

（3）先尝一口纯咖啡，你所喝的每一杯咖啡都是经过五年生长才能够开花结果的，经过了采收、烘焙等繁复程序，再加上煮咖啡的人悉心调制而成。趁热喝一口不加糖与奶精的黑咖啡，感受一下咖啡在未施脂粉前的风味，然后加入适量的糖，再喝一口，最后再加入奶精。

（4）加入咖啡内的糖（方糖）通常被放在专门的器皿里。给咖啡加糖时，砂糖可用咖啡匙舀取，直接加入杯内；也可先用糖夹子把方糖加在咖啡碟的近身一侧，再用咖啡匙把方糖加在杯子里。如果直接用糖夹子或手把方糖放入杯内，有时可能会使咖啡溅出，从而弄脏衣服或台布。

（5）有时饮咖啡可以吃一些点心，但不要一手端着咖啡杯，一手拿着

点心，吃一口喝一口地交替进行。饮咖啡时应当放下点心，吃点心时则放下咖啡杯。

喝咖啡不可像其他饮料一样只是为了解渴，喝咖啡要像品茶一样慢慢品。年轻人要学会享受喝咖啡的过程，这不仅能体会出咖啡不同层次的口感，而且更有助于您提升鉴赏咖啡的能力，你的修养与礼仪也会伴随着这一小杯咖啡流入对方心底。

第十三章　公共场合"导德齐礼"

☞ 年轻人要时刻遵守公共场所礼仪

图书馆中切忌大声喧哗

图书馆是供人们读书学习的地方，是获取知识的渠道，因此，年轻人在图书馆时要遵守图书馆的规章制度，尽显礼仪风采。图书馆作为一个大众化的公共场合，为我们提供了诸多方便，我们可以在这里借阅图书、查看资料、听学术讲座、参加研讨会等，既充实了我们的精神世界，又能在此结交到一些志同道合的朋友。在提高自身修养的同时，还让我们开阔了眼界。对于已经离开校园的年轻人来讲，这么好的一个充电学习的地方，我们必须以十二分的敬意回馈它。

年轻人在进入图书馆时，对自己的仪容仪表要检查一番，要以干净整洁为标准。在图书馆不能穿着无袖背心、暴露的短裤，或者是拖鞋，也不要穿带钉的皮鞋。现代社会的图书馆一般都设立了存包处，年轻人可以把随身携带的包、水或者冬天的大衣存放到此处，图书馆内一般都配备饮水处并提供一次性纸杯，所以，年轻人不用担心饮水问题。简单的装备进入图书馆既是对图书馆的尊重，也是爱护图书的一种方式。

图书馆是一个非常安静的地方，除了"哗哗……"的翻书声几乎听不到别人说话，在一般图书馆的大堂内还会挂着一个大大的"静"字，这就是让我们在图书馆内保持安静。年轻人要尽量不说话、接打电话或是不停地发短信，这都会给身边人带来一定的影响。如果有需要向旁边人请教的，一定要轻声细语，尽量简短说话的内容，这是对他人的尊重，也是图书馆礼仪中最重要的一点。当你在书架中寻找自己想看的图书时，要记得放轻自己的脚步，拖拉的鞋声也会在安静的氛围中显得非常明显，尤其是女性，去图书馆最好换上平底鞋，穿高跟鞋无论你脚步放得多轻还是会有明显的声音。

现在一些年轻人喜欢在闲来无事的时候吃一两粒口香糖，一方面让口气保持清新，另一方面用来打发无聊的独处时光。一般来讲，人们去图书馆的时候大多会选择独自前往，偶尔会叫上两三个朋友，所以，很多年轻人为了不让自己说话都用口香糖或是零食将嘴堵上，其实，这是一种不礼貌的行为。当我们坐在图书馆中看书的时候，你若嚼着零食或是口香糖就会有食物的味道散发出来，这必然会影响到身边的人。有些人在咀嚼食物的时候还会发出响声，这更是会遭到他人鄙视的。为了避免遭到别人冷眼，年轻人在图书馆时就不要吃零食或是嚼口香糖。

借阅图书的时候，要懂得爱惜图书、爱惜公共财物。看书时要将双手清洗干净，翻页时不要手涂唾沫，以免手上的脏污将图书弄脏。不要在图书上写写画画，更不可随意将书中插画或其他资料撕下，如有需要去图书馆的复印室复印，或是抄写在自己的笔记本上，记好书名、页码，到网上去搜索。查阅资料时，若遇到自己解绝不了的问题，可以有礼貌地向图书馆咨询人员请教。看完的书籍要按照要求放在图书馆的规定位置，或是直接放回你取书的位置，这样既方便图书管理员管理，又方便其他有需要的人取阅。

当我们离开图书馆时，要把自己坐过的位置周围收拾干净，将座椅向书桌靠拢，椅子不要在地上拖拽，要轻轻抬起再轻轻放下，避免出现大的响动。在向外走的时候也要慢步轻声，不能因为自己已经要

离开了就放松脚步。如果有借书的需要要在服务台排队办理，记得要按规定时间归还，向图书馆借的书更加要爱护有加，不能让它经一次手就破旧一些。

年轻人只要稍微注意一下就能自觉遵守图书馆的礼仪规范。社会给了我们一个好的环境供我们获取知识，我们要珍惜爱护这个环境，充分利用资源，提升自己的修养和知识水平。在这样的场合可能不会有人夸奖你懂得礼仪，但是你的行为会给他人带来一个好的榜样，从而令大家都能在一个安静的环境中汲取知识。

你的睡衣只适合在家里穿

睡衣是人们的家居服饰，如是有人在大街上穿着它，则会给他人一种不懂穿衣礼仪的感觉。穿着睡衣虽然可以让人们感到放松，但是在职场中总是会让人感觉有那么一丝不适。作为年轻人一定要管住自己，不能随意穿着睡衣出门，即使是去附近超市买点东西，也要换上外出的衣服，不要因为睡衣影响你在他人心中的形象。

在韩国有一家内衣公司，有一月一次的"睡衣日"，所有的员工到达公司后就要换上睡衣开始工作，据说这样可以激发大家创作的灵感。很多自由职业者因办公就在家，所以，也有一种睡衣文化。但是，我们设想一下，如果你在大街上、办公室或是一些社交场合，有一些人穿着睡衣出现在你面前，你会有何感想？你一定会觉得他是不尊重所出席的场合的，而且会给我们一种没有精神、懒散的感觉。那么，年轻人一定不要让自己成为他人眼中那个懒散的人。

万女士是一位年轻的家庭主妇，丈夫在外挣钱，她则在家打理家务，曾经她也喜欢穿着睡衣出门。可有一次，她穿着粉红色睡衣出去买东西的时候，正好碰上了她的好友王华，王华对她说："你怎么穿着睡衣就出来

了？没看见好多人看你吗？"万女士这才注意到周围人都用怪异的眼神看着自己，从此以后她再也没有穿着睡衣出过门。

万女士之前穿着睡衣出门总是觉得很方便，从来没有考虑到路上其他人的感受，这样一来让自己陷入尴尬，还让他人觉得自己很没有教养。睡衣作为家居服，只适合在家里穿着，出门穿睡衣只会给他人奇怪的感觉。

除此之外，有医学专家表示，将睡衣穿出门，大街上的空气中有很多灰尘和细菌会附着在睡衣上，回去再穿着睡衣上床，容易引发皮肤病和感冒等。在公共场合，我们的着装主要分为三种：生活着装、工作着装和个人着装。越来越多的人已经清楚在什么场合穿什么衣服，年轻人一定不能因为方便了自己而"委屈"了他人。

服饰礼仪的根本就是以尊重为本，我们不宜因言行举止带给别人尴尬、不尊重的感觉。我们的文明素养主要取决于周围的大环境和个人习惯。精神文明建设和物质文明建设应该是同步的，而个人习惯来自于家庭教育、学校教育和生活环境，这几者之间是相辅相成的，所以我们每个人都应该从自身做起。

年轻人应该从我做起，从身边人做起，杜绝穿睡衣上街这种不文明行为。在上海世博会期间，上海市政府对居民做出"穿睡衣不能出门"的要求，所以，年轻人要把睡衣留在家里，把风采留在人心。

家养宠物要把它当孩子一样教导

随着生活水平的提高，越来越多的人把自己的感情投放到宠物身上。既然你选择了养宠物，就要对它们的生命负责，它们就如同你的孩子一样，我们要学会细心教导它们。养宠物是你的选择，但你也要尽你该尽的义务。讲究养宠物的礼仪，才能让周围的邻居和睦相处，才不会因为你的

宠物闹得不可开交。

饲养宠物是闲适生活的一种乐趣，他可以寄情于物，培养爱心，陶冶情操，最常见的宠物就是狗和猫。在居民区或者街道放养宠物时，主人一定要牵领，不要让宠物踩踏草坪、啃咬树木、攀爬儿童游乐设施；不要怂恿宠物之间的嬉闹、狂吠；不要怂恿宠物到公共场所的喷泉、养鱼池等水域洗澡嬉闹。在公共场所不得散养任何家禽与宠物；不得牵引宠物到超市购物、乘坐公共交通工具；不得进出公共场所，如影剧院、餐厅等。

1. 遛狗请随手携带卫生纸、塑料袋

日前的一个网络调查显示，至少有88.4%的网友曾看到宠物随地大小便，更有言辞尖锐者指出，很多主人傍晚出门遛狗，说白了就是为让宠物狗到户外解决大小便问题，但他们往往都不清理，连累所有狗跟着受责难。

宠物礼仪：想为宠物赢得理解和认可，还需主人尽足义务，遛狗时一定要自带塑料袋、小铲和卫生纸，及时清理宠物的排泄物，还大家一个干净整洁的环境。事实上，训练猫、狗养成良好的排泄习惯是掩埋，狗则会在排泄前转圈或更倾向于靠着树解决，这些显而易见的排泄预警信号可以帮助主人及时作出应对。

2. 高峰时莫带宠物争坐电梯

各个城市的《养犬管理条例》中，大多规范了养犬人携带犬只外出时应当遵守的规定，比如"为犬只束牵引带，牵引带长度不得超过两米，在拥挤场合自觉收紧牵引带"、"为大型犬只戴嘴套"、"乘坐电梯或者上下楼梯，避开高峰时段并主动避让他人"等，但还是有些人主观认定自家的宠物很乖，硬要挤进狭窄、拥挤的电梯。

宠物礼仪：在乘坐电梯的高峰期不要带宠物争坐电梯，这是一项基本的宠物礼仪。因为高峰期，人与人之间距离太近，难免烦躁，容易产生很多的矛盾。再加上，如果主人带宠物外出时没用牵绳子或是没用嘴套，就会产生更多意外伤害的隐患。

但就住在较高楼层的宠物饲养者来说，不让他们乘电梯并不现实，具体实践时，除了必须错开电梯使用高峰期外，还有一些方式可供参考，如使用宠物带、宠物箱，或者给狗狗戴上嘴套，小型犬也可以由主人怀抱着等。

3. 拒绝热情，与他们保持"一米线"

常听人抱怨："上回去一个朋友家玩，他家的狗狗冲上来就抱住我的腿，还在我脸上舔来舔去的，恶心极了！但看着朋友还挺高兴的模样，我又不好意思说什么，以后都不敢去他家了。"类似这样的情况还有很多，有时候走在路上，也会碰到陌生的狗狗跑过来咬裤脚，它身后的主人甚至也不过来制止，让人觉得挺郁闷。

宠物礼仪：身为宠物主人的你也许会说："我的狗狗冲你摇头摆尾，那可是亲近示好的表现，对一般人还不这样呢。"言下之意，承蒙狗狗热情以待的那个人，还得庆幸一番？千万别忘了，总有一些人天生怕宠物或是对宠物过敏，所以客人登门前，最好将狗狗限制在特定区域，遛狗时更应尽量拉紧牵引绳，人为地控制好安全距离，至少在一米左右，这样就可以避免一些不必要的事情发生。这里面特别重要的一点就是让宠物远离老人和孩子。

4. 别让狗狗以强凌弱

狗之间的差距非常大，有的狗非常温顺，有的狗戒备心理强，也有的狗对主人足够忠诚顺从，但对外面的一切都很排斥。很多宠物主人自觉恪守文明养宠的各项守则，却在出门遛狗时，眼见自己的狗被别人家的狗欺负，照例无处申述，难不成还跟对方的狗主人吵一架？

宠物礼仪：狗之间打架太烦人，除了试图喝止，主人又不能过多参与。一方面担心自己的宠物会受伤，或者被凶猛的狗攻击后产生性格变化，造成心理伤害，另一方面又得克制自己情绪，别为这些与其他宠物主人发生口角。心疼郁闷都是必然的，所以作为宠物主人，一定要熟悉自家狗的习性，避免它以强凌弱。

年轻人饲养宠物，不管是为了在家里陪伴父母，还是为了安抚自己孤

独的心灵，都要记住，你养的不单是宠物，它是一个生命，你选择养它就要负责它的一生，还要负责它和周边人的关系。对于你来说，一只宠物可能陪伴你十几年，可是对于一只宠物来说你就是它的全部。好好照顾你的宠物，用礼仪让它的生活充满爱。

停车先讲礼仪再找位

越来越多的人拥有了自己的轿车，方便了自己出行的同时，人们也面临着停车难的问题。有车的年轻朋友们都能感觉到，停车不讲礼仪不仅给其他车主带来不便，甚至会给交通秩序造成负面影响。那么，我们就需要遵循一定的原则展现出自己的礼仪修养。

汪小姐最近买了一辆新车，为了方便停车，她在小区里购置了固定的车位。那天，因为加班，她深夜才回到家，却发现自己的车位被另一辆车占据了。汪小姐有点生气，但夜深人静的，也不便惊扰邻居，她只好把车停在隔壁小区。

可是，令汪小姐恼火的是，此后几天，只要她稍晚点回家，自己的车位总会被那辆车侵占。因为都是邻居，汪小姐不想为一个车位闹得不开心，但邻居的不"识相"又让她颇感胸闷。

随着小区私家车数量的增加，像汪小姐这样自家车位被别人"侵占"的事时有发生。对此，汪小姐先写了一张纸条，向邻居婉转说明车位有主的事实，希望对方配合让出车位，以后不要再占，然后把这张纸条夹在对方车子的雨刮器下。结果纸条根本没有效果，汪小姐只能专门等候车主，耐心说明情况。对方对此事依旧不理不睬的，汪小姐最后只能通过物业，对该车主进行劝说。

如此这般，既反映了汪小姐得理让人的涵养，也体现了邻里相处的礼

仪。当然，身为车主，在小区内应规范停车，不要把车停在人行通道上，或占用已属于别人的车位，或堵住他车出路。夜间停车，应关掉车大灯，以免影响他人。停车不讲礼仪的事还有很多，刘女士送女儿上特长班，她把车停在学校门口的一块空地上，然后去附近一家超市买东西。10分钟后，刘女士回来取车时看到，自己车旁又停了两辆车，其中一辆正好堵住她的车出去的通道。找不到司机，刘女士在车里等了半个多小时，才等到办完事的车主把车开走。还有，我们经常会在一些写字楼或者商场的停车场看到很多辆车一辆占两辆车的位置，导致本来可以停放100辆车的地方只能停80多辆。如果我们作为车主，一定要按照停车线规范停车，留个车位给其他人。

停车前，车辆需慢行驶入停车区，遇人勿按喇叭并尽量保持安静，勿随意踩油门、按喇叭，夜间请使用小灯进入停车位。其次是好好停车，不要占用两个车位。如果条件允许的话，在你的车和别人的车之间留一些空间。每个人都了解倒车、泊车的麻烦，因为你必须把自己的车子完美地插停在别人留下的空车位里。停车时，最容易引起驾驶者生气的就是当他准备停车时却发现前面有辆车堵住了车道，且驾驶者不在车内。如果你不小心弄坏了另一辆停放的车，而该辆车的车主并不在场，你不可以等到别人发现你后才承担责任。而是应该积极主动地留一张纸条在一个妥当的地方，在上面注明你的姓名，联系方式以及愿意与车主商谈这场损失的愿望。

在办公室，许多白领的礼仪做得可谓周全，但是一到下班或上班前，许多人却经常忘了风度、忘了自己和别人的安全，赶去上班时一阵狂奔，想第一个出停车场或者车库。其实，下班后只要稍等5~10分钟，就会发现车很容易就能出去。如果你去参加一个聚会，在泊车时你得考虑到随同而至的女士们、主人家的草坪和那些将在你之后到达的或比你先行离开的客人。你若是预计你会较早离开，就事先将你的车停留离其他客人的车稍远一些，以免离开时被许多车围住，挡住车道。

年轻人在停车时不要有从众心理，要听管理员指挥。很多司机是有从

众心理的，看到别人停，他也停。这样每个人都按照自己的想法停车，怎么可能不出现混乱的局面。若是在停车时与他人发生口角，年轻人一定要先冷静下来，若是你的不对应马上道歉离开；若是对方不对可以请来停车管理员调节，千万不可和对方拉扯起来。生活水平的提高让我们买了车，方便了生活，我们不能因为自己的生活方便了，去给他人添麻烦，懂停车礼仪的年轻人才能平安出行。

火车上的文明礼仪

火车是现代人出行使用的交通工具中最频繁的一种，也是人类历史上最重要的一种交通工具。火车以其运载量大、运费相对便宜、受天气影响小、比较安全的特点服务于社会更阶层人士。由此可见，乘火车的礼仪就显得非常重要了，年轻人在乘坐火车出行时一定要讲究乘车礼仪，不能因为身边都是陌生人就忽略了这一点。讲究乘车礼仪，方便自己的同时，也为同时乘车的人带来和谐的环境。

在乘坐火车之前，我们都需要按照火车站的规定提前到达，因为火车一般在开车前5分钟就停止检票了。我们在候车室整理好自己的行李，免得临上车之前手忙脚乱。提前将火车票准备好，放在相对好拿的地方，不要在临检票的时候东找西找，影响其他人进站。检票的时候要自觉排队，不要你拥我挤或是任意插队。进入站台后，要根据火车车厢牌号的指示，站在指定的安全线后，按照先来后到的顺序，有序排队上车。上车时，不要争先恐后，不要你推我挤，以免耽误上车进度，或者弄伤彼此。上车后，就要立即进入车厢，不要堵在门口不动，以免影响他人上车。

上车之后要收好自己的火车票，因为开车之后会有检票人员查票，出站的时候也需要凭票出站。我们要根据车票上的座位号就座，将行李有序

放在指定的行李架上。行李要摆放整齐，以免因火车晃动而掉下伤到其他人。要讲究车厢内的卫生，不要随地吐痰，不要乱扔果皮纸屑。不要在车厢内吸烟，如需要可以到车厢连接处的指定吸烟处吸烟。乘坐火车一般都是对号入坐，不要抢占他人的座位。当身边有空位时，应尽量让给没有座位的人，不要图自己舒服多占座位。车上发现老人、小孩、病人、孕妇、残疾人无座位时，应尽量挤出空间来让他们休息一下。

火车行程一般都比较远，旅客在火车上的大多数时间都是在休息。旅客在火车上休息时，要注意姿态得体、衣着文明、看管好自己的随身物品。在卧铺车厢里休息时，要注意着装不要过于暴露，不要将脚伸出床铺外面。要保持安静，尤其是晚上上车的人，不要影响他人休息。

如若需要在车厢内用餐，要注意节省时间，不要长时间占用茶几，也不要摆放过多的食物在茶几上。避免食用带有刺激性气味的食物，以免污染车厢内空气，影响其他乘客的情绪。餐后，要将食物残渣、垃圾放在方便袋里，然后放在茶几上的托盘里，等待乘务员过来收拾，或者自己上厕所或倒开水时，随手将垃圾带到车厢尽头的垃圾桶内。在火车上还要节省用水，喝多少水就倒多少，洗脸时也要尽量节省时间，节省用水。

在火车上，为避免孤独寂寞、打发无聊时光，人们可以采用睡觉或者与他人交流或者自己玩游戏、看书等方式。在火车上与人交流时，要讲究一定的礼仪，可以与邻座或者坐在对面的乘客交谈。交谈时说话声音要轻，不可高谈阔论、喋喋不休。交谈要避免涉及他人隐私，可以谈论天气、民俗、娱乐等具有开放性的话题。交谈时，态度要友好亲切，不要傲慢无礼。大家出门在外，行动上都有不便之处，因而互相之间要多多关照，对于老人、女士、残疾人等要主动给予帮助。下车之前，要提前做好准备，避免手忙脚乱。下车时，也应该自觉排队等候，不要拥挤。

年轻人在乘火车出行时，虽身处陌生的环境，也不要将礼仪遗忘。火车作为人们出行最普遍利用的公共交通工具，我们在旅途的过程中也

要将礼仪留在身边，用自己的力量感染身边人，让所有人都感受到出行的快乐。

年轻人别因为在公交车上抢座丢了脸面

公交车作为现代人们利用率最高的交通工具，我们在乘坐的时候更要讲究礼仪规范。对于每天都要乘坐公交车穿梭于整个城市的年轻人来说，如果每个乘车人都遵守一定的乘车礼仪，那么我们就会看到上班时间大家都有秩序地排队上车，不会因为一个座位就和别人起争执。

相对于大多数年轻人来讲，公交车是每天出行重要的交通工具，可能我们自己不会太在意乘车时需要注意的礼仪，并且有些礼仪并没有引起我们的重视。如果不懂得乘车礼仪，坐错了位置，或是说错了话，那么你的完美形象肯定会大打折扣。在乘车时，年轻人都应该注意哪些方面，才能让自己看起来表里如一呢？

首先，排队的礼仪。

就现在来讲，排队上车的地方都有明显的标记，我们要坐哪趟车就在站台规定的位置站好，按照顺序排队上车，如果你排的是站席，那么就要等坐席的乘客都上车后你再上车。不可以随意插队，或是蜂拥而上，有秩序的上车才是最节省时间的方法。

其次，上下车礼仪。

上车要遵循"先下后上"的原则。上车之后，乘客要尽量向后门走，不要堵在上车门口影响其他人上车。上车后要主动刷卡或是买票，如果车门已经关上，不能强行拍打车门，更不能追着车跑。如果看到需要帮助的人，应主动让座；如需要下车的话，应提前一站做好准备，向指定的下车位置移动。车子到站之前，下车的乘客应该提前做好准备，如果自己不靠近车门，应先礼貌地询问前面的乘客是否下车，如前面的

乘客不下车，要设法与其调换一下位置。乘客在上下车之前，要自觉排好队，不要拥挤也不要插队。如果遇到老人、孕妇或者残疾人，应主动帮助他们上下车。

再次，乘车礼仪。

乘车时要将座位尽量让给老幼病残孕和带小孩的乘客，站立的人要扶好。忘记及时下车应当对耽误全车人的时间表示抱歉，谁都有一时走神忘记到站的时候，你向前挤的时候表示一定的歉意大家都会理解的。但如果你在态度上就认为全车人等着你是理所当然的，我想被挤的人没有几个会对你有好感。在车厢内尽量不要吃东西，以免弄到他人身上，或是弄到车厢地上，也不可随意乱扔纸屑等，不将头、手等部位伸出窗外，在车内不大声喧哗，不与司机攀谈。

最后，年轻人还要知道一些乘车的基本常识。

不得携带危险易燃易爆物品上车；在其他位子还有的情况下，尽量不要去坐给老弱病残孕坐的专席；见到需要让座的人请让座；注意与他人的间距，不要与女士过分贴近，以免造成不必要的误会；不乱丢垃圾，不与他人恶意争吵；下雨天，不要把湿的伞放在自己旁边的座位上；所有的男士、女士和孩子都应该将座位让给残疾人或站立困难的人，或老年人、抱着孩子的人。任何带着小孩子的人应将孩子抱在腿上，把座位让给别人。如果别人给你让座，您应该微笑着说"谢谢"。如果您没有站立困难或就要下车了，可以慷慨地谢绝，面带微笑地说"非常感谢，我站着可以"或"非常感谢，但我就要下车"等。

乘公交车出行看似是一件再平常不过的事情，但就是这种平凡的小事才能看出谁是真正懂礼仪的人。作为年轻人我们要在方方面面注意自己的言行举止，即使是坐公交车这样一件小事也要展现出年轻人知礼仪的好风采。在细节之处讲究礼仪的年轻人才能在正式场合淡定自若。

乘坐飞机的礼仪你必须学会

飞机作为一种快捷便利的现代交通工具已经慢慢走进人们的生活。飞机在所有正规的交通工具之中，最为舒适，其档次也最高。所以，年轻人在乘坐飞机的时候要格外注意自己的言行，注意遵守乘机礼仪，维护好年轻人的美好形象。

随着民航事业的发展，乘坐飞机外出工作、探亲访友或参观旅游的人越来越多。年轻人在乘坐飞机的时候难免会遇到一些比自己身份地位高的人，那么我们要怎么样做才是有礼仪的表现呢？

1. 登机时微笑面对欢迎你的空乘

乘坐过飞机的人都知道，在你上下飞机的时候，都会有几个空乘人员站在机舱门口微笑迎接你。对于来自空乘人员的热情问候，应给以礼貌回应，你可以采用点头致意或是问好，不能置之不理。飞机若发生误点或改降、迫降时也不要紧张，更不能把自己的怨气发泄在空乘人员身上，可以等飞机降落后向相关部门投诉。

2. 飞行途中要与空乘人员友善交际

飞机起飞前，空乘都会向乘客讲解飞行中的注意事项，对此我们要主动配合，要严格按照飞机上规定行事。为了安全起见，在飞机起飞或降落时要系好安全带。为了大家的安全一定要关掉自己的通信设备、便携式电脑、游戏机等电子设备以免干扰到飞机的飞行系统，发生严重的后果。在飞机飞行的途中会有乘务员送来食品或是饮料，年轻人在接过食物后要主动道谢，不能觉得是理所应当。在取放行李时，如果有困难可以向乘务员提出，解决之后要向对方表示感谢。飞机座椅旁和座椅正上方的按钮，都是方便乘客在飞行途中遇到一些麻烦或需要时设置的。作为乘客在有相应需要的时候再按响按钮，如不需要则不要因为好奇心随意乱按，这既表现出你的不成熟，又表现了你非常没有礼貌。

3. 免费飞机餐不等于让你肆无忌惮

乘坐飞机的过程中，空乘会为大家提供免费的食物和饮料，在使用这些食物和饮料的时候也要遵守一定的礼仪。在享用食物的时候一定要注意不能影响到周围人，做到优雅用餐，对于飞机上提供的不限量的免费饮料应有合理使用，不能因为是免费的就没有节制地喝。有些飞机上是可以饮酒的，作为有需要的人可以适当喝一些，但是不能酗酒。在空乘人员向大家分发饮料或食物的时候，坐在外面的旅客应主动询问里面的旅客需要什么，并帮助空乘人员递进去。良好的用餐礼仪，彰显年轻人的优秀素养。

4. 保持机内卫生，爱护机舱设施

飞机上会给旅客提供一些必要的物品以供使用，作为有修养的年轻人要爱护这些物品不能故意损坏。对飞机上的一切禁用之物、禁动之处，不能乱摸乱动，更不能把这些物品据为己有。同时，为了营造良好的机内环境，避免自带一些会制造垃圾的零食。要保持机内卫生，还应注意保持洗手间的卫生，如果需要去洗手间的话，应按次序等候进入。

年轻人在乘飞机出行时，一定要按照航空公司的规定选择携带的行李，还要恰当把握出行时间，在飞机上要尽量展现出自己的礼仪风采，这样才能给身边人留下好印象。

常常出差的年轻人免不了和酒店打交道

年轻人由于工作或者个人的原因总免不了去外地出差或是旅行，我们便会经常入住酒店。酒店作为包容性很强的公共场所，我们会遇到不同国家、不同地区、不同习俗的人，所以，在入住酒店的时候，我们需要掌握一些必要的酒店礼仪，才能让我们住得更舒心。

1. 入住之初需预约

一般正规的宾馆或是酒店都需要提前预约，你可以选择网上预约、电

话预约、信函预约等方式，其中电话预约是人们最常用到的。如果年轻人正好赶在旅游旺季到外地出差，那么一定要提前预约酒店，否则会出现找不到地方住的尴尬境地。电话预约双方可以在电话里进行及时的沟通，需要特别注意的一点就是，万一旅客比预定的时间晚到了，一定要及时跟酒店客服部联系，以免预约被取消。如果自己因故需要退房，也应该打个电话通知对方并说明缘由。打电话预约时，态度要和气，说话要礼貌谦逊，不要因为对方无法满足你的要求而埋怨对方或者表达愤怒，另外，对于酒店的有关规定也应该予以理解，不要胡搅蛮缠、无理取闹。

2. 登记入住需知道

到达酒店时，可能会有门童帮你搬运行李，你要礼貌谢过之后再去大堂办理入住手续。登记入住需要你携带本人身份证到酒店前台办理，酒店人员会为你安排好房间，告诉你一些入住的相关注意事项，以及你可以在酒店享受到的服务项目。登记入住时，如果等候的人较多，你要自觉排队，不要因为有预约就插队。登记完成后，酒店的前台会给你房间钥匙或房卡，并告诉你如何到达你的房间，有些星级酒店还会有服务人员将你引领到房间门口，你要向其表示感谢，不能觉得对方理所当然该为你提供这样的服务。

3. 客房入住需注意

当我们办理好入住手续，进入到酒店房间时，不要以为这就是你的私人天地。酒店不像在家里，一些必要的酒店规定还是要遵守的，比如爱护酒店的客房设施及物品，保持酒店客房的环境卫生，不随地吐痰，不在墙上随意乱画，不故意弄脏床上用品及客房内家具等。虽说一些文明礼仪是个人习惯问题，但你也不想在你退房后清洁客房的工作人员说你是个没素质的人吧。

年轻人千万不要觉得住在酒店就是非常安全的，出门在外，要有安全意识，进出房间都要随手关门，并将房间门锁好。有人敲门，要问明对方身份，不要轻易开门。现金或者贵重的物品不要放在房间里，要将它们放在前台的保险箱里，那样比较安全。当你有什么要求时，可以客气地向服

务员或前台提出，相信他们可以满足你大部分的要求。如果你要连续住上几天，你可以留一张纸条给客房服务员，告诉他们，床单和牙刷不必每天都换，牙膏和洗发水也可以等用完了再换新的，保护环境和节省地球资源是我们每个人的义务。这样的客人一定会受到饭店的尊重和欢迎。一般的酒店都会禁止顾客带宠物入住，因而预定时要问清楚。

4. 离开酒店需道别

当你在异地的行程即将结束，马上要结账离开酒店时，不要以为今后不住在这了就无所谓了，离店礼仪也是不可忽视的。不要将床铺弄得太乱，不要随手拿走酒店的毛巾、睡衣或其他物品等，这是酒店的财产，酒店对此有严格的管理。如果不慎将酒店的物品弄坏了，不要隐瞒抵赖，应该主动告知酒店服务员，该赔偿的就要赔偿。在准备离开之前，可以事先给前台打个电话告知一下，行李多时，他们会安排人来帮你搬运行李。结账后，要向前台服务生表示感谢并道别。

年轻人现在有很多机会入住酒店，所以我们多少要了解些酒店礼仪。有礼仪的年轻人，在别人为他服务的时候都会变得充满力量。出门在外，把外面的美好景色带回家的同时，要把自己的美好形象留在当地。

观看演出、体育比赛你要知道的几件事

随着人们经济水平的提高，人们的娱乐活动也越来越多，比如观看一些演出或是体育比赛，这对每天都在为工作而忙碌的年轻人来说是一种放松，也是一个提高自身修养的好机会。我们观看的演出无论是高雅的音乐剧、轻松的舞台剧，还是娱乐的演唱会，或是激烈的体育比赛，年轻人都要知道这些场合应注意的礼仪，才好在众人面前保持完美的形象。

观看演出和观看体育比赛都同样需要提前购票，或者提前预约。若邀请他人与自己一同观看演出，应于至少一周以前通知对方，以便其早作安

排。一般的演出场所都是提前15分钟检票，观众要把握好时间，可以尽量提前几分钟，避免迟到，因为观看演出时一项基本规定就是：演出一旦开始，观众便不宜再进场，而应该等到演出中场休息时，方可再度进场。这是避免影响演员的演出及妨碍其他观众的欣赏。在观看演出和比赛时，年轻人要注意自己的着装，要做到干净、整洁、端庄、文明、大方。在正式的演出场合，比如观看芭蕾舞表演或者听古典音乐时，要穿着正装；其他演出和体育比赛穿休闲装即可。

在观看体育比赛前，入场的观众需要接受安全检查，而一些正常演出则不需要。在进入演出厅或体育场后，我们要对号入座，找准自己的位子，不要随便占他人的位置。进入观看场地要依次而行，不要推挤他人，走在前面的观众要走得尽量快一些，不要影响他人入场。就座时，若要越过他人的身边，则应礼貌地跟人打声招呼，别人站起或侧身协助你就座时，要及时向其致谢。在观看演出的过程中，我们不能随意走动，以免影响演员的表演或是影响他人欣赏。演到精彩之处，观众要报以热烈的掌声，音乐会、歌剧等则需在演完一段之后鼓掌。观看体育比赛的年轻人则可尽情欢呼，因为体育比赛要得就是观众的热情来鼓舞运动员的士气，但是在有发令枪响，或是运动员发力的时候观众要尽量保持安静，以免分散运动员的注意力。

在观看比赛或是演出的过程中，我们不得拿出照相机拍摄，因为照相机的闪光灯或者发出的"咔嚓咔嚓"声对于演员、运动员及其他的观众都是一个极大的干扰。不要在演出大厅或是比赛场馆内抽烟，所有的演出场所都是禁烟的场所，观众应该自觉遵守。也不要在这些公共场合大吃大喝，观看演出或是比赛的地方不同于餐厅，大吃大喝是不合时宜的，饭食的气味及吃喝时发出的响声都会干扰周围人的观看情绪。在观看比赛和演出时也要记得保持好周围的环境卫生，不要随地吐痰、乱扔废弃物，可以自己事先准备好纸巾和方便袋子，离场时，将脏物带出。演出过程当中不要与人肆意说话，如果对于演出有什么想法或者评价，可以等到中场休息时与身边的人轻声交谈，切不可高声议论。对于演员的演出要表现出尊

重，不要随意指责批评。

当演出结束，或是比赛进行到颁奖阶段时，年轻人要起身鼓掌，等到演员或是运动员谢幕之后方可退场，以示尊重。观众在退场时，要遵守一定的秩序，井然有序地离场。人多时，可以稍事休息，等待人员少时再离开。前面的人多时，不要推挤他人，耐心地跟着人流慢走。观众在散场时，不要左右前后地高声交流，有什么话待到离场后再探讨也不迟。

观看演出或是体育比赛对年轻人来讲是非常好的休闲方式，我们在放松、释放的同时也要做个有礼仪的人。运动员在赛场上比的是风格，演员们在舞台上展示的是魅力。年轻人作为观众要彰显自己的礼仪风采，这样的和谐画面才能给彼此带来最满意的收获。

坐电梯也有礼仪规范

随着生活节奏的加快，电梯对于现代人来讲已经不是那么陌生了，我们每天的生活都离不开电梯，走进公司需要乘坐电梯，去逛商场需要乘坐电梯，到地下停车场取车也需要乘坐电梯，电梯已经在不知不觉中融入了人们的生活。在电梯这样一个狭小的空间里，最能体现出一个人的素养和礼仪，尤其是在公司，年轻人多了解一些坐电梯的礼仪常识就能为自己带来好运气。

1. 乘坐电梯需要知道的一些事

在我们等电梯的时候，尤其是在上下班高峰时段，用电梯的人会很多，许多人都站立在电梯门口处等候，眼看着停止的数字，有的人甚至会不停地按压电梯指示按钮，用来发泄自己等得不耐烦的心情。当电梯开门的时候，大家就蜂拥而上，也不管有没有要出电梯的人，这是非常不文明且不礼貌的事情。当电梯到达我们所在的楼层时，我们要站在电梯门两侧，等里面的人先出来，我们再有序地进入电梯。进入电梯后，先进电

的人要按着"开门"的按钮到大家都进去后再放。如果电梯内人过多，你可以麻烦站在按钮边的人帮你按下要去的楼层，并向对方说"谢谢"。 出电梯时，站在电梯门口的人应先出来，如果自己的后面有需要出电梯的人应主动让出位置，节省大家的时间。如果有必要的话，可以先出去，等到后面的人出去后再进来。

电梯毕竟存在一定的安全问题，所以我们不要强行进入电梯，如果人员过多或超载的话，很容易造成不必要的事故。当电梯关门时，不能强行进入。当你已进入电梯时，要耐心等候身后的即将快步到达的人。如果电梯出现超载时，也不能心存侥幸，强行进入。如果电梯在升降途中出现故障，要耐心等候，不能冒险攀行。

2. 与不同身份的人同乘电梯的礼仪要点

当你和客户同乘一部电梯时，等待电梯打开时要先行进入电梯内，然后一手按住"开门" 按钮，另一手按住电梯侧门，并礼貌地说"请进"，然后按下客户所要到达的楼层；如果在电梯行驶途中，还有其他人进入电梯的话，要主动询问对方所要到达的楼层，然后帮其按下所在楼层按钮。在电梯内站立的时候要保持侧身面对客户。到达目的楼层后要一手按住"开门"按钮，另一手做出请出的动作，同时还可以说"到了，你先请"。

当年轻人和上司同乘一部电梯时，作为下属，应站在电梯口开关处，这样的话可以在开关电梯时为上司服务。进电梯时都要主动请上司先行进入，然后自己再随后进去。因为电梯的空间狭小，所以讲话最好不要有肢体语言。同时，还应注意自己的形象，不能让自己散发出特殊的气味。

3. 乘坐电梯时一定不要做的事情

进出电梯的时候，最好不要站在接近门口的位置，这样你会影响其他人进出电梯；在电梯内禁止吸烟，尽量避免和他人交谈，这是很无礼的表现；电梯都装有摄像头，女性不要在电梯内对着镜子化妆或是整理衣衫，这样看起来很不雅观；在这狭小的空间中，空气也是有限的，所以要注意不要用气味过重的香水，以免影响他人；如果在使用电梯途中，遇到老弱

病残者要主动帮助他们上下电梯。

作为一个有修养、懂礼仪的年轻人，无论是在公开的场合，还是在电梯这样狭小的空间，都能让他人看到自己的礼仪，这不是装装样子就能做出来的，而是需要年轻人的优秀品质和生活习惯慢慢养成的。年轻人也不希望在这样的小空间丢掉礼仪的帽子，所以，这些公共场合的礼仪年轻人还是尽早学习为好。

外出旅游多注意将你的礼仪贯穿始终

随着人们经济水平的提高，大家都在为改善自己的生活水平想尽办法。外出旅游既可以增长见识，又可以作为繁忙工作和生活的减压方式被大家广为接受。外出旅游可以是到繁华的都市，可以是到古朴的村落；可以是在熟悉的国内，也可以到陌生的国度。无论到哪，年轻人都要将自身的礼仪展现在他人面前，将最美好的一面留在最美好的风景里。

现在的旅游形式大致分为两种：自助式和跟团式。在时间充裕的情况下，大多数年轻人会选择自助式，这样游览起来比较随意，不用受他人管制。而跟团式则是在时间有限，或是不是很有把握旅途中的情况下才会选择这种方式。但是，无论选择哪种出行方式，年轻人在出行的一路上都要记得礼仪的重要，不能因为不是自己的家乡，就随意地破坏环境。那么，我们在旅途中都要注意哪些方面的礼仪，才能让自己不失礼呢？

1. 出行的着装要轻便

无论你是去大都市，还是去乡村田野，既然是出去游玩，就要让自己的着装看起来轻便、得体。不管你是从事什么行业，有多高的权利，你是出来放松的，不要因为自己的着装给周围人带来压力。如果怕有什么正式场合，那么，不妨带一套正装，在用不上的时候要以穿着轻便为主。

2. 出门在外要有时间观念

如果你是自助游，在时间的安排上完全可以根据自己的心情来定，但如果你是跟随旅行团，那么，你一定要有准确的时间观念。旅行团在景区的游览一般都是有规定的时间限制，可能一天要去2~3个景点。若因为你一个人的迟到耽误了大家的行程，不仅是不文明的行为，更重要的是可能会耽误后面景点的参观，所以，在没有特殊情况下，一定要按照导游规定的时间游览，听从导游的安排。如遇特殊情况，要及时打电话跟导游说明，好让对方提前有所安排。

3. 观光也要谨慎相伴

我们在浏览大自然风景的同时，也会去参观一些人文景观，与辽阔的大自然不同，这些人文景观大多都有场地的限制，所以，我们在参观的时候一定不可以大声喧哗，大声说笑。为了一些历史文物不被外界的光线所破坏，我们在不允许拍照的地方就要把相机收起来，不要存在一些侥幸心理。当你面对一些有地域特色的妇女或是小孩的时候，也不要指指点点地和旁人交流自己的观点，这都是对对方的大不敬。既然你选择到别人的"地盘"上观光浏览，就要显示出对对方的尊重，注意自己的言行。

4. 不同的风俗习惯造就不一样的风景

年轻人在选择旅游目的地时会倾向于少数民族较多的地方，一来可以了解到不同少数民族的文化，二来可以领略到不同的风土人情。入乡随俗的道理大家都明白，既然你选择到少数民族地区去游览就要尊重并遵从当地的民族习惯，多听听导游的介绍，或是虚心先向当地人请教，既显示出对对方的尊敬，又让自己避免很多不必要的麻烦。对于出国旅游更是如此，在出行前我们有必要先对对方国家作一定的准备，这样才能尽量避免自己出现对他人不尊重的情况。

5. 保护环境是外出旅游不变的话题

出门在外，无论是自由行还是跟随旅行团，年轻人一定要把保护环境紧紧牢记在心。我们选择出去旅行为的就是享受当地美好的环境和风景，如果因为你的到来破坏了此地的风景，那么，今后还会有人来此地游玩

吗？所以，当我们外出旅行时，一定不要将垃圾留在游览的路上，将它们收集到一起，放进垃圾桶才是有礼仪的年轻人该做的事。

除了以上几点，外出旅行还有很多应该引起我们注意的小事，比如，如果你晕车，不妨提前为自己准备好几个袋子；在外使用卫生间时，一定要遵守使用卫生间的原则，不给后用的人带来麻烦；居住酒店时，要把它当作自己家一样爱护，保持它的洁净等。年轻人在出门前，要先将这些细节之处考虑好，以免在路上让自己手忙脚乱。

参 考 文 献

[1] 王晓梅. 不可不知的1000个礼仪常识[M]. 北京：中央编译出版社，2008.

[2] 慧木. 礼仪是女人的金资本[M]. 北京：中国纺织出版社，2009.

[3] 夏志强，翟文明. 礼仪常识全知道[M]. 北京：华文出版社，2010.

[4] 达夫，黄敏. 20几岁要懂得的社交礼仪大全集[M]. 北京：中国华侨出版社，2011.